『朝鮮時代 鄉吏層의 持續性과 變化』

-羅州 事例-

『朝鮮時代 鄕吏層의 持續性과 變化』

-羅州 事例-

박 진 철 저

〈책을 내면서〉

이 책은 필자가 그동안 조선시대 향리에 관해 쓴 논문들을 부분적으로 수정하고 보완하여 한 권의 책으로 엮은 것이다. 갈 길은 먼데 해는 저물어 가는 듯한 초조함에 너무 조급하지 않았나 하는 걱정이 든다. 부족한 것이 많다는 것을 너무 잘 알기에 부끄러움이 앞서지만 지난 2002년 말부터 시작된 4년여 동안의 연구를 마무리 한다는 의미가 크다. 이를 계기로 지난 시간들을 돌이켜 살펴보고 새로운 앞날을 계획하고자 한다.

조선시대 향리에 대해서는 거의 문외한이나 다름없었던 필자가 이와 같은 책을 낼 수 있었던 데에는 많은 분들의 도움이 있었다. 보잘 것 없는 책으로 그 분들에게 도리어 누를 끼치게 된 것은 아닌지 두렵고 거북하다. 너그러이 헤아려 살펴주실 것을 바랄 뿐이다.

필자가 조선시대 향리 특히 나주 사례를 연구하게 된 것은 무엇보다 성균관대학교 대동문화연구원의 제안이 있었기 때문이다. 성균관대 대동문화연구원의 나주 연구팀으로 참여하게 된 것은 내게는 너무나 큰 행운이었다. 연구원에 계신 많은 선생님들은 정말 내게 많은 가르침과 모범을 보여주셨다. 임형택 원장님을 비롯하여 나주연구팀의 책임자셨던 하원호 교수님 그리고 손병규, 배항섭, 김건태 교수님을 비롯한 많은 선생님들의 도움이 없었다면 이 같은 연구를 수행하기 어려웠을 것이다. 또한 연구과정에서 자료수집과 면담 등을 통해 많은 도움을 주신 박천도, 박경중 선생님 등 나주읍내 어르신들과 나주시 관계자 여러분들에게 감사드린다. 이 밖에도 익명으로 논문에 대한 유익한 논평과 많은 도움을 주신 분들께도 감사드리고 싶다. 경희대학교와 원광대학교에 계신 은사님들과 지금까지 10여 년 간 강의하면서 여러 가지 배려를 아끼지 않으신 조선대학교 사학과 교수님들께도 감사의 뜻을 전한다.

가족에게도 감사의 말을 전해야 할 것 같다. 평생 아낌없이 베풀어주신 부모님께는 그 사랑과 은혜를 가슴 깊은 곳에 항상 간직하고 있다고 말씀드리고 싶다. 말없이 일인다역을 해내는 사랑하는 아내와 거의 매일 밤늦게 돌아와 잠자는 모습만 보여준 두 딸 예은, 나은에게는 미안한 마음뿐이다. 좀 더 나은 아들과 남편, 아빠가 될 수 있도록 노력하겠다는 말로 대신한다. 마지막으로 부족한 원고를 다듬어 주신 한국학술정보(주) 출판부 여러 분들에게 감사드린다. 이 분들이 아니었다면 이만한 모양을 갖춘 책이 나오지 못했을 것이다. 그밖에 마음의 빚을 지고 있는 모든 분들께 감사드린다. 앞으로 더욱 노력하는 모습과 보다 나은 성과로 보답하고자 한다.

* 이 책에 수록된 논문의 원전과 출전은 다음과 같다. 각 논문은 이 책에 편집되면서, 제목과 내용을 부분적으로 수정하였음을 밝혀둔다.

제1장 「조선시대 나주 지방 이서의 조직과 담당 가계」, 『담론 201』 7-2, 2005.

제2장 「조선시대 향직운영체계의 변화와 나주의 호장층- 18·19세기를 중심으로-」, 『이화사학연구』 제31집, 2004.

제4장 「한말 나주읍 향리사회의 지속성과 변화」, 『대동문화연구』 제51집, 2005.

제5장 「한말 일제하 나주지역 향리사회의 동향 -밀양 박씨가를 중심으로」, 『대동문화연구』 제44집, 2003.

『朝鮮時代 鄕吏層의 持續性과 變化』

目 次

‖序 論‖

조선시대 지방사에 대한 연구성과는 기왕의 중앙사 차원의 신분이해를 구체적인 지방 차원에서 검증하고 교정하는 작업이라고 하겠다. 즉 지방향촌사회의 운영구조와 수령, 사족, 향리 등 향권에 참여하는 층들 사이의 권력관계, 향촌사회에서 향권의 동향과 관련한 '유향분기'를 확인한 것은 중앙에서 양반사족이 정쟁으로 인하여 벌열층과 사층으로 분화되는 현상을 확인한 것과 짝하는 중요한 성과라고 보여진다. 특히 재지사족층과는 달리 그 한 단계 아래에서 서얼이나 교생, 군교층과 함께 중간계층을 형성하는 향리층에 대한 연구성과도 무시할 수 없다. 특히 구체적인 각 지역의 주요 향리가문을 추적하고 새로운 사료를 발굴하여 기왕의 향리에 대한 이해를 크게 교정하고 향리에 대한 인식을 새로이 재구성한 연구성과[1]는 높이 평가되어야 한다고 생각한다.

조선 후기의 사회변동 과정에서 향촌사회는 크게 변모하였다. 향리층을 포함한 새로운 사회세력들이 각지에서 한말 이후의 정치사회적 격변과 국권상실과정에 편승, 일제하 한국의 주요 사회세력으로 편입된 것이다. 그리하여 일제하 한국의 주요한 정치사회세력은 조선시대의 그것과 크게 달라지고 있었다. 이런 점에서 조선 후기 새로운 사회세력이 조선 말 일제초의 격동기를 어떻게 적응 변신하며 한국근현대사의 한 主役으로 성장해 갔는가를 해명하는 일은 중요한 과제가 아닐 수 없다. 그중에서도 조선 말 이후 향리

---

1) 이훈상, 『조선 후기의 향리』, 일조각, 1990.

층의 정치사회적 진출과정을 밝히는 일은 연구사적으로 특히 중요한 과제라고 할 수 있다. 이들이 일제하는 물론 해방 후에도 정치 경제 사회 학술 각 방면에서 뛰어난 활약상을 보여 주며 주요 정치사회세력의 하나로 성장한 때문이다. 이런 이유로 향리집단에 대한 연구는 그간 여러 방향에서 추구되어 상당한 성과를 거두어 왔다.

향리층에 대한 지금까지의 연구는 조선 초기 향리가 향촌사회에서 점했던 위상과 그 영향력을 규명하려는 것에서부터, 조선 후기 향리들의 신분이동과 조직구성, 지방행정과 관련한 이들의 역할이 무엇이었는가에 대해 중점적으로 진행되어 왔다.[2] 이와 함께 조선 후기 사회변동의 성격을 구명하기 위한 향촌사회연구는 첫째, 향촌사회 운영문제를 부세제도와 관련시켜 연구하는 경향과, 둘째, 향촌사회 지배세력의 실체와 이들 지배력의 변천과정을 추구하는 두 유형[3]에서 최근 활발하게 진행되고 있다.

한편 일제하의 지방정치를 다룬 기존의 연구들[4]은 주로 政策이나 制度의 측면을 다루었다. 지방정치의 주체문제를 다룬 최근의 성과로는 오히려 洪性讚과 林大植의 사례연구, 그리고 전남지방의 지역엘리트를 분석한 두

2) 향리층에 대한 연구사 정리는, 김준형, 「조선시대 향리층 연구의 동향과 문제점」, 『한국의 전통사회와 신분구조』, 한국사회사연구회, 1991 참조.

3) 한상권, 「한국사학계 1984~1986 회고와 전망, 조선 후기」, 『역사학보』116집, 1987, 294면: 향촌사회 운영문제를 부세제도와 관련시켜 연구하는 경향의 계통으로는 김용섭, 김인걸, 김준형, 김선경의 연구가 있으며, 향촌사회 지배세력의 실체와 이들 지배력의 변천과정을 추구하는 연구경향의 계통으로는 김용덕, 김무진, 이해준, 박경하, 한상권의 연구가 있다.

4) 강동진, 『일제의 한국침략사』, 한길사, 1980; 김운태, 『일본제국주의의 한국통치』, 박영사, 1986; 손정목, 『한국지방제도·자치사연구 (상)－갑오경장~일제 강점기』, 일지사, 1992; 염인호, 「일제하 지방통치에 관한 연구－'조선 面制'의 운영과 형성을 중심으로」, 연세대학교 대학원 석사학위논문; 이상찬, 「1906~1910년의 지방행정제도 변화와 지방자치 논의」, 『한국학보』42호, 1986; 홍순권, 「일제시기 지방통치와 조선이 관리에 관한 일고찰－일제시기의 郡 행정과 조선인 郡守를 중심으로」, 『국사관논총』64, 1995; 大和和明, 「植民地期朝鮮地方行政に關する一試論」, 『歴史評論』458, 1988; 松本武祝, 「植民地期朝鮮の農業政策と村落」, 『朝鮮史研究會論文集』20, 1991; 青野正昭, 「植民地期朝朝鮮における農村再編成政策の位置付け－農村振興運動期を中心に」, 『朝鮮學報』36, 1990.

권의 저서가 주목된다.[5)]

대체로 지방세력의 존재는 각 시기별로 위상과 성격이 다르지만, 그 주도권을 장악했던 지방세력의 실체를 밝히는 일은 지역사 연구에 있어서 매우 중요한 연구대상이다. 그렇지만 그간의 연구는 대개 朝鮮中後期의 존재상 추구에 집중되어 이 집단의 朝鮮末 이후 동향을 면밀하게 추적하지는 못하였다.

본 연구에서는 조선시대 나주지역 향리가문의 실체를 파악함으로써 신분구조의 변동에 대한 종래의 해석을 재검토하고, 조선말 이후 이들의 변화과정과 근대 이후 향리집단의 진출양상과 관련하여 향리집단의 존재양식과 의식구조상의 특성을 밝히고자 했다. 이와 같은 목적을 달성하고 시각을 확인하기 위하여 나주의 향리가문을 사례대상으로 하여 특히, 나주 명망가 집단의 신흥지주로서의 존재형태, 통혼관계, 공선관계, 그것을 통한 이 지역의 社會的 連網(social network)을 구명, 최근 논의 중인 地方有志, 名望家層의 사회적 존재형태 구명에 공헌하고자 하였다. 이와 함께 이들 향리가가 양반 이상의 안정성과 지속성을 유지하였는가 하는 문제[6)]도 검토해 보고자 하였다. 이를 위해 나주지역에서 발굴된 古文書를 적극 활용하고, 장기간의 답사와 현지 체류 등을 통하여 박씨가를 둘러싼 나주 명망가 집단의 사회적 연망을 구체적으로 살펴보았다. 특히 최근 나주에서 발굴된 향리 관련자료들을 적극적으로 활용하였다.[7)] 또한 향리가 族譜, 派譜, 家乘譜 등을 통해 향리가의 통혼관계 등 사회적 연망을 파악하고자 하였다. 또한 지속적인 현지 답사를 통해 새로운 관련자료발굴에 노력하고, 현지 체류를 통한 여러 증언

---

5) 홍성찬, 『한국근대 농촌사회의 변동과 지주층－20세기 전반기 전남 화순군 동복면 일대의 사례』, 지식산업사, 1992; 「한말・일제초 鄕吏層의 변동과 文明開化論－보성군수 吳在永의 경우를 중심으로」, 『한국사연구』90, 1995; 임대식, 「1930년대 말 경기지역 조선인 대지주의 農外投資와 地方議會 參與」, 『한국사론』34, 1995; 안종철・김준・정장우・최장기 지음, 『근현대의 형성과 지역사회운동』, 새길, 1992; 정근식・김민영・김철홍・정호기 지음, 『근현대의 형성과 지역엘리트』, 새길, 1992.

6) 이훈상, 앞의 책, 1990, 4면.

7) 나주 향리 관련자료에 대해서는 Ⅰ장 2절 「나주지방 이서 관련 고문서」 참조.

수집을 바탕으로 연구를 진행하였다. 이를 통해 조선시대 나주지역의 향리층의 실상에 어느 정도 접근하였으며, 이들이 조선 말 일제시기에 이르기까지 그 위세를 어떻게 유지하고 지속하였는가를 파악하고자 했다. 특히 조선 말 일제하에서 타 지역에 비해 상대적으로 사회적 주도층으로서 기능했던 나주지역 향리가문의 사회적 연망을 파악함으로써 조선 말 이후 근대에 이르는 향리집단의 성장과 이들의 식민지 시기 변용 과정의 일단을 밝히고자 했다. 이 같은 분석은 전통 향리가의 근대적 지주로의 전환과정, 나아가 근대전환기 사회계층 변동에 대한 중요한 실마리를 제공할 것이다. 이와 함께 새로이 형성된 지방 유지집단의 실체가 구체적으로 밝혀지기를 기대한다.

본 연구는 이러한 인식을 바탕으로, 조선시대 나주지역 향리가문의 실체를 파악함으로써 신분구조의 변동에 대한 종래의 해석을 재검토하고, 이들의 지속성과 변화, 근대 이후 향리집단의 진출양상과 관련하여 향리집단의 존재양식과 의식구조상의 특성을 밝히고자 한다. 이를 위한 구체적 연구로서 우선 Ⅰ장에서는 조선시대 나주 지방 이서의 조직과 담당가계를 파악하고자 하였다. 이러한 나주 지방 이서의 조직구성과 담당가계를 살펴봄으로써 조선시대 지방 이서계층의 객관적 실상에 접근하고자 하였다. 그러나 지방 이서계층을 검토함에 있어서는 경제적 기반이나 신분적 성격 및 계급 행동 등의 문제가 매우 중요한데 그 본격적인 연구에까지 나아가지는 못했다. 다만 자료의 한계와 이론적 논의의 여건이 충분하지 않은 상태에서 사회사적 사실의 발견이 우선되어야 한다고 생각하고 이에 주력하였다. Ⅱ장에서는 조선시대 향직운영체계의 변화와 함께 단순히 戶長職을 가진 자만이 아니라 戶長을 할 수 있는 집안까지 포함하는 계층으로서 戶長層에 대하여 살펴보았다. 이들 호장층은 지방사회에서 가장 강력한 토착세력으로서 지방통치의 한 핵을 이루고 있었기 때문에 이들의 실상을 파악함으로써 나주 향리의 상층부를 파악할 수 있었다. 이들은 향직체계의 변화 속에서도 자신들의 지위를 유지하고 있었다는 것을 밝혔다. 특히 이들은 조선 초기부터 조선 말에 이르기까지 호장층으로서 그 지위를 지속하고 있었다는 것을 알 수 있었다. 향리사회 내부의 변화에도 불구하고 이러한 호장층의 건재는 향리집단의 신분적 안정성과 더불어 장기적 지속성을 보여 주며, 이것은 전통 한국지방사회의 한 특징을 반영한다는 점에서 그 중요성이 강조될 수 있겠다. Ⅲ장에서는 앞장에 이어 조선시대 나주의 六房層과 色吏層의 실상을 파악하고자 하였다. 이를 통해 六房任을 담당한 가계는 어떠하며, 色吏任을 담당한 가계는 어떠한지를 살펴보았다. 또한 이들 상호간의 관계와 위계, 그리고 주요 吏任을 담당하는 향리층을 통해 전통적 향리가와 이에 버금가는 새로운 유력 향리가에 대한 실마리를 찾을 수 있었다. Ⅳ장에서는 조선말 나주의 향리가의 구체적 파악을 바탕으로 나주지역 향리가문의 변화 양상과 이러한 변화 속에서도 변하지 않는 지속성을 파악하고자 하였다. 그럼으로써 신분구조의 변동에 대한 종래의 해석을 재검토하고, 근대 이후 향리집단의 진출양상과 관련하여 향리집단의 존재양식과 특성을 밝히고자 하였다. 이를 통해 확인할 수 있었던 것은 향리사회의 지속성과 더불어 내부의 변화이다. 다시 말하자면 전통적 향리가의 위세가 지속되는 가운데 새로운 변화에 빠르게 적응해 간 신흥향리가의 등장이 주목되는 것이다. Ⅴ장은 Ⅳ장의 연구결과를 보다 구체적 사례연구로서 살펴본 것이다. 나주의 향리가 중에서도 밀양 박씨가의 사례를 중심으로 이들의 존재양상과 조선 말 이후 새로운 변화에 대하여 살펴보았다. 특히 여기서는 조선 말~일제하 지주제 연구의 일환으로 나주지역 향리가문의 사회적 연망을 파악함으로써 지역 내 사회구조 변동에 대한 종래의 해석을 재검토하고, 근대 이후 향리집단의 성장양상과 관련해 향리집단의 존재와 의식구조상의 특성을 밝히고자 했다. 여기서는 특히, 羅州 鄕吏家의 婚脈과 貢膳관계를 구체적으로 살펴봄으로써 나주지역에 존재하는 향리가 간의 社會的 連網(social network)을 해명하고자 하였다. 이 같은 분석은 전통 향리가의 근대적 지주로의 전환과정, 나아가 근대전환기 사회계층 변동에 대한 중요한 실마리를 제공함으로써, 최근 논의 중인 地方有志, 名望家層의 사회적 존재형태의 해명에 적지 않은 공헌을 할 것으로 기대한다.

이상과 같은 연구의 초점은 향리가의 지속성과 변화, 그리고 향리출신 지주가의 존재형태와 이들의 행태(behavior)에 맞추어져 있다. 이와 함께 지역 수준의 사회적 제 관계와 의사결정과정의 구조에 두어져 있다. 또한 향리집단 내의 사회적 연망을 구명한다는 기능론적 분석시각을 유지하고자 하였다.

Ⅰ. 朝鮮時代 羅州 地方 吏胥의 組織과 擔當 家系

1. 머리말

‘지방 이서’라 함은 흔히 ‘향리(鄕吏)’ ‘(외)아전(衙前)’ 등으로 불리는 무리를 가리키는 것으로서, 기본적으로는 지방 행정의 실무를 담당했던 일종의 기술인 집단·계층으로 파악될 수 있다. 또한 이들이 실제로 수행하였던 사회적 역할이나 행정·통치상의 기능은 결코 가벼이 볼 수 있는 것이 아니었다.[8)]

지방 이서 계층에 대한 연구는 그것이 단순히 각종 사회적 병폐의 근원으로 이해되는 데에만 두어져서는 안 된다. 이서 계층 그 자체를 독자적인 탐구의 대상으로 삼는 방법론적 전환이 필요하다고 하겠다. 다시 말하면 지방 이서 계층의 객관적인 실상을 역동적으로 파악하는 것이 중요하다는 것이다.

본 논문에서 탐구하고자 하는 지방 이서의 문제나 나아가서는 지방사적 연

---

8) 김필동, 『차별과 연대-조선사회의 신분과 조직』, 문학과 지성사, 1999, 163~164면: 지방관아의 모든 公事는 실질적으로 이들에 의해 수행되었으며, 따라서 조선시대에 있어서 지방행정의 실권은 사실상 이들 이서의 손아귀에 있었다고 해도 과언은 아니었기 때문이다. 또한 이들은 한 지방에 세거하면서 계속해서 吏胥職을 맡는 것이 일반적이었다.; 柳壽垣, 『迂書』 第七卷, 「論吏員役滿陞揆之制」: “吏雖賤役 所關至重”

구 일반이 새로운 자료원의 확보·이용과 더불어 새롭게 진전될 수 있는 것이다. 그러나 이제까지 이러한 작업이 미진했던 것이 사실이다. 이 같은 사실은 자료 수장(收藏)의 편재 및 체계적인 정리의 미흡함에도 그 원인이 있다.[9)]

결국 이 같은 문제점을 해결하는 방법은 지방사에 대한 관심의 제고와 사회사적인 접근 방법의 개척에 의해서 찾아질 수 있는 것이라 생각된다. 이 연구는 바로 이러한 지방사적·사회사적 연구의 하나로서 시도되는 것이다. 그러므로 이 연구와 같은 지방사적인 연구는 다른 어떠한 역사적 연구보다도 다양한 1차 사료의 확보가 절실한 선결 과제가 된다고 하겠다.[10)]

본 연구는 이러한 인식 속에서 하나의 사례연구로서 전라도 나주지방의 이서(吏胥)에 대해 살펴보고자 한다.

나주지방은 예로부터 호남의 정치·경제·산업·문화의 중심지로 오랜 지위를 지녀 온 곳이었다. 나주는 호남의 대읍(大邑)으로 인재의 보고로 지칭되어 왔고, 실제로 걸출한 인물들이 각 시기마다 끊임없이 배출되어 정치

---

9) 김필동, 앞의 책, 1999, 165~168면.
10) 김필동, 앞의 책, 1999, 170면.

적·사상사적으로 주목되는 지역적 특성을 간직하고 있다고 보여진다.[11]

뿐만 아니라 다산 정약용의 『목민심서(牧民心書)』, 「이전(吏典)」, 속리조(束吏條)에는 "경외(京外) 이서의 액수는 넘치고 어지럽지 않음이 없다. 그래도 경사(京司)에는 정액(定額)이 있으나 외읍에는 제한이 전혀 없어, 많을 경우에는 수백에 이르기도 하고(안동·나주 등) 적을 경우에도 60명 아래로 내려가지는 않는다."고 적혀 있다. 이를 통해 알 수 있듯이 나주(羅州)는 전라도의 거읍(巨邑)일 뿐만 아니라 전국적으로도 이서의 수와 세력이 대단히 큰 대표적 지역이었다. 이러한 나주 지방 이서의 조직구성과 담당가계를 살펴봄으로써 조선시대 지방 이서 계층의 객관적 실상에 접근해 보고자 한다.

또한 연구사적으로 조선시대 지방 이서에 관련된 논란들에 대해서도 그 해결의 실마리를 찾기 위해 노력하고자 한다.

일부 전통적인 향리가문이 일반 향리직뿐만 아니라 호장직을 독점하는 현상[12]을 지적했듯이 '과연 향리층 중 어느 특정 가문, 그중에서도 향리직을 계속 수행하는 특정가계가 있는가?'와 같은 문제들을 풀 수 있는 실마리를 찾을 수 있도록 노력하겠다.

또 하나 살펴볼 것은 삼공형(三公兄)이나 도서원(都書員) 같은 요임을 특정 향리(鄕吏) 가계만이 독점·안배했다고 하는 사실[13]이 과연 나주의

11) 이해준, 「조선 전기 나주지방의 사족기반과 그 성격」, 『나주목의 재조명』, 나주시·목포대학박물관, 1990, 143면.

12) 김준형, 「조선시대 향리층 연구의 동향과 문제점」, 『한국의 전통사회와 신분구조』, 문학과 지성사, 1991, 154면.

13) 이훈상, 『조선 후기의 향리』, 일조각, 1998, 45면 주4): "三公兄이나 都書員 같은 요임을 특정 鄕吏 家系들만이 독점·안배한 사실은 蔚山 朴氏 府內派 문중의 『家乘』들에 戶長이나 吏房을 거친 이력을 빠짐없이 기재한 사실을 통하여 입증된다. 이것은 吏族들 내에서 이 두 吏任이 얼마만큼 중요한 비중을 가진 요임인가 하는 사실을 단적으로 알려 주며, 이와 유사한 사례는 다른 군현에서도 쉽게 찾아볼 수 있다. 그런데 더욱 흥미로운 사실은 府內派 가운데 소수의 特定 家系 출신만이 戶長이나 吏房을 독점·배출한 점이다. 다시 말해서 지방의 吏胥集團-향리가문과 假吏가문 모두를 포함한 집단을 이끌어 간 三公兄, 즉 戶長이나 吏房 등은 吏族 내 主導 家系 출신 가운데 선임되어, 이들은 바로 이러한 자신들의 家勢를 바탕으로 역할을 수행

사례에서도 확인되는가 하는 것이다. 과연 소수의 특정가계 출신만이 호장(戶長)이나 이방(吏房)을 독점·배출하였는가 하는 점이다(이들을 향촌사회에서는 흔히 '수리(首吏)집안'이라고 지칭하며, 이훈상이 이족(吏族) 내 주도(主導) 가계(家系)라고 명명한 것이 바로 이에 해당한다).

무엇보다도 나주 지방 이서집단에 대한 연구를 통해 지방사회에 대한 이해뿐 아니라 전통문화의 특질, 특히 그중에서도 전통 한국의 지방행정 문화와 이들의 의식구조 등을 이해할 수 있는 기본적 토대를 만드는 데 기여하고자 한다.

2. 羅州 地方 吏胥 關聯 古文書

현재 나주 지방 이서에 대해 살펴볼 수 있고 본 연구에서 검토하고자 하는 자료는 다음과 같다.

첫 번째 자료로 『금성일기(錦城日記)』를 들 수 있다. 이 자료의 관련시기는 고려 공민왕 7년(1358년)에서 조선 성종 12년(1481년)까지이다. 이 자료는 지방관리의 입주교체(入州交替) 사실을 기록해 놓은 것으로 호장이 기록을 담당하였다. 이를 통해 고려 말 조선 전기 나주의 호장을 담당했던 주요 성씨를 확인할 수 있다.

두 번째로 본 논문에서 나주 지방 이서의 조직과 담당가계를 살펴보기 위해 이용한 자료로 『나주목중기(羅州牧重記)』를 들 수 있다. 『중기』는 수령 교체 시 작성하는 일종의 인수인계서(재물조사서 또는 재고조사서)로서

한 것이다. 그리고 이들 主導 家系들과 이들 상호간의 族的인 결속은 시대가 내려올수록 강화되어 조선 후기 지방의 吏胥集團이 다양한 사회적 변화에 직면하면서도 자신들의 위계질서를 장기간 유지할 수 있는 중요한 배경이 된 것이다."

지방관청의 기물·문서·재정의 내역을 기구별로 기록하고 있다. 때문에 『중기』는 지방관청의 기구와 재정의 운영을 살피는 데 참고가 된다. 또한 『중기』를 작성한 향리의 직임과 인명이 기록되어 있어 향리 가계를 알 수 있는 중요한 자료가 된다. 현재 나주의 『중기』로는 두 가지가 조사 보고되어 있다. 『나주목중기』1·2로 명명한 이 자료는 1864년과 1873년에 작성된 것으로 추정되어 나주향교에 보관되어 있는 것으로 보고되어 있다.[14] 그런데 그 내용을 분석해 본 결과 이 『중기』들은 1864년과 1873년에 작성된 것이 아니라 이보다 180년 전, 다시 말해 1684년과 1693년에 작성된 것으로 확인된다.[15] 왜냐하면 『나주목중기』1은 갑자(甲子)년에 작성된 것으로 되어 있어 1864년으로 추정한 것이다. 그런데 여기에 등장하는 인물 중 박덕붕(朴德鵬)은 『밀양박씨가승(密陽朴氏家乘)』에서 확인되는 인물로 1616년에 태어난 인물이다. 그러므로 이 인물이 활동했던 시기로 갑자년은 1684년으로 추정된다. 또한 『나주목중기』2가 작성된 해는 계유(癸酉)년으로 되어 있다. 여기에는 『나주목중기』1에 있는 박덕붕과 함께 그의 아들 충익(忠益)이 색리(色吏)로 등장하는데 이 충익이 태어난 해가 1643년이다. 그러므로 이 충익이 활동할 수 있는 계유년은 1693년으로 생각된다. 뿐만 아니라 이 『나주목중기』2의 겉표지에는 허등(許等)이라는 글씨가 쓰여 있다.[16] 이는 이 『중기』를 작성할 당시의 목사(牧使)가 허씨 성을 가진 목사라는 것을 의미한다. 그런데 나주목에 부임했던 목사 중에 허(許)씨 성을 가진 목사는 단 두 명이 있었다. 그중 한 명이 1672년 10월에 부임하여 1675년에 이임한 허질(許秩)이고, 또 한 명이 1691년 8월에 부임하여 1693년 7월에 이임한 허지(許墀)이다.[17] 그러므로 『나주목중기』2는 허지가 계유년 7월에 이임하면서 작성토록 한 것으로 보인다. 이 『중기』를 통해 17세기경

14) 전라남도, 『전남의 향교』, 전라남도, 1987.

15) 박진철, 「한말 일제하 나주지역 향리가문의 동향」, 『대동문화연구』제44집, 2003, 86~87면 참조.

16) 이와 같은 이유로 『나주목중기』2는 『허등중기(許等重記)』로 부를 수도 있을 것이다.

17) 나주시문화원·나주시, 『국역 금성읍지(錦城邑誌)』, 나주시문화원, 1989, 90면.

의 나주의 지방이서 조직과 담당가계에 대해 일부나마 알 수 있게 되었다.

한편 향리사회의 특징을 가장 잘 반영하는 문서로서 이들 집단 스스로가 집단의 질서를 운영해 온 사실을 반영하는 고문서를 빼놓을 수 없다.[18] 각종 형태의 선생안(先生案)을 작성·등재하는 관행은 이를 대표하는 기념비적 전통이라 할 수 있다. 선생안의 작성 및 등재 전통은 각 군현을 단위로 한 것과 감영(監營) 등을 단위로 한 것으로 구분된다. 비록 이러한 선생안을 현재는 많이 찾아볼 수 없으나, 이러한 선생안의 작성 및 등재 전통은 많은 지역에서 보편적이었다.

감영에서 작성한 선생안의 경우 그 대상은 감영의 영리가 된다. 다행히 전라도에는 독립된 선생안인 『호남연방선생안(湖南掾房先生案)』이 그대로 남아 있다.

전라도의 『호남연방선생안』은 몇 가지 주목할 만한 특징을 보여 주고 있다. 먼저 여기에는 각 영리들의 출신지를 명기하고 있다는 점이다. 이것은 각 군현에서 영리를 차출하는 관행에서 비롯된 것에 불과하지만, 이러한 출신지의 명기는 무엇보다도 연구자의 입장에서 볼 때 전라도 거의 대부분의 유력 이족들을 파악하는 중요한 단서가 된다는 점에서 그 가치는 상상을 초월할 정도로 큰 것이다. 출신지와 관련된 정보가 분명하지 않은 다른 지역의 경우 거의 대부분 현지조사에 의존하고 있기 때문이다.[19]

이 『호남연방선생안』은 중종 25년(1530)경부터 순조17년(1817)까지의 입

18) "향리와 관련 있는 문서들을 관심이나 이해의 주체에 따라서 구분한다면 첫째 관의 입장에서 이들에 관한 통제를 보여 주는 자료, 둘째 향리들 스스로가 자신들의 이해나 관심을 반영하고 있는 것, 셋째 양자의 입장이 혼효되어 나타난 것 등으로 분류할 수 있다.": 이훈상, 「향리 생활」, 『조선시대 생활사』, 2001, 역사비평사, 239~240면.

19) 이훈상, 앞의 책, 244~245면.: 또 하나의 특징은 시대가 내려올수록 각 영리들의 혈연계승 관계를 명기하는 추세가 두드러진다는 점이다. 즉 차임에서 세습을 중시하는 양상이 나타난다는 것이다. 이것은 토착 향리들이 없어 운영집단의 개방성을 표방한 상부 행정구조까지도 점차 혈연을 중시하는 운영원리에 의해 대체되어 가는 변화를 반영하고 있다.

번 영리(營吏)들을 수록하고 있다.[20] 조선시대의 영리는 군현의 향리 중에서도 주요 가문이 맡았던 것으로 이를 통해 나주지방 주요 이족을 파악할 수 있다.

이와 함께 나주지역에서 발견된 선생안으로는 『각방장선생안(各房掌先生案』과 『작청선생안(作廳先生案)』이 있다.[21] 이 두 자료는 18세기 말에서 19세기 말까지의 나주 지방 이서들의 명단을 기록해 놓은 것이다.

이와 관련하여 이 자료들을 보존하는 장소의 차이에 대한 언급도 필요하다. 잘 알려진 바와 같이 각 관아에 소장되어 있던 자료, 요컨대 이안 등 이서들의 직역 및 신분의 예속을 반영하는 문서 등은 일제의 병합과 더불어 규장각 등 각종 공공 도서관으로 수합되었다. 여기에는 일반적으로 수령이 참조하기 위해 관아에 비치하고 있던 것들이 포함된다.

반면 향리집단 자체의 문건, 예를 들면 각종 형태의 선생안이나 이들의 규범을 정리한 문서 등은 이들 집단이 소중하게 보관해 왔다. 그 보관 장소로는 관아가 아닌 이들의 공공장소, 예를 들면 안일당과 같은 곳에서 보관해 왔다.[22]

바로 나주의 선생안을 보관하고 있던 곳이 '이로당(頤老堂)이란 곳이다. 이 이로당은 조선시대에는 주사청(州司廳)이었던 것으로 추정된다.[23] 뿐만 아니라 이곳이 안일당과 같은 곳이 아니었을까 한다. 하지만 이에 대해서는 좀더 치밀한 연구가 필요하리라 생각한다.

이 외에 이 이로당에서 소장하고 있는 『선생사상부의록(先生四喪賻儀錄)』[24]를 통해서도 나주 지방 이서의 조직과 담당 이서들의 명단을 확인할 수 있었다.

다른 한편 현존하는 각종 이안(吏案)은 관의 입장에서 향리집단에 대한 통제를 보여 주는 대표적인 고문서라 할 수 있다.[25] 이안의 중요성은 이것

---

20) 이훈상, 「조선 후기 상급 지방행정체제에 있어서 신분집단에 기초한 운영구조와 행정실무집단의 출신지역의 편재화」, 『호남문화연구』제26집, 1998.

21) 이들 자료에 대해서는 박진철, 「조선시대 향직운영체계의 변화와 나주의 호장층」, 『이화사학연구』제31집, 2004, 83~84면 참조.

22) 이훈상, 앞의 글, 2001, 247면.

23) 현재 이곳에는 선생안 이외에 각종 『계안(契案)』과 이서들의 『부의록(賻儀錄)』 등이 보관되어 있다.

24) 박진철, 앞의 논문, 2004, 84면 참조.

이 각 지역 향리가문들의 위격(威格)을 판별하는 일차적인 기준이 된다는 점에서 찾아볼 수 있다. 吏案의 호장, 이방 등 이른바 삼공형(三公兄)은 예외 없이 특정 이족 출신이 독점하고 있는 사실을 알려 준다. 그리하여 이안은 지역사회의 향리 각 가문을 판별하는 좋은 자료가 된다.[26]

현재 확인할 수 있는 나주 지방 이안으로는 『인리공생안(人吏貢生案)』[27]과 『광서십오년팔월 일인리공생안하(光緖十五年八月 日人吏貢生案下)』[28], 그리고 『영속인리공생관안(營屬人吏貢生官案)』[29]과 『도내관안(道內官案)』[30]

25) "관의 입장에서 향리집단에 대한 통제를 보여 주는 고문서들은 일반적으로 향역을 수행하는 향리집단에 대한 신분예속 및 관에 대한 종속관계를 동시에 반영한다. 현존하는 각종 吏案은 이를 대표하는 고문서라 할 수 있다. 吏案은 각 군현에서 수령 등이 점고하거나 차임할 목적으로 작성한 각종 관속들의 명단이다. 엄격하게 이야기한다면 향리들만이 대상이 아니고 각종 형태의 관속까지도 포함하는 경우가 적지 않다. 또한 군현뿐 아니라 감영, 병영, 수영, 통영을 비롯하여 각 진 등에서도 이러한 형태의 이안을 작성하였으며 때로는 계서(啓書)나 통인(通引), 노비(奴婢), 관기(官妓) 등은 독립된 안을 만들기도 했다. 이안은 독자적으로 만들어졌고 이것은 3년마다 중앙의 이조로 보고하도록 되어 있었다. 이 이안들은 관속의 차임(差任)이라는 일률적인 목적 아래 작성된 것이어서 그 형태가 대체로 일률적이다. 그럼에도 불구하고 이안은 다음과 같은 면에서 주목할 만한 특징을 보여 준다. 첫째, 이안의 일부는 향리와 가리를 따로 구분하여 양자 간의 위계질서를 표시하고 있다. 이러한 양 집단 간의 차등은 사회적인 것이었으나 국가 역시 이러한 사회관행을 인정하는 토대 위에서 지방통치를 도모하였던 것이다. 둘째, 이서집단에 편입하거나 이로부터 벗어나는 것에 대하여 수령의 인가를 거치고 있다는 점이다. 셋째 이안은 기본적으로 수령의 부임과 더불어 만들어지고, 수령이 떠나면 폐기되는 것이 하나의 관행이었다.": 이훈상, 앞의 글, 2001, 240~241면.

26) 이훈상, 앞의 글, 2001, 240~243면.

27) 나주 박씨가의 소장문서로 光緖十七年七月(고종 28년, 1891)에 작성된 人吏案이다.
인리안은 지방관아에서 營·邑別로 작성한 것으로 이서들의 이름 및 職任을 적은 일종의 人名錄이다. 인리안은 吏案 또는 官案이라고도 하며, 이것은 營단위의 것과 군현단위의 것으로 구별할 수 있다. 여기에 이서들 자신이 직접 작성한 각종 先生案 역시 인리안에 포함된다. 이 자료는 기재사항이 간략하지만, 이를 통해 직임의 종류 및 인원수, 성씨별 구성 등을 파악할 수 있다. 이하 『인리공생안』으로 표기함.

28) 이 또한 나주 박씨가의 소장문서이다. 이는 광서(光緖) 15년 8월(고종 26년, 1889)에 작성된 인리안이다. 이하 『인리공생안하』로 표기함.

29) 서울대 규장각 도서번호, 古4652-12로 1750년 전라감영의 人吏, 貢生을 확인할 수 있는 자료이다.

30) 서울대 규장각 도서번호 奎27370, 高宗 12년 乙亥 5월.

이 있다.[31]

인리안은 지방관아에서 영(營)·읍(邑별)으로 작성된 것으로 이서들의 이름 및 직임을 적은 일종의 인명록이다. 이것은 비교적 단순한 자료이지만 우리는 이를 통하여 각 영·읍 소속 이서집단의 조직 형태나 직임의 종류 및 인원수, 성씨별 구성 등을 아주 구체적으로 파악할 수 있다.[32]

이와 같은 자료들을 토대로 불충분하지만 나주 지방 이서의 조직과 그 담당가계들을 확인하고자 한다. 대체로 나주 지방 이서 조직의 구성이 어떻게 변화하고 있으며, 그 주요 담당가계는 어떠했는지 등을 살펴보도록 하겠다.

다시 간략하게 정리하자면 조선 전기 자료로서 『금성일기』, 17세기 자료로서 『나주목중기』1·2, 1530~1817년의 『호남연방선생안』, 그리고 19세기 이후의 자료들로 『각방장선생안』·『작청선생안』·『선생사상부의록』·『인리공생안하』·『인리공생안』 등을 살펴보고자 한다. 자료의 부족으로 시계열적으로 충분히 연결은 되지 않지만 대체적 흐름과 경향은 확인할 수 있지 않을까 기대해 본다.

3. 羅州 地方 吏胥 組織

앞서 소개한 나주 지방 이서 관련자료 중에서 나주 지방 이서의 조직구성을 파악할 수 있는 자료로는 『나주목중기』1·2, 『인리공생안하』, 『인리공생안』, 『각방장선생안』, 『선생사상부의록』을 들 수 있다.

이들 자료를 비교하여 나주 지방 이서 조직의 구성과 그 변화를 살펴보도록 하겠다.

---

31) 박진철, 앞의 논문, 2003, 87면.
32) 김필동, 앞의 책, 1999, 170면.

조선 후기에 있어서 지방 이서 집단을 구성하는 기본 범주는 호장(戶長)·기관(記官)·의생(醫生)·율생(律生)·공생(貢生)·서원(書員)·통인(通引) 등이라고 볼 수 있다. 물론 이러한 범주들이 모든 지방관아에서 존재했던 것으로 보기는 어렵고 각 범주의 명칭이 다르게 나타나는 등 地域差가 어느 정도 있었지만, 조선 후기 지방 이서 집단의 일반적 구성을 살필 수 있게 해 주는 것으로 생각된다.[33]

『인리공생안하』와 『인리공생안』을 통해 보면 나주의 지방이서는 수호장, 호장, 교문기관, 부호장, 부교문기관, 기관, 교문통인, 수율생, 율생, 도서원, 서원, 수공생, 공생으로 구성되어 있었다. 이를 통해 보면 나주 지방 이서집단을 구성하는 기본 범주도 조선 후기 지방 이서 집단을 구성하는 기본 범주에서 크게 벗어나지는 않은 듯하다.

호장의 현직임은 1~3명 정도이지만, 둘일 경우가 일반적이어서 제일 호장 및 제이 호장, 또는 수호장(首戶長) 및 부호장(副戶長) 등으로 불리는 게 보통이었다.

호장에는 또한 '섭(攝)' '정조(正朝)' '안일(安逸)' 등의 직계가 있어서 본읍의 진성(陳省)에 따라 직첩(職帖)이 수여되기도 하는[34] 등 일정한 승진 계단이 있었으나, 이는 엄격한 의미에서의 직계라 보기는 어렵고 다분히 명예적인 것이었다고 생각된다.[35]

『금성일기』에는 수호장(首戶長) 정조(正朝), 호장(戶長) 정조(正朝), 섭호장(攝戶長), 부호장(副戶長) 등의 명칭이 보인다. 『인리공생안하』와 『인리공생안』에는 수호장, 호장, 부호장이 있었다. 『각방장선생안』과 『선생사상

---

33) 김필동, 앞의 책, 1999, 176~177면.

34) 『經國大典』, 「吏典」, 鄕吏條: "考本邑陳省 給攝戶長·正朝戶長·安逸戶長帖"; 『掾曹龜鑑』 卷之一, 「感恩詩」: "又(國王)向曰 爾於戶長 今至何階 (李慶蕃)對曰 當受正朝戶長帖矣" 등 참조.

35) 김필동, 앞의 책, 1999, 196~197면.; 『掾曹龜鑑』의 「吏職名目解」: "曰攝戶長者 謂攝行官事也 曰正朝戶長者 以歲首朝于朝也〔……〕 安逸戶長者 退老于家 旣安且逸 爲一鄕之所尊也"에 의하면 그것이 직임과 관련된 위계라고 볼 수는 없다.

부의록』에는 호장과 부호장이 보인다.

지방 이서 집단에 육방 체제가 갖추어진 것이 언제부터인지는 확실하지 않다. 다만 육방은 부서명이기도 하고 직명을 가리키는 것이기도 했다. 한 읍의 각 방은 여러 명이기도 하였는데 특히 형방의 경우가 그러하였으며, 이들은 또한 기본적으로는 作廳을 그들의 집무처로 하고 있었지만 '방'이 발전, 독자적인 청사를 갖기도 하였다.[36)]

나주자료에 나타난 육방조직은 다음 표와 같다.

〈표 1〉 나주자료에 나타난 육방임(六房任)

나주목중기1	나주목중기2	각방장선생안	선생부의록
부이방(副吏房) 수호방(稤戶房) 예방(禮房) 형방(刑房) 공방(工房)	공방(工房) 부이방(副吏房) 수호방(稤戶房) 예방(禮房) 형방(刑房)	이방(吏房) 부이방(副吏房) 수호방(稤戶房) 지호방(地戶房) 예방(禮房) 병방(兵房) 형방(刑房) 내공방(內工房)	이방(吏房) 부이방(副吏房) 수호방(稤戶房) 지호방(地戶房) 예방(禮房) 병방(兵房) 형방(刑房) 내공방(內工房)

이 자료들을 통해 알 수 있는 것은 조정의 육조의 서열과 같이 나주의 육방의 서열도 이·호·예·병·형·공의 순으로 되어 있다는 것이다. 이는 『연방등록』에 기재된 동복현의 경우를 보면 그 서열이 이·호·형·예·병·공의 순으로 되어 있고 형방과 예방 사이에 승발(承發)이 위치하고 있는 것[37)]과 차이가 있다.

호장과 육방임을 제외한 나머지 모든 현직의 이서들을 기타 색리라고 할 수 있다(색리란 '담당 이서'라는 의미이다). 그러나 '기타 색리'는 하나의 동질적인 범주라기보다는 편의상의 명칭에 불과한 것이며, 그 안에 다양한 성·위계의 색리들을 포함하고 있다.[38)]

36) 김필동, 앞의 책, 1999, 197~198면.

37) 김필동, 앞의 책, 1999, 198~199면: 김필동은 이것이 형방의 중요성이 부각되고 있음을 보여 주는 것이라고 설명하고 있다.

나주 지방 이서 중 기타 색리를 정리하면 〈표 2〉와 같다.

〈표 2〉 나주자료에 나타난 기타 색리의 종류

나주목중기1	나주목중기2	각방장선생안	선생부의록
객사공방(客舍工房)	객사감고색(客舍監考色)	각창색(各倉色)	각창색(各倉色)
공물호방(貢物戶房)	객사공방(客舍工房)	개안색(改案色)	개안색(改案色)
기명색(器皿色)	공물호방(貢物戶房)	경포색(京砲色)	경포색(京砲色)
마도병방(馬島兵房)	군기궁색(軍器弓色)	고마색(雇馬色)	고마색(雇馬色)
영창색(營倉色)	기명색(器皿色)	공색(貢色)	공색(貢色)
육군병방색(陸軍兵房色)	노비공색(奴婢貢色)	관장무(官掌務)	관장무(官掌務)
조군색(漕軍色)	노비색(奴婢色)	관청미색(官廳米色)	관청미색(官廳米色)
죽병방(竹兵房)	대동색(大同色)	군기색(軍器色)	군기색(軍器色)
지색호방(地色戶房)	도서원색(都書員色)	노비색(奴婢色)	노비색(奴婢色)
포보색(砲保色)	도훈도(都訓導)	대동도색(大同都色)	대동도색(大同都色)
	마도병방(馬島兵房)	대동색(大同色)	대동색(大同色)
	미색(米色)	도서원(都書員)	도서원(都書員)
	사창색(司倉色)	도훈도(都訓導)	도훈도(都訓導)
	산성색(山城色)	배패색(倍牌色)	배패색(倍牌色)
	아병색(牙兵色)	보역색(補役色)	보역색(補役色)
	염철색(鹽鐵色)	빙정색(氷丁色)	보흥사지소색(普興寺紙所色)
	영창색(營倉色)	산성색(山城色)	빙정색(氷丁色)
	육군병방(陸軍兵房)	상년호적색(常年戶籍色)	산성색(山城色)
	의국색(醫局色)	세초색(歲抄色)	상년호적색(常年戶籍色)
	의생유사(醫生有司)	소리(所吏)	세초색(歲抄色)
	이전선군기색(二戰船軍器色)	수군병방(水軍兵房)	소리(所吏)
	일전선군기색(一戰船軍器色)	수군색(水軍色)	수군병방(水軍兵房)
	전관색(傳關色)	수선고색(修繕庫色)	수군색(水軍色)
	전색(箭色)	수율생(首律生)	수선색(修繕色)
	조군병방(漕軍兵房)	승발(承發)	수율생(首律生)
	조색(租色)	식년호적색(式年戶籍色)	승발(承發)
	주전색(鑄錢色)	영창색(營倉色)	식년호적색(式年戶籍色)
	죽병방(竹兵房)	육색(肉色)	영창색(營倉色)
	지색호방(地色戶房)	의생(醫生)	육색(肉色)
	지소색(紙所色)	전관색(傳關色)	의생(醫生)
	지통통인(紙筒通引)	전문서사(箋文書寫)	전관색(傳關色)
	진색(賑色)	전세도색(田稅都色)	전문서사(箋文書寫)
	창도색(倉都色)	정병색(正兵色)	전세도색(田稅都色)
	출완색(出完色)	제민창색(濟民倉色)	정병색(正兵色)
	포보색(砲保色)	조군색(漕軍色)	제민창색(濟民倉色)
	호적색(戶籍色)	지소색(紙所色)	조군색(漕軍色)
		진상예방(進上禮房)	지소색(紙所色)
		진상의생(進上醫生)	

38) 김필동, 앞의 책, 1999, 199~201면.

나주목중기1	나주목중기2	각방장선생안	선생부의록
		진휼색(賑恤色) 창도색(倉都色) 통기색(統記色) 포재색(庖宰色)	진상예방(進上禮房) 진상의생(進上醫生) 진휼색(賑恤色) 창도색(倉都色) 통기색(統記色) 포재색(庖宰色) 향교도색겸양재색(鄕校都色兼養齋色)

기타 색리에는 다양한 부류가 존재했지만, 각 읍에 구체적으로 어떤 종류의 기타 색리가 존재했는가는 그 읍의 사정에 따라 달랐다.

〈표 2〉에서 보이는 것과 같이 나주는 다른 지역과 다른 여러 종류의 기타 색리가 존재하였던 것을 확인할 수 있다. 뿐만 아니라 그 종류와 수도 상당히 많았음을 알 수 있다. 이는 조선 후기 이서 수의 증가와 관련 있는 것으로 보인다.

4. 羅州 地方 吏胥의 主要 擔當 家系

이 장에서는 나주 지방 이서의 직임을 맡았던 성씨들을 살펴보고자 한다. 과연 특정 가문이 특정 이임(吏任)을 지속적으로 수행했는지, 주도 가문은 어떤 가문인지 등도 살펴보기로 하자.[39]

나주지역에서 주로 호장을 담당했던 인물들은 주로 어떤 성씨였을까?

우선 가장 오래된 자료인 『금성일기』를 보면 수호장 정조 정염(首戶長 正朝 鄭恬), 호장 정조 나의(戶長 正朝 羅顗), 호장 정조 김청(戶長 正朝

39) 주도 가계에 속하지 못한 가계들의 경우 매년 차임되는 것은 기대하기 어려웠다. 이방까지 올라갈 수 있거나 또는 매 해 빠짐없이 이임에 차임될 수 있는 특권은 한 지역에서 대대로 향리신분을 세습해 왔기 때문에 가능한 것이다: 이훈상, 앞의 글, 2001, 257~258면.

金淸), 호장 정조 나심(戶長 正朝 羅潯), 섭호장 박음(攝戶長 朴音), 섭호장 나기(攝戶長 羅紀), 섭호장 나성(攝戶長 羅星), 부호장 정금(副戶長 鄭錦), 부호장 조우((副戶長 曹祐), 주사 나(州司 羅), 주관 박(州官 朴), 주사 수호장 정조 나(州司 首戶長 正朝 羅), 주사 나서(州司 羅緖), 주사 정(州司 鄭), 주사 수호장 정(州司 首戶長 鄭), 주사 진(州司 陳) 등의 인물이 등장한다. 이를 통해 보면 조선 전기 나주의 호장은 정(鄭)・나(羅)・김(金)・박(朴)・조(曹)・진(陳) 씨 등이 맡고 있었음을 알 수 있다.

이 자료에는 성 씨의 본관이 명기되어 있지 않지만 다른 문헌과 자료를 참고할 때 이들은 나주 나(羅州 羅), 나주 정(羅州 鄭), 반남 박(潘南 朴), 나주 진(羅州 陣)임을 알 수 있다. 반남면(潘南面) 봉현리(峰峴里)에는 고려 호장인 반남(潘南) 박응주(朴應珠)의 묘가 있다.[40] 고려 충렬왕 때의 인물인 나주(羅州) 정가신(鄭可臣)의 아버지 송수(松壽)는 향공진사(鄕貢進士), 즉 향리층이었다.[41] 또 정도전(鄭道傳)은 고려 말에 왜구에게 화를 당해 죽음을 불사했던 나주(羅州) 정침(鄭沈)의 전발(傳跋)을 쓰면서 침(沈)을 일향리(一鄕吏)라고 밝히고 있다.[42]

나주 정씨와 나주 나씨가 다 같이 고려 때의 토성(土姓)집단이었다는 점에서 『금성일기』의 나씨는 본이 나주일 것으로 짐작된다. 조선조에 들어와서도 이들 성씨는 향리로 등장하고,[43] 기축옥(1589년)에 연루되었던 정개청(鄭介淸)이 나주 공생(貢生) 출신으로서[44] 나주 사족들과 교류하였던 점으로 미루어 볼 때 나주 향리층은 조선시대 이후에도 토호로서 그 세력을 유지하여 왔던 것이 아닌가 생각된다.[45]

---

40) 『羅州郡誌』 乾卷, 1955.
41) 『掾曹龜鑑』 권2 觀感錄(13a-13b), "鄭可臣 字獻之 羅州人. 父 松壽 鄕貢進士", 『國學資料』제2집, 서강대 인문과학연구소, 1982.
42) 『掾曹龜鑑』 底本 권2 부록, 서울시립 종로도서관 사진본, 『국학자료』제2집, 342-344, 서강대 인문과학연구소, 1982.
43) 『湖南邑誌』, 1872년경, 18면.
44) 『己丑錄』(掾曹龜鑑 卷三 觀感錄, 385면).
45) 정승모, 「사원・사우 및 향교 조직과 지역사회체계(하)」, 『태동고전연구』제5집, 1989, 140면.

나주지역에서 호장을 담당해 왔던 성씨는 주로 조선 전기에는 정(鄭)·나(羅)·김(金)·박(朴)·조(曹)·진(陳) 씨였고, 중기 이후에는 손(孫)·양(梁)·나(羅)·오(吳)·이(李)·정(鄭)·박(朴)씨 등이었다.

특히 『각방장선생안』에 등장하는 호장은 손(孫)씨가 6명, 나(羅)씨가 3명, 양(梁)씨가 2명, 오(吳)씨, 정(鄭)씨, 조(曹)씨가 각 1명씩이다. 『선생부의록』에는 손씨가 23명, 나씨가 11명, 조씨가 7명, 양씨가 5명, 오씨가 3명, 정씨가 1명 등재되어 있다. 이를 통해 보면 조선 초기의 호장담당층이었던 나씨, 조씨, 정씨는 계속해서 호장 담당 성씨로 존속해 왔음을 알 수 있다. 그러나 17세기 이후 양씨가 주요 호장 담당층으로 등장하고, 19세기 이후에는 손씨의 등장이 두드러짐을 알 수 있다.

이를 통해 나주지역의 호장은 특정 몇몇 성씨가 독점해 왔음을 알 수 있다.

〈표 3〉 나주지역 호장담당 성씨

금성일기	나주목중기2	인리공생안하	인리공생안	각방장선생안	선생사상부의록
鄭·羅·金·朴·曹·陳	梁	孫·梁·羅·吳·李	朴·孫·羅·吳·鄭	羅·孫·梁·吳·鄭·曹	羅·孫·梁·吳·鄭·曹

이와 함께 호장 못지않은 주요 이임인 이방은 어떤 성씨들이 맡아 왔는가를 살펴보면 〈표 4〉와 〈표 5〉와 같다. 이를 통해 보면 호장, 이방, 부호장, 부이방과 같은 주요 이임은 호장담당 성씨인 나, 손, 양, 오, 정, 조의 여섯 성씨가 독점하고 있음을 알 수 있다. 이는 소수의 특정가계 출신만이 호장이나 이방을 독점·배출한다[46]는 사실이 나주지역에도 그대로 적용되고 있음을 보여 준다. 이는 지방의 이서집단, 즉 향리가문과 가리가문 모두를 포함한 집단을 이끌어 간 호장이나 이방 등은 이족(吏族) 내 주도 가계 출신 가운데 선임되어, 이들이 바로 이러한 자신들의 가세를 바탕으로 역할을 수행했다는 것을 증명하고 있는 것이다.

또한 지방 이서 가운데 가장 중시된 것은 호장과 이방의 두 직임인데, 이

46) 이훈상, 앞의 글, 2001, 45면.

들이 신분적으로 다른 범주를 구성한 것이 아니라는 것을 알 수 있다. 결국 이방을 맡을 수 있는 가문이 호장도 맡았다는 것을 보여 준다고 하겠다.

한편 조선시대의 영리는 군현의 향리 중에서도 주요 이족이 맡았던 것으로 어떤 성씨가 영리를 담당했는지를 파악하는 것은 나주지역의 주요 이족을 파악하는 데 중요한 단서가 되리라 생각한다.

〈표 4〉 『선생사상부의록』에 나타난 호장과 이방 명단

호장		이방		부호장		부이방	
나두추	양건환	나석곤	양석노	나길표	양건국	나규환	양건환
나명격	양덕오	나승환	양성익	나두익	양건환	나기추	양건희
나명침	양석노	나시추	양일모	나명격	양덕오	나시채	양덕효
나석곤	양성익	나윤환	양진영	나명침	양덕효	나종주	양덕후
나시추	양준송	나인추	오사덕	나시채	양명우	나종화	양성익
나윤환	오광두	나종헌	오상희	나용빈	양이행	나처신	양지한
나종주	오길삼	나홍규	정덕동	나인추	양응한	나취복	오광두
나치곤	오사덕	나홍직	조경달	나종화	양주행	나홍규	오사덕
나한추	정덕동	손경래	조경와	나종주	오민택	나홍직	오사의
나홍규	조경달	손계운	조경은	나종헌	오사덕	손경래	오상권
나홍직	조경와	손광흡	조경익	나찬우	오사의	손계운	오석희
손경래	조숙진	손남표	조윤채	나필임	오상권	손광익	오영택
손계운	조시헌	손래효		나홍직	오석희	손광흡	오중권
손계표	조운택	손명욱		손경래	오영택	손득열	오치원
손광태	조재하	손배창		손계운	오재주	손득종	오태원
손기열	조홍린	손복린		손득순	오중권	손면조	조경달
손득열		손신성		손득열	정덕동	손명욱	조경와
손득종		손영백		손득종	조경익	손배창	조경은
손면조		손우표		손득철	조경택	손상학	조계채
손명달		손위빈		손배창	조계채	손안표	조문광
손명욱		손인택		손사묵	조병무	손영백	조숙진
손배창		손제복		손안채	조석하	손영우	조시헌
손복린		손준학		손영백	조숙진	손우표	조윤채
손영우		손태효		손응곤	조시헌	손응복	조재하
손위빈				손응묵	조운복	손응성	
손응일				손응일	조운택	손인택	
손응환				손익표	조응종	손제복	
손인택				손일영	조하진	손제표	
손제복				손종철		손종철	
손제표				손준영		손철준	
손철준				손처민		손후은	
손태효				손철준		손희표	
손후은				손탁술			
손희표				손혁표			
				손후은			

〈표 5〉『각방장선생안』에 나타나 호장과 이방 명단

호 장	이 방	부호장	부이방
나명각	손경래	나명각	나명집
나명침	손명권	나명직	나봉린
나윤성	손배창	나명침	나조주
손경래 자후은	손영백	나종주	나진채
손계운	손인택	나종헌	나처신
손명욱	손형운	나진채	나홍직
손배창	오사덕	손경래	손경래
손인택	정윤성	손계운	손계운
손후은	조경달	손배창	손명욱
양	조경은	손배창	손배창
양택오	조윤채	손영백	손봉연 개명 구백
오사덕		손철갑	손인택
정윤성		손후은	손후은
조시헌		양봉환(광환)	양정환(광환, 봉환)
		양택은	양택은
		양택효	양택효
		오사덕	양택후
		오사의	오사덕
		오상권	오사의
		정윤성	오상권
		조시헌	오소암
		조운복	오윤일
			오윤택
			오태원
			조경달
			조경은
			조계채
			조시헌
			조윤채

앞서 소개한 대로 전라도 감영에 입번(入番)하였던 전라도 각 군현 영리(營吏)들의 명단으로 『호남연방선생안』이 있다. 이 중에서 나주 출신 영리를 성씨별로 살펴보면 다음과 같다. 나씨 21명, 손씨 14명, 양씨 14명, 오씨 5명, 정씨 14명, 조씨 2명, 전(全)씨 2명이 등재되어 있다. 이를 통해

서도 나주에서 호장과 이방을 독점했던 주요 이족이 영리도 도맡고 있음을 확인할 수 있다.

그렇다면 호장과 이방을 제외한 육방임과 기타 색리는 어떠했을까?

나주 관련자료에서 확인되는 육방담당 성씨와 기타 색리담당 성씨는 〈표 6〉과 〈표 7〉 같다.

이와 함께 『작청선생안』[47]에 기록되어 있는 성씨는 고씨 12명, 김씨 60명, 나씨 36명, 남씨 1명, 노씨 8명, 문씨 1명, 박씨 16명, 방씨 1명, 서씨 5명, 손씨 59명, 승씨 8명, 안씨 8명, 양씨 19명, 오씨 31명, 윤씨 2명, 이씨 38명, 임씨 2명, 장씨 6명, 정씨 23명, 조(曹)씨 45명, 조(趙)씨 2명, 진씨 3명, 최씨 36명, 하씨 8명, 허씨 1명, 황씨 1명이다.

이를 통해 보면 호장과 이방을 독점했던 나, 손, 양, 오, 정, 조씨는 육방과 기타 색리에도 모두 담당하고 있음을 알 수 있다. 나주 이족의 주요 가계들은 거의 모든 이임을 돌아가면서 맡았던 것으로 보인다. 이와 함께 여러 성씨가 육방임에 참여하고 있음을 알 수 있다.

이것은 지방 이서 계층이 호장층·육방층·색리층으로 확연히 구분되는 것은 아니며 이들이 신분적으로 다른 범주를 구성한 것도 아니라는 것을 보여 준다. 다만 지방 이서 계층 중 몇몇 특정의 주도 가문만이 이들 중에서도 가장 중요한 이임인 이방과 호장직을 맡을 수 있었다는 것을 알 수 있다.

---

47) 이서들의 집무처를 공식적으로는 '인리청' 또는 '이청'이라 하였지만, 보통은 '작청(作廳)' 또는 '성청(星廳)'이라고 일컬었으며, 자신들은 이를 '연방(掾房)' 또는 '연조(掾曹)'라는 존칭으로 부르기도 하였는데, 속음으로는 '길청' 또는 '질청'이라고도 하였다. 작청은 이서들의 직무 활동의 중심 기구였다: 김필동, 앞의 책, 1999, 190면.

〈표 6〉 육방담당 성씨

나주목중기1	나주목중기2	각방장선생안	선생사상부의록
羅·盧·徐·成·孫·吳·李	金·孫·羅·吳	孫·吳·鄭·曹·羅·梁·高·金·南·盧·朴·徐·昇·安·尹·李·林·張·陳·崔·河·黃	羅·孫·梁·吳·鄭·曹·高·奇·金·南·盧·朴·徐·昇·安·尹·李·林·張·陳·崔·河·黃

〈표 7〉 기타 색리담당 성씨

나주목중기1	나주목중기2	각방장선생안	선생사상부의록
金·羅·朴·孫·梁·李·全·曹·崔	李·全·羅·金·姜·崔·吳·朴·梁·盧·宋·洪·安·曹·鄭·高	高·奇·金·羅·南·盧·朴·方·徐·孫·昇·安·梁·吳·尹·李·林·張·鄭·曹·崔·河·黃	高·奇·金·羅·南·盧·朴·方·徐·孫·昇·安·梁·吳·尹·李·林·張·鄭·曹·崔·河·黃·趙·陳·許

5. 맺음말

본 연구는 하나의 사례연구로서 전라도 나주지방의 이서(吏胥)에 대해 살펴보았다.

나주지방은 예로부터 호남의 정치·경제·산업·문화의 중심지로 오랜 지위를 지녀 온 곳이었다. 또한 나주(羅州)는 전라도의 거읍(巨邑)일 뿐만 아니라 전국적으로도 이서의 수와 세력이 대단히 큰 대표적 지역이었다. 이러한 나주 지방 이서의 조직구성과 담당가계를 살펴봄으로써 조선시대 지방

이서 계층의 객관적 실상에 접근해 보고자 했다.

또한 연구사적으로 조선시대 지방이서에 관련된 논란들에 대해서도 그 해결의 실마리를 찾기 위해 노력하고자 했다.

일부 전통적인 향리가문이 일반 향리직뿐만 아니라 호장직을 독점하는 현상이 과연 일반적인 것인가? 과연 향리층 중 어느 특정 가문, 그중에서도 향리직을 계속 수행하는 특정가계가 있는가? 이와 같은 문제들을 풀 수 있는 실마리를 찾을 수 있도록 노력하였다.

이 연구와 같은 지방사적인 연구는 다른 어떠한 역사적 연구보다도 다양한 1차 사료의 확보가 절실한 선결 과제가 된다고 하겠다. 그러므로 현재 나주 지방 이서와 관련된 1차 사료를 가능한 한 수집하여 이를 토대로 지방 이서계층의 실상에 접근하고자 노력하였다.

현재까지 구한 나주지방이서 관련자료로는 조선 전기 자료로서 『금성일기』, 17세기 자료로서 『나주목중기』1·2, 1530~1817년의 『호남연방선생안』, 그리고 19세기 이후의 자료들로 『각방장선생안』·『작청선생안』·『선생사상부의록』·『인리공생안하』·『인리공생안』 등이 있다. 본 연구는 이 자료들을 토대로 나주 지방 이서의 조직과 담당가계의 실체에 접근하고자 하였다.

이들 나주 지방 이서 관련자료 중에서 나주 지방 이서의 조직구성을 파악할 수 있는 자료로는 『나주목중기』1·2, 『인리공생안하』, 『인리공생안』, 『각방장선생안』, 『선생사상부의록』을 들 수 있다.

『인리공생안하』와 『인리공생안』을 통해 보면 나주의 지방 이서는 수호장, 호장, 교문기관, 부호장, 부교문기관, 기관, 교문통인, 수율생, 율생, 도서원, 서원, 수공생, 공생으로 구성되어 있었다. 이를 통해 보면 나주 지방 이서집단을 구성하는 기본 범주도 조선 후기 지방 이서 집단을 구성하는 기본 범주에서 크게 벗어나지는 않은 듯하다.

『나주목중기』1·2, 『각방장선생안』, 『선생사상부의록』를 통해 본 육방조직은 조정의 육조의 서열과 같이 나주의 육방의 서열도 이·호·예·병·형·공의 순으로 되어 있다는 것이다. 이는 『연방등록』에 기재된 동복현의 경우를 보면 그 서열이 이·호·형·예·병·공의 순으로 형방을 중요시한 것과 차이를 보인다.

기타 색리에는 다양한 부류가 존재했지만, 각 읍에 구체적으로 어떤 종류의 기타 색리가 존재했는가는 그 읍의 사정에 따라 달랐다. 나주는 다른 지역과 다른 여러 종류의 기타 색리가 존재하였던 것을 확인할 수 있다. 뿐만 아니라 그 종류와 수도 상당히 많았음을 알 수 있다. 이는 조선 후기 이서수의 증가와 관련 있는 것으로 보인다.

나주지역에서 호장을 담당해 왔던 성씨는 주로 조선 전기에는 정(鄭)·나(羅)·김(金)·박(朴)·조(曹)·진(陳) 씨였고, 중기 이후에는 손(孫)·양(梁)·나(羅)·오(吳)·이(李)·정(鄭)·박(朴)씨 등이었다.

조선 초기의 호장 담당층이었던 나씨, 조씨, 정씨는 계속해서 호장담당 성씨로 존속해 왔음을 알 수 있다. 그러나 17세기 이후 양씨가 주요 호장 담당층으로 등장하고, 19세기 이후에는 손씨의 등장이 두드러짐을 알 수 있다. 이를 통해 나주지역의 호장은 특정 몇몇 성씨가 독점해 왔음을 알 수 있었다.

이와 함께 호장 못지않은 주요 이임인 이방은 어떤 성씨들이 맡아 왔는가를 살펴보았다. 이를 통해 호장, 이방, 부호장, 부이방과 같은 주요 이임은 호장담당 성씨인 나, 손, 양, 오, 정, 조의 여섯 성씨가 독점하고 있음을 알 수 있었다. 이는 소수의 특정가계 출신만이 호장이나 이방을 독점·배출한다는 사실이 나주지역에도 그대로 적용되고 있음을 확인할 수 있었다. 이는 지방의 이서집단, 즉 향리가문과 가리가문 모두를 포함한 집단을 이끌어 간 호장이나 이방 등은 이족(吏族) 내 주도 가계 출신 가운데 선임되어, 이들이 바로 이러한 자신들의 가세를 바탕으로 역할을 수행했다는 것을 증명하고 있는 것이다.

또한 지방이서 가운데 가장 중시된 것은 호장과 이방의 두 직임인데, 이들이 신분적으로 다른 범주를 구성한 것이 아니라는 것을 알 수 있다. 결국 이방을 맡을 수 있는 가문이 호장도 맡았다는 것을 보여 준다고 하겠다. 또한 나주에서 호장과 이방을 독점했던 주요 이족이 영리도 도맡고 있음을 확인할 수 있었다.

나주 이족의 주요 가계들은 거의 모든 이임을 돌아가면서 맡았던 것으로 보인다. 이와 함께 여러 성씨가 육방임에 참여하고 있음도 알 수 있었다. 이것은 지방이서계층이 호장층·육방층·색리층으로 확연히 구분되는 것은 아니며 이들이 신분적으로 다른 범주를 구성한 것도 아니라는 것을 보여 준다. 다만 지방 이서 계층 중 몇몇 특정의 주도 가문만이 이들 중에서도 가장 중요한 이임인 이방과 호장직을 맡을 수 있었다는 것을 알 수 있었다.

Ⅱ. 朝鮮時代 鄕職運營體系의 變化와 羅州의 戶長層

－18·19세기를 중심으로－

1. 머리말

이제까지의 호장(戶長)에 관한 연구는 하나의 계층으로서가 아니라 '호장직(戶長職)을 가진 자'로서 '향리(鄕吏)'라는 틀에서만 이해해 왔다. 그러나 '戶長을 할 수 있는 자'들은 일정한 제한이 있었던 것으로 보인다. 현재 전하는 호적에서 戶長職이 대체로 세습되어 나타나는 것도 바로 이러한 이유 때문이다. 『고려사』에서는 이를 '누세유가풍자식(累世有家風子息)'으로 표현하고 있는데(『고려사』75, 선거지3, 향직, 문종 5년 10월), 이들은 고려 초 이래의 강력한 토착세력을 의미하며, 바로 이들이 戶長職을 세습하면서 고려사회의 '戶長層'을 형성해 갔다고 본다. 따라서 戶長層은 戶長職을 가진 자만이 아니라 戶長을 할 수 있는 집안까지 포함하는 계층으로 보아야 한다. 이들은 지방사회에서 가장 강력한 토착세력으로서 지방통치의 한 핵을 이루고 있었다.[48]

그러나 호장의 위상은 후기로 갈수록 약화된다. 향리제의 구조가 戶長 중심에서 戶長이 詔文記官·將校와 함께 三班을 구성하는 형태로 변화하는 것은 그 예이다.[49]

---

48) 강은경, 「고려 후기 戶長層의 변동과 '兩班鄕吏戶籍'의 정리 - 국보호적을 중심으로 -」, 『동방학지』 97, 1997, 41~42면 참조.

이렇듯 이제까지 鄕吏에 대한 연구는 많은 성과를 거두었으나 향리의 상층부를 이루는 戶長層에 대해서 특히 조선 후기 호장층에 대해서는 집중적 또는 구체적으로 다룬 연구가 그리 많지 않은 것 같다.[50)]

그러므로 조선 후기 향리 연구의 일환으로서 戶長層에 대하여 살펴보고자 한다. 그중에서도 최근 나주지역에서 발굴된 향리 관련 사료를 중심으로 나주지역의 호장층을 한 사례연구로서 고찰하고자 한다.

현재 戶長이나 吏房을 역임한 인물들의 명단이 남아 있는 곳은 많지 않다. 이미 잘 알려진 경주의 『戶長先生案』이나 『上詔文先生案』, 남원의 戶

---

49) 윤경진, 「高麗前期 鄕吏制의 구조와 戶長의 직제」, 『한국문화』20, 1997, 127면.

50) 조선시대 호장에 대한 연구로는 이수건의 「조선조 향리의 일연구-戶長에 대하여」, 『문리대학보』2권 2호, 영남대 문리과대학, 1974가 대표적이다. 고려시대 호장에 대한 연구로는 김갑동, 「고려시대의 戶長」, 『한국사학보』, 1998; 윤경진, 「高麗前期 鄕吏制의 구조와 戶長의 직제」, 『한국문화』20, 1997; 강은경, 「高麗後期 戶長層의 變化와 『世宗實錄地理志』의 土姓·亡姓」, 『동방학지』, 1998; 강은경, 「고려후기 戶長層의 변동과 '兩班鄕吏戶籍'의 정리-국보호적을 중심으로-」, 『동방학지』97, 1997; 강은경, 「高麗 戶長層의 形成과 本貫制」, 『한국중세사연구』12호, 2002 등이 있다.

長, 吏房, 戶房, 刑房 등을 수록한 각종 先生案 그리고 尙州의 것이 불완전한 형태로 확인되고 있다.[51] 이외에 동래지역에는 『府廳先生案』이 남아 있는데 여기에는 방대한 인명이 수록되어 있다. 다만 여기에는 인명 외에 어떠한 내용도 수록되어 있지 않으므로 이용에는 어려움이 따른다.[52] 다행히도 최근 나주에서 호장과 육방임 등 각종 吏任을 담당했던 인물들의 명단이 기재되어 있는 자료들이 발견되었다.[53]

본 연구는 이 자료들을 활용하여 먼저 '호장은 주로 어떤 가계에서 담당하여 왔는가', '조선시대 향직운영체계의 변화 속에 호장의 역할과 지위는 어떻게 변화하였는가'를 살펴보고자 한다. 특히 조선 후기 이방 중심의 작청체제에서 '호장과 이방과의 관계는 어떠하였는가', '향리세계의 상층부인 戶長職은 土姓吏族이 거의 독점하다시피 하였다는 기존의 연구[54]가 과연 나주의 경우에는 어떠한가' 등을 검토해 보고자 한다. 또한 '吏族의 名門들은 邑司를 장악하여 호장층은 물론 上詔文·監營吏와 같은 향리의 요직을 독점하다시피 하였다[55]는 것은 사실인가'와 같은 문제를 중심으로 보다 구체적 사실에 접근하고자 한다. 이를 통해 조선조 향리, 특히 조선 후기 호장층의 실체를 조금이나마 밝힐 수 있지 않을까 생각한다.

51) 이훈상, 「조선 후기 尙州의 戶長 吏房 명단과 肅荷의 圖像」, 『釜山史學』11,1986.
52) 이훈상, 「조선시대의 邑司와 作廳」, 『아시아문화』 제6호, 1990, 316면.
53) 나선하, 「조선 후기 羅州 邑治社會의 聯網에 관한 一考察-향리집단의 契 組織을 중심으로-」, 『역사문화학회 2003년도 전국학술대회: 광주·전남의 도시발달과 그 문화적 맥락』, 2003년 11월 7일 참조. 나주 향리 관련자료로 『班首契案』, 『作隊將官契案』, 『刑房契案』, 『各房掌先生案』, 『作廳先生案』, 『先生四喪賻儀錄』, 『羅州頤老會案』 등을 발굴한 나선하 선생님과 이 자료를 활용할 수 있도록 도와주신 나주시 관계자 여러분께 이 자리를 빌려 깊은 감사의 뜻을 전한다.
54) 이수건, 『조선시대 지방행정사』, 민음사, 1989, 273면.
55) 이수건, 앞의 책, 274면.

2. 朝鮮時代 羅州의 戶長層

조선시대 鄕吏를 연구하는 데 있어서 각 지역 吏族들의 존재형태를 파악하는 일은 반드시 수반되어야 할 기초작업의 하나가 된다. 그러나 그것의 구체적인 모습을 보여 주는 자료는 쉽게 찾아보기가 어렵다. 慶州지역과 같이 600여 년 동안의 역대 戶長들의 성명이 남아 있는 경우도 있지만, 이러한 것은 예외에 지나지 않는다. 물론 향리들의 명단이나 職任이 기재된 吏案이 더러 남아 있기는 하지만 이것들 역시 해당 지역을 알 수 없는 것이 대부분이며, 게다가 그 내용조차 특정시기로 국한되어 있어서 이용하려면 상당한 어려움이 따르게 된다.[56] 조선시대 나주의 호장층을 살펴볼 수 있는 자료도 그리 많지는 않다. 하지만 현재까지 발굴된 자료를 토대로 살펴보면 다음과 같다.

우선 나주의 호장층에 대해 알 수 있는 가장 오래된 자료로는 고려 공민왕 7년(1358)에서 조선 성종 12년(1481)년 사이의 기록으로 『錦城日記』를 들 수 있다.[57] 이를 통해 보면 조선 전기 나주의 호장은 정(鄭)·나(羅)·김(金)·박(朴)·조(曹)·진(陳) 씨 등이 맡고 있었음을 알 수 있다. 이 자료에는 성씨의 본관이 명기되어 있지 않지만 다른 문헌과 자료를 참고할 때 이들은 나주 나(羅州 羅), 나주 정(羅州 鄭), 반남 박(潘南 朴), 나주 진(羅州 陳)임을 알 수 있다.[58]

두 번째로는 1693년에 작성된 『羅州牧重紀』[59]를 들 수 있다. 여기에서는

56) 이훈상, 「'조선 후기 尙州의 戶長·吏房 명단과 蕭何의 圖像' 解題」, 『부산사학』 11집, 1986, 123면.

57) 이에 대해서는 박진철, 「조선시대 나주지방이서의 조직과 담당가계」, 『담론201』 7권 2호, 2005 참조.

58) 정승모, 「사원·사우 및 향교 조직과 지역사회체계(하)」, 『태동고전연구』 제5집, 1989, 140면.

59) 이에 대해서는 박진철, 「韓末 日帝下 羅州地域 鄕吏家門의 動向」, 『大東文化硏究』 제44집, 2003, 86~87면 참조.

孫씨와 梁씨가 戶長으로 확인된다. 이들은 密陽 孫氏와 濟州 梁氏로 추정된다.

세 번째로는 『各房長先生案』[60]을 들 수 있다. 등재시기는 대체로 18세기 중엽부터 19세기 후반까지로 보인다.[61] 여기에 기록되어 있는 戶長의 수는 모두 14명이다. 이 중 孫씨가 6명, 羅씨가 3명, 梁씨가 2명, 吳씨, 鄭씨, 曺씨가 각각 1명씩이다.[62]

네 번째 자료로는 『先生四喪賻儀錄』[63]이 있다. 이 자료는 『각방장선생

---

60) 『各房掌先生案』은 규격은 가로 25.8cm, 세로 40.2cm이며, 총 157면으로 되어 있다. 내용은 吏職名과 人物名, 그리고 吏職을 담당한 年度가 干支로 적혀 있다. 등재되어 있는 인물은 총 1409명이다. 구체적으로는 戶長 14명, 吏房 11명, 副戶長 22명, 副吏房 29명, 稤戶房 21명, 地戶房 27명, 禮房 39명, 兵房 48명, 刑房 60명, 內工房 29명, 都書員 17명, 各倉色 95명, 都訓導 23명, 大同色 26명, 常倉色 28명, 賑恤色 27명, 山城色 27명, 補役色 35명, 官廳米色 22명, 肉色 20명, 雇馬色 33명, 傳關色 30명, 修繕庫色 13명, 官掌務 24명, 貢色 22명, 承發 31명, 水軍兵房 31명, 進上禮房 26명, 倉都色 19명, 所吏 12명, 軍器色 31명, 倍牌色 25명, 水軍色 37명, 正兵色 31명, 京砲色 33명, 漕軍色 26명, 歲抄色 45명, 箋文言寫 27명, 式年戶籍色 19명, 改案色 23명, 濟民倉色 19명, 奴婢色 34명, 首律生 12명, 統記色 24명, 紙所色 17명, 常年戶籍色 22명, 醫生 18명, 氷丁色 12명, 進上醫生 9명, 大同都色 33명, 田稅都色 43명, 庖宰色 8명이다. 『각방장선생안』에 등재되어 있는 호장과 부호장담당인물은 다음과 같다.
戶長: 孫仁宅 / 孫慶來 子後殷 / 孫培昌 / 孫啓運 / 鄭胤成 / 吳思德 / 曺時憲 / 孫後殷 / 梁宅五 / 羅潤成 / 梁建煥 / 羅命恪 / 羅命忱 / 孫命旭
副戶長: 曺時憲 / 羅辰釆 / 吳思德 / 梁宅殷 / 孫慶來 / 孫培昌 / 吳思義 / 鄭胤成 / 孫啓運 / 孫後殷 / 梁宅孝 / 孫培昌 / 曹運復 / 羅命織 / 羅宗柱 / 吳尙權 / 梁建煥(廷煥?) / 孫喆甲 / 羅命恪 / 孫永百 / 羅命忱 / 羅宗憲

61) 〈표 3〉, 〈표 4〉 참조. 실제 호장과 이방의 등재시기가 1754년~1873년까지로 나타난다. 나선하, 앞의 글, 50면에서는 18세기 말에서 19세기 말까지 기록되어 있다고 하였으나 등재되어 있는 인물의 출생년도나 주요 이임을 담당했던 년도를 검토한 결과 이보다는 시기가 앞선 것으로 확인된다.

62) 구체적 人名에 대해서는 박진철, 「한말 나주읍내 유력 향리층의 변동」, 『성균관대 대동문화연구원 동양학 학술회의: 한국 농촌사회의 근대적 변동과 '전통적' 요소의 영향-전남 나주지역의 사례』, 2004.10.23, 53면, 〈표 3〉 참조.

63) 『先生四喪賻儀錄』은 가로 27.6cm, 세로 31.7cm이며, 총 366면으로 되어 있다. 첫 면에 癸未七月 日任掌先生四喪賻儀錄이라고 기록되어 있어 작성 시기가 癸未年(1883)인 것을 알 수 있다. 등재되어 있는 인물은 총 3,788명이다. 구체적으로는 戶長 49명, 吏房 37명, 副戶長 63명, 副吏房 57명, 稤戶房 61명, 地戶房 78명, 禮房 117명, 兵房 112명, 刑房 162명, 內工房 76명, 都書員 50명, 各倉色 245명, 都訓道 69명, 大同色 78명, 常倉色 73명, 賑恤色 73명, 山城色 65

안』 보다 조금 뒤에 작성된 것으로 보인다. 이는 『선생사상부의록』에는 『각방장선생안』에 등장하는 인물과 함께 그들의 후손이 함께 등장하는 것으로

명, 補役色 60명, 官廳米色 63명, 肉色 61명, 雇馬色 88명, 傳關色 72명, 修繕色 50명, 官掌務 56명, 貢色 69명, 承發 80명, 水軍兵房 77명, 進上禮房 60명, 鄕校都色兼養齋色 49명, 倉都色 61명, 所吏 62명, 軍器色 80명, 倍牌色 63명, 水軍色 74명, 正兵色 73명, 京砲色 80명, 漕軍色 69명, 歲抄色 111명, 箋文書寫 81명, 式年戶籍色 28명, 改案色 62명, 濟民倉色 64명, 奴婢色 91명, 大同都色 82명, 田稅都色 99명, 庖宰色 50명, 普興寺紙所色 42명, 首律生 29명, 統記色 59명, 紙所色 44명, 常年戶籍色 42명, 醫生 47명, 氷丁色 21명, 進上醫生 24명이 등재되어 있다. 『선생사상부의록』에 기재되어 있는 호장과 부호장 담당인물과 담당연도는 다음과 같다.

戶長: 孫仁宅 子思默 乙巳 / 孫得悅 戊辰 / 孫慶來 甲戌 子後殷 乙酉 / 孫濟福 癸丑 / 孫培昌 / 孫啓運 乙亥 / 鄭德東 丙子 / 吳思德 丁丑 / 曹時憲 壬午 子運澤 孫弘麟 / 孫後殷 乙酉 子濟福 癸丑 / 梁德五 / 羅宗柱 庚寅 / 梁建煥 乙未 孫俊松 壬寅 / 羅命挌 丙申 / 羅命忱 丙申 / 孫命旭 己亥 / 羅弘奎 庚子 戊申己酉 子斗樞癸巳甲午乙未庚子辛丑壬寅 曾孫致坤癸丑甲寅丁巳戊午 / 曹景達 壬寅 / 羅弘織 甲辰 / 孫命達 乙巳 子得悅戊辰/孫喆俊 丙午丁未戊申 子羽彪丙子以吏房謹審 / 羅漢樞 / 孫永祐 子熙彪 戊申 / 曹景竊 己酉 庚戌 辛亥 壬子 / 曹運澤 辛亥壬子癸丑 / 曹景竊 己酉 庚戌 辛亥 壬子 / 曹運澤 辛亥壬子癸丑 / 孫濟福 癸丑 / 孫膺煥 癸丑甲寅 乙卯丙辰 庚申至 / 梁聖翼 庚申 辛酉 孫錫魯己亥 / 曹琡振 辛酉 秋 壬戌 癸亥 甲子 乙丑 / 孫熙彪 丙寅 / 孫得悅 戊辰 / 孫膺一 庚午 辛未 壬申 癸酉 甲戌 / 孫得宗 甲戌 乙亥 丙子 丁丑 戊寅 / 羅時樞 戊寅 己卯 / 孫季彪 庚辰 / 曹弘麟 庚辰 / 曹在河 辛巳 壬午甲申乙酉丙戌 丁亥 / 吳匡斗 癸未 / 孫勉祖 戊子 / 羅斗樞 癸巳 甲午 孫致坤 癸丑 / 孫光洽 乙未 丙申 / 孫福麟 丁酉 / 吳匡斗 戊戌 / 梁錫魯 己亥 / 孫位彬 己亥 / 羅斗樞 庚子 辛丑 / 孫致坤 癸丑 / 梁俊松 壬寅 / 孫濟彪 丙午 / 羅致坤 癸丑甲寅丁巳戊午 / 孫基烈 壬戌癸亥甲子乙丑丙寅丁卯戊辰 / 吳吉三 戊辰 / 羅潤煥 己巳 / 孫台孝 己巳庚午辛未壬申 / 羅碩坤 壬申癸酉

副戶長: 曹時憲 子運復戊子 / 羅時采 / 吳思德 / 梁德五 戊午 / 孫慶來 己巳 子後殷 甲申 後榮壬寅 / 孫培昌 乙酉 / 吳思義 / 鄭德東 己巳 / 孫啓運 戊辰 / 孫後殷 甲申 / 曹啓采 乙酉 / 梁德孝 乙酉 子建國乙未 / 曹運復 戊子壬辰 / 羅弘織 / 羅宗柱 / 吳尙權 庚寅 / 梁建煥 壬辰 / 孫翼彪 乙未 / 羅命恪 乙未 / 梁建國 乙未 / 孫永百 丁酉 / 羅命忱 己亥 / 羅宗憲 辛丑 / 羅宗燁 壬寅 / 孫俊榮 壬寅 / 孫思默 癸卯 / 孫喆俊 乙巳 / 曹景益 丙午 丁未 戊申 己酉 / 孫處敏 己酉 子膺崙丙寅 / 曹運澤 己酉 庚戌 辛亥 / 曹琡振 辛亥 / 孫宗喆 癸丑 / 吳重權 癸丑 / 吳在周 / 孫得悅 癸丑 / 吳錫熙 甲寅 / 孫膺一 乙卯 丙辰 / 孫倬茂 丁巳 / 孫得宗 己未 庚申 / 曹河振 辛酉 / 孫得哲 癸亥 / 孫膺崙 丙寅 / 孫得純 丙寅 / 梁應漢 戊辰 / 曹景鐸 庚午 / 曹秉武 壬申 / 羅粲宇 癸酉 / 羅寅樞 甲戌 / 吳民宅 甲戌 / 孫晏彩 / 羅斗翼 乙亥 丙子 丁丑 / 羅龍彬 戊寅 / 梁覆行 戊寅 己卯 / 孫爀彪 庚辰 / 梁周行 壬午 癸未 / 孫膺默 / 羅弼任 / 曹應琮 / 吳永宅 / 梁命禹 / 羅吉杓 / 曹錫夏 / 孫一榮

알 수 있다. 또한 『각방장선생안』에서 부호장, 부이방과 같은 직임으로 등장하는 인물이 『선생사상부의록』에서는 호장과 이방과 같은 上級 吏任을 담당하고 있는 것으로 보아서도 확인할 수 있다.[64] 이곳에 기록되어 있는 호장의 수는 총 50명이다. 이 가운데 손씨가 23명, 나씨가 11명, 조씨가 7명, 양씨가 5명, 오씨가 3명, 정씨가 1명 등재되어 있다.[65]

이밖에 1889년에 작성된 『人吏貢生案下』와 1891년에 작성된 『人吏貢生案』이 있다.[66] 여기에 등장하는 戶長의 姓氏는 孫, 梁, 羅, 吳, 李, 鄭, 朴이다.

그리고 이들 자료와 함께 참고할 자료로 『作廳先生案』이 있다.[67] 내용은 1705년 乙酉生 인물을 시작으로 1835년 乙未生 인물까지 거의 출생순으로 人名과 出生年 干支만 적혀 있다.[68]

이들 자료를 통해 보면 『금성일기』가 쓰인 조선 초기의 호장 담당층이었던 羅, 曺, 鄭씨는 18·19세기까지 계속해서 호장층으로 존속해 왔음을 알 수 있다. 또한 『나주목중기』가 쓰이는 17세기 이후 梁씨가 주요 호장층으로 등장하고, 18세기 이후에는 孫씨가 가장 중요한 호장층으로 대두하고 있음을 확인할 수 있다.[69] 이를 통해 나주지역에서도 특정가계가 戶長과 같은 주요 吏任을 독점하고 안배하는 寡頭的 운영체제가 확립되어 있음을 확인할 수 있다.

한편 호장의 현직임은 1~3명 정도이지만, 둘일 경우가 일반적이어서 제일 호장 및 제이 호장, 또는 수호장(首戶長) 및 부호장(副戶長) 등으로 불리는 게 보통이었다.

---

64) 〈부록 1〉 참조.

65) 보다 구체적 내용은 박진철, 앞의 논문, 2005, 〈표 4〉 『선생사상부의록』에 나타난 호장과 이방 명단 참조.

66) 이 자료들에 대해서는 박진철, 앞의 글, 2003, 87면 참조.

67) 『作廳先生案』은 가로 27.2cm, 세로 48.3cm이며, 총 50면으로 되어 있다. 등재되어 있는 인물은 총 432명이다. 구체적인 성씨별 등재인물 수는 박진철, 앞의 논문, 2005, 참조.

68) 이 자료와 『각방장선생안』, 『선생사상부의록』을 비교 검토하여 등재인물의 출생년도와 기록 시기 등을 추정할 수 있었다.

69) 나주지역 호장담당 성씨에 대해서는 박진철, 앞의 논문, 2005, 〈표 3〉 참조.

호장에는 또한 '섭(攝)' '정조(正朝)' '안일(安逸)' 등의 직계가 있어서 본읍의 진성(陳省)에 따라 직첩(職帖)이 수여되기도 하는 등 일정한 승진 계단이 있었으나, 이는 엄격한 의미에서의 직계라 보기는 어렵고 다분히 명예적인 것이었다고 생각된다.[70)]

『금성일기』에는 수호장(首戶長)[71)] 정조(正朝), 호장(戶長) 정조(正朝)[72)], 섭호장(攝戶長)[73)], 부호장(副戶長) 등의 명칭이 보인다. 『인리공생안하』와 『인리공생안』에는 수호장, 호장, 부호장이 있었다. 『각방장선생안』과 『선생사상부의록』에는 호장과 부호장이 보인다.[74)]

戶長은 '州縣民戶之長'으로서 地方의 鄕職體系에 있어서 鄕吏社會의 上層部를 구성하는 首班이다.[75)] 또한 戶長은 일반적으로 列邑의 대표적인 土姓吏族 出身인 데다가 '鄕黨莫如齒'란 유교적인 관념에서 연령도 老壯層에 속하며 鄕職經歷도 수십 년이 된 자들이 주로 選任되었다고 한다.[76)] 그렇다면 나주의 호장은 어떠했을까? 현재 남아 있는 나주의 호장 관련자료로서 호장을 담당했던 인물의 역임 연도와 연령을 확인할 수 있는 자료는 『각방장선

---

70) 김필동, 『차별과 연대-조선사회의 신분과 조직』, 문학과 지성사, 1999, 196~197면.

71) 각 군현의 읍사에는 자체의 印章이 있어서 외관에게 呈報할 때나 관내 촌락에 移文할 때 사용하였으며, 호장이 이를 관리하였다. 그런데 읍사의 호장은 정원규정에 따르면 4~8인에 달하였기 때문에 이들 중에서 대표로서 인장을 관리하는 존재가 상정된다. 이처럼 호장의 대표로서 掌印의 업무를 담당하는 존재가 바로 首戶長이다.: 윤경진, 「高麗前期 鄕吏制의 구조와 戶長의 직제」, 『한국문화』 20, 1997, 128면.

72) 호장정조는 호장이라는 향리 직함과 正朝라는 향직이 결합된 것이다. 호장이 향직을 취한 사례는 호장정조 외에 고려후기 호구자료나 금석문 등을 통해 戶長正位·戶長甫尹·戶長軍尹·戶長中尹 등을 확인할 수 있다. 그런데 현재 나타난 용례나 戶長正朝가 上戶長으로 선임되는 양태로 미루어 정조가 상한이었다고 생각된다. 보다 자세한 내용은 윤경진, 앞의 논문, 130~132면 참조.

73) 호장의 자격이 엄격하게 제한되었음을 알 수 있는데, 따라서 자격자가 부족한 경우 호장에 결원이 생길 수 있음로 이를 보완하는 장치가 필요했을 것인데, 攝戶長은 바로 그 산물로 생각된다. 攝은 攝行, 곧 代行의 의미를 가지지만 한편으로 정규적인 성격을 띠는 경우도 있었다.: 윤경진, 앞의 논문, 133~134면.

74) 박진철, 앞의 논문, 2005.

75) 이수건, 「朝鮮朝 鄕吏의 一硏究-戶長에 대하여-」, 『문리대학보』 2권 2호, 영남대 문리과대학, 1974, 45면.

76) 이수건, 앞의 논문, 65면.

생안』과 『선생사상부의록』이 있다. 이들 자료와 『작청선생안』을 활용하여 확인 가능한 나주의 호장담당인물과 출생년도, 호장 역임 연도와 호장담당 당시 연령을 살펴보면 〈표 1〉과 같다.

〈표 1〉 戶長 擔當層의 年齡

호장담당인물 / 출생년 / 호장담당년 / 년령	호장담당인물 / 출생년 / 호장담당년/년령
曹時憲(1705년 乙酉生) 호장*(壬午 1762) 57세	梁聖翼(1747년 丁卯生) 호장(庚申 1800) 53세
吳思德(1706년 丙戌生) 호장*(丁丑 1757) 51세	孫喆俊(1751년 辛未生) 호장(丙午 1786) 35세
孫慶來(1712년 壬辰生) 호장*(甲戌 1754) 42세	孫永枯(1752년 壬申生) 호장(戊申 1788) 36세
孫啓運(1713년 癸巳生) 호장(乙亥 1755) 32세	孫濟福(1756년 丙子生) 호장(癸丑 1793) 37세
孫培昌(1713년 癸巳生) 호장*(丙戌, 1766) 53세	羅漢樞(1760년 庚辰生) 호장(戊申 1788) 28세
孫啓運(1723년 癸卯生) 호장*(乙亥 1755) 32세	孫得宗(1763년 癸未生) 호장(甲戌 1814) 51세
鄭胤成(1724년 甲辰生) 호장#(丙子 1756) 32세	曹珹振(1766년 丙戌生) 호장(辛酉 1801) 35세
孫後殷(1735년 乙卯生) 호장*(乙酉 1765) 30세	孫得悅(1768년 戊子生) 호장(戊辰 1808) 40세
羅命恪(1738년 戊午生) 호장*(乙未 1775) 37세	曹弘麟(1775년 乙未生) 호장(庚辰 1820) 45세
羅弘織(1738년 戊午生) 호장(甲辰 1784) 46세	孫福麟(1780년 庚子生) 호장(丁酉 1837) 57세
梁建煥(1739년 己未生) 호장*(乙未 1775) 36세	梁錫魯(1806년 丙寅生) 호장(己亥 1839) 33세
羅宗柱(1740년 庚申生) 호장(庚寅 1770) 30세	孫基烈(1809년 己巳生) 호장(壬戌 1862) 53세
羅命忱(1744년 甲子生) 호장*(丙申 1776) 38세	梁俊松(1811년 辛未生) 호장(壬寅, 1842) 31세
羅弘奎(1745년 乙丑生) 호장(庚子 1780) 35세	羅致坤(1821년 辛巳生) 호장(癸丑 1853) 32세
曹景達(1746년 丙寅生) 호장(壬寅 1782) 36세	羅碩坤(1827년 丁亥生) 호장(壬申 1872) 45세

이를 통해 보면 나주에서 호장을 담당하는 평균 연령은 39.9세이다. 빠르게는 28세에 호장을 담당하며, 늦게는 57세에 호장을 맡기도 했다. 이는 조선 후기에 오면 호장도 노장층이 아닌 장년층에서 맡았던 것을 알 수 있다.

3. 鄕職運營體系의 變化와 戶長層

世宗 20년(1438)에 議政府에서 고려의 鄕吏 조직을 설명하면서, 향리들이 戶長과 記官 그리고 都軍들로써 구성되어 있고, 이 가운데 戶長에는

大相과 中尹 그리고 左尹의 號가 있고, 記官에는 兵正과 獄正이, 끝으로 都軍에는 都令과 別正 그리고 校慰가 있다고 이야기하고 있다. 아울러 都軍은 곧 당시의 將校에 대한 前稱이라고 부연하면서, 記官과 都軍을 각기 朝廷의 文班과 武班에 비견하고 있는 것이다. 이 설명은 고려의 향리조직이 戶長과 記官 그리고 都軍으로 職掌이 분화되어, 이를 토대로 지방행정을 운영하여 왔음을 전하여 주고 있다. 이러한 체제를 국가에서는 三班이라고 통칭하였고, 향리들 자신도 그렇게 부르고 있었다.[77] 이 三班體制는 조선왕조에도 그대로 이어지며 戶長·記官·將校로 정리되었다.[78]

조선 초기에 정착되는 記官層의 房·色체계로의 전환은 고려시대의 鄕職체계보다 직무의 분화에 따른 전문성이 훨씬 강화된 것이었고, 고려조 이래 邑司를 중심으로 首吏로서 향리세계를 통솔하던 戶長과 그 아래에 六房記官層을 대표하며 頭(首)詔文記官으로 일컬어지던 吏房 및 將校(조선 후기의 承發)로 구성되는 三公兄체계를 이루면서 衙前조직을 통솔 운영하였을 것으로 보인다.[79]

조선 후기 수취체제의 변화와 인구의 증가로 인해 郡縣 행정은 점차 직무가 세분화되고 전문성이 제고되는 추세에 있었다. 吏房의 권한이 강화되어 가는 반면 전통적으로 향리세력을 대표하는 호장의 지위는 약화되어 가는 것으로 설명되고 있다.[80] 그런데 임란 직후 邑司를 구성하고 있는 아전조직에 상당한 변화가 초래되고 있었다. 그것은 邑司에서 作廳이 분리되고 兩首吏체계로 운영체계가 변화되는 것이었다. 조선 초기 이래 三公兄체계의 일각을 이루는 將校가 조선 후기에 承發로 일컬어지며 육방임의 하나로 편제되는 바와 같이 위상이 동요되고 공형에서 탈락되는 것과 관련하여 조선 후기에는 점차

77) 이훈상, 「고려 중기 향리제도의 변화에 대한 일고찰」, 『동아연구』제6집, 1985, 329~330면.

78) 裵基憲, 「朝鮮後期 作廳의 運營과 그 性格」, 『啓明史學』 제6집, 1995, 53면. 이하 鄕職運營體系에 대해서는 배기헌의 글을 적극 참조.

79) 배기헌, 앞의 논문, 53면.

80) 김필동, 「조선 후기 지방이서집단의 조직구조-사회사적 접근」(상·하), 『한국학보』28,29, 1982; 이훈상, 「조선시대의 邑司와 作廳-豊基의 郡司謄錄과 『行任錄』(附:東萊의 『府廳先生案』)-」자료소개와 논평, 『아세아문화』6, 1990 참조.

兩首吏로 일컬어지는 戶長과 吏房의 二元化된 兩首吏체계로 정리되어 갔다. 즉, 조선 전기의 삼공형체계가 戶長을 정점으로 詔文記官(吏房)과 將校가 병렬하는 형태에서 將校가 公兄에서 탈락하는 한편 戶長과 吏房은 공형으로서의 역할을 유지하며 병렬하는 양수리체계로의 전환을 보게 된 것이다. 여기에서 兩首吏체계란 군현 향리세계의 대표자로서 상징성과 권위를 유지하는 戶長과 행정실무를 장악하는 吏房이 양립하여 양자 간의 견제와 균형을 이루면서 향리세계를 영도하는 세계였다. 이러한 양수리체계는 조선 후기 작청운영의 기본구조를 이루는 것이며 아전조직의 양대축으로 이해될 수 있다.[81)]

兩首吏로서의 戶長과 吏房의 직임은 상호간의 換房이 가능하나 직무상으로는 분명하게 구별된다. 즉 壬亂後 郡縣의 邑司가 모두 복구되지 못하고 경우에 따라 戶長이 作廳[82)]에서 업무를 보는 반면 作廳의 조직규모가 점차 커지고 吏房이 衙前들의 人事考課 등의 실권을 행사한 데 비하여 戶長은 官奴婢·使令 등의 감독이나 柴炭과 倉庫管理 등을 맡게 되는 閑職으로 전락하게 되었다. 특히 조선 전기 이래 詔文記官(吏房)을 역임한 자가 戶長에 임명되었으나, 19세기에는 戶長을 거친 자가 吏房에 임명되는 것을 보아 향리집단 내의 양자 간의 위상이 전도된 것을 알 수 있다.[83)]

---

81) 배기헌, 앞의 논문, 69~71면.

82) 衙前들의 집무처를 〈作廳〉이라고 하는데, 그 외에도 〈人吏廳〉, 〈吏廳〉, 〈衙前廳〉, 〈星廳〉이라고도 하였지만 같은 의미이며, 조선 후기에는 일반적으로 〈作廳〉으로 지칭되었고 민간에서는 〈질청〉이라고도 하였다. 이러한 作廳이 언제부터 설치되고 운영되고 있었는가에 대해서는 구체적인 자료가 없어 잘 알 수 없으나, 外衙前 조직에서 記官層이 六房으로 편성되고 그것이 점차 정비되면서 종래의 邑司에서 作廳이 분리 독립해 간 것으로 볼 수 있다.: 배기헌, 앞의 논문, 1995, 52면.

이와 함께 군현 향리의 수반인 戶長의 執務所는 그 군현의 邑格에 따라 州司·府司·郡司·縣司 또는 鎭司라 하였다.: 이수건, 『조선시대 지방행정사』, 민음사, 1989, 293면.

한편 나주 향리 관련자료가 州司廳이 있었던 頤老堂에서 발견되었다. 이것은 호장의 집무소였던 주사청이 안일방과 같은 성격으로 변했다는 것을 보여 주는 것은 아닐까 한다. 이와 관련하여 한말 나주의병이 창의소를 椽廳에 만들었다는 것은 향리계층의 주도권이 호장보다는 작청 중심의 육방조직에 있었다는 것을 보여 주는 것이라고 생각된다.

83) 이훈상, 앞의 책, 54~55면.

이제 이러한 이해를 바탕으로 나주의 사례를 살펴보자. 나주에서 호장을 담당했던 인물이 육방임 등 기타 吏任을 담당했던 순서를 표로 만들어 보면 다음과 같다.

〈표 2〉 戶長 담당인물의 각 吏任 역임 순서

羅命忱(1744년 甲子生): **호장***(丙申 1776)→부호장*(己亥 1779)→병방(庚子 1780)→형방(庚子 1780)→예방(辛丑 1781)

羅碩坤(1827년 丁亥生): **호장**(壬申 1872)→이방(癸酉 1873)

羅宗柱(1740년 庚申生): 수군병방*(壬午 1762)→각창색*(戊子 1768)→**호장**(庚寅 1770), 진휼색*(庚寅 1770)→수호방(乙未 1775)

羅致坤(1821년 辛巳生): 형방(己亥 1839, 壬寅 1842, 癸卯 1843, 丁未 1847, 己酉 1849)→예방(甲辰 1844, 丙午 1846, 戊申 1848)→보홍사지소색(丙午 1846)→영창색(丁未 1847), 고마색(丁未 1847)→각창색(己酉 1849), 진휼색(己酉 1849)→**호장**(癸丑 1853, 甲寅 1854, 丁巳 1857, 戊午 1858)

羅漢樞(1760년 庚辰生): 창도색(乙巳 1785)→형방(丙午 1786)→**호장**(戊申 1788)

羅弘奎(1745년 乙丑生): 정병색(乙酉 1765)→부이방(戊子 1768)→고마색*(庚寅 1770)→각창색(신묘 1771)→내공방(乙未 1775)→**호장**(庚子 1780, 戊申 1788, 己酉 1789)→이방(己酉 1789, 庚戌 1790, 辛亥 1791)→대동색(丁巳 1797)→관청미색(辛酉 1801)→제민창색(乙丑 1805)

羅弘織(1738년 戊午生): 진상예방(己丑 1769), 소리(己丑 1769)→전관색(庚寅 1770)→전세도색(辛卯 1771)→산성색*(己亥 1779)→수군색(壬寅 1782)→이방(壬寅 1782)→**호장**(甲辰 1784)

孫慶來(1712년 壬辰生): 형방*(癸丑 1733)→예방*(甲寅 1734)→수호방*(乙卯 1735)→부이방*(丙辰 1736)→진상예방*(丁巳 1737)→병방*(戊午 1738), 세초색*(戊午 1738)→관청미색*(庚申 1740)→각창색*(辛酉 1741)→지호방*(壬戌 1742)→대동색*(甲子 1744)→부호장*(己巳 1749)→개안색*(경오 1750)→전관색(辛未 1751)→**호장***(甲戌 1754)→이방*(丙子 1756)

孫啓運(1723년 癸卯生): 대동도색*(丁卯 1747)→부호장*(戊辰 1748)→군기색*(己巳 1749)→배패색*(庚午 1750), 수군병방*(庚午 1750)→수군색*(辛未 1751)→전세도색*(壬申 1752)→내공방*(癸酉 1753)→부이방*(乙亥 1755), 정병색*(乙亥 1755), **호장***(乙亥 1755)→수선고색#(己卯 1759)→수선색(庚辰 1760)→조군색*(癸未 1763)→이방(乙酉 1765)→영창색#(戊子 1768)→포재색*(甲午 1774)

孫得悅(1768년 戊子生): 도훈도(己酉 1789)→세초색(庚戌 1790)→형방(辛亥 1791, 乙卯 1795)→부호장(癸丑 1793)→각창색(丁巳 1797)→부이방(辛酉 1801, 壬戌 1802, 癸亥 1803, 甲子 1804, 乙丑 1805, 甲寅 1806)→진상예방(壬戌 1802)→개안색(丙寅 1806)→**호장**(戊辰 1808)

孫得宗(1763년 癸未生): 진상예방(甲寅 1794)→병방(丙辰 1796, 丁巳 1797)→공색(己未 1799)→부호장(己未 1799, 庚申 1800)→대동도색(庚申 1800)→영창색(乙丑 1805)→부이방(戊辰 1808, 己巳 1809)→소리(庚午 1810)→각창색(辛未 1811, 癸酉 1813)→예방(甲戌 1814)→**호장**(甲戌 1814, 乙亥 1815, 丙子 1816, 丁丑 1817, 戊寅 1818)→수호방(己卯 1819)

孫培昌(1713년 癸巳生): 전세도색*(乙卯 1735)→이방*(甲戌 1754)→소리*(辛巳 1761)→부호장*(乙酉 1765)→**호장***(丙戌, 1766)→세초색*(己丑 1769)→산성색*(癸巳 1773, 乙未 1775)

孫福麟(1780년 庚子生): 이방(乙未 1835, 丙申 1836, 丁酉 1837)→호장(丁酉 1837)

孫永枯(1752년 壬申生): 전세도색(癸巳 1773)→고마색*(乙未 1775)→각창색*(丙申 1776, 癸卯 1783, 己巳 1809)→제민창색*(戊戌 1778, 甲子 1804)→군기색(壬寅 1782)→**호장**(戊申 1788), 산성색(戊申 1788)→내공방(庚戌 1790)→부이방(癸丑 1793)→창도색(乙卯 1795)→진상예방(辛酉 1801)

孫濟福(1756년 丙子生): 형방(己亥 1779)→진상예방(辛丑 1781)→지호방(甲辰 1784, 庚戌 1790)→각창색(己酉 1789)→부이방(辛亥 1791)→**호장**(癸丑 1793), 군기색(癸丑 1793)→수호방(辛酉 1801, 丙寅 1806)→이방(戊辰 1808, 己巳 1809)

孫喆俊(1751년 辛未生): 수군병방*(壬辰 1772), 세초색*(壬辰 1772)→소리*(壬辰 1772, 癸巳 1773)→형방*(癸巳 1773)→창도색*(丙申 1776)→개안색*(丁酉 1777)→고마색*(己亥 1779)→예방*(庚子 1780)→각창색(辛丑 1781)→내공방(癸卯 1783), 경포색(癸卯 1783)→관청미색(甲辰 1784)→부호장(을사 1785)→**호장**(丙午 1786, 丁未 1787, 戊申 1788)→부이방(戊申 1788)→진휼색(己酉 1789)→제민창색(庚戌 1790, 己未 1799, 癸亥 1803)→영창색(丙辰 1796)→수군색(戊午 1798)

孫後殷(1735년 乙卯生): 형방*(丙子 1756)→수호방*(壬午 1762, 戊子 1768)→부호장*(甲申 1764)→**호장***(乙酉 1765)→세초색*(丁亥 1767)→관청미색#(己丑 1769)

梁建煥(1739년 己未生): 대동도색(癸未 1763)→경포색(乙酉 1765, 戊子 1768)→각창색(丙戌 1766, 壬辰 1772)→수군병방(己丑 1769)→수군색(庚寅 1770)→병방(壬辰 1772), 부호장*(壬辰 1772)→**호장***(乙未 1775), 진휼색(乙未 1775)→제민창색(丙申 1776)

梁錫魯(1806년 丙寅生): 형방(戊戌 1838)→**호장**(己亥 1839)→이방(己亥 1839, 庚子 1840)

梁聖翼(1747년 丁卯生): 각창색(甲申 1764, 乙巳 1785)→형방(己丑 1769)→배패색(辛卯 1771)→수군색(癸巳 1773)→내공방(甲午 1774)→정병색(丙申 1776)→예방*(辛丑 1781)→소리(癸卯 1783), 개안색(癸卯 1783)→육색(甲辰 1784), 포재색(甲辰 1784)→전세도색(乙巳 1785)→관청미색(丙午 1786, 丁未 1787, 庚戌 1790)→부이방(乙卯 1795, 丙辰 1796, 丁巳 1797, 戊午 1798, 己未 1799)→수호방(丁巳 1797)→**호장**(庚申 1800, 辛酉 1801)→진휼색(壬戌 1802)→이방(甲子 1804, 乙丑 1805, 丙寅 1806, 丁卯 1807)

梁俊松(1811년 辛未生): 소리(甲午 1834)→각창색(乙未 1835, 己亥 1839, 壬寅 1842)→관청미색(戊戌 1838, 辛丑 1841)→진휼색(庚子 1840)→**호장**(壬寅, 1842)

吳思德(1706년 丙戌生): 전세도색*(庚戌 1730)→각창색*(丁卯 1747)→이방*(乙亥 1755, 丙戌 1766)→**호장***(丁丑 1757)→관청미색*(乙酉 1765)→식년호적색#(丁酉 1777)

曹景達(1746년 丙寅生): 형방*(甲申 1764),전문서사(甲申 1764)→전세도색*(丙戌 1766)→각창색*(戊子 1768)→내공방*(庚寅 1770)→지호방*(辛卯 1771)→정병색*(壬辰 1772)→도서원*(癸巳 1773)→부이방*(丙申 1776)→관청미색*(丁酉 1777, 戊戌 1778)→이방*(庚子 1780, 辛丑 1781, 甲辰 1784, 乙巳 1785, 癸卯 1783)→**호장**(壬寅 1782)

曹琡振(1766년 丙戌生): 형방(丙午 1786)→소리(丁未 1787, 戊申 1788)→향교도색겸양재색(己酉 1789)→지호방(庚戌 1790)→부호장(辛亥 1791)→각창색(乙卯 1795, 戊午 1798)→부이방(庚申 1800)→**호장**(辛酉秋 1801, 壬戌 1802, 癸亥 1803, 甲子 1804, 乙丑 1805)→영창색(戊辰 1808)→제민창색(己巳 1809)

曹時憲(1705년 乙酉生): 병방*(戊辰 1748)→**호장***(壬午 1762)→전관색*(丙戌 1766)

曹弘麟(1775년 乙未生): 형방(戊辰 1808, 庚午 1810, 辛未 1811, 癸酉 1813)→**호장**(庚辰 1820)

鄭胤成(1724년 甲辰生): 부호장#(己巳 1749)→각창색#(乙亥 1755)→**호장**#(丙子 1756), 관청미색#(丙子 1756)→이방#(戊寅 1758)→소리#(甲申 1764)

참고자료: 『作廳先生案』, 『各房掌先生案』, 『先生四喪賻儀錄』

이를 통해 확인할 수 있는 것은 나주의 경우도 대체로 호장을 거친 뒤에 이방을 맡게 되는 것을 확인할 수 있다. 이는 호장의 지위가 이방에 비해 낮아졌음을 보여 주는 것이라 하겠다. 또한 이 표를 통해 兩首吏體系에서 일정한 영향력을 유지해 오던 戶長은 공형으로서 명목상의 지위는 유지되지만, 점차 여타의 방임과 같은 존재로 인식되기도 하였다는 것을 알 수 있다. 뿐만 아니라 戶長과 六房 그리고 기타 色任 사이에는 職掌의 차이가 있을 뿐 上下관계가 분명하지 않았다는 것도 알 수 있다. 이와 같은 현상은 결국 兩首吏體系가 吏房을 중심으로 하는 一元的 운영방식으로 변화되는 것을 보여 주는 것이며, 호장의 영향력이 약화되었음을 반증하는 것이기도 하다. 조선 후기의 戶長은 吏房·刑房 또는 詔文記官·戶房 등과 함께 三公兄을 구성하고 6房의 행정실무를 다른 房任들과 함께 分掌하는 데 불과하였다.[84)]

戶長들의 위세는 점차 약화되었다. 그럼에도 불구하고, 이 직임은 여전히 지방민을 대표한다는 상징적 역할과 전통을 이어 왔다. 나아가 邑司의 제도적·사회적 비중도 약화되지만 이를 대신하여 각 郡縣에는 安逸房과 같은 형태의 조직이 결성되어, 邑司에서 종래 수행한 지방사회에서의 상징적 역할을 대신 잇게 된다.[85)] 邑司로부터 安逸房으로 이어지는 향리사회 내부의 변화는, 향리집단의 신분적 안정성과 더불어 장기적 지속성을 보여 주며, 이것은 전통 한국지방사회의 한 특징을 반영한다.

이러한 양상은 각 郡縣에서 戶長이나 吏房 등의 명부를 만들어 이를 보전하는 전통이 장기간에 걸쳐 지켜 내려온 사실에서도 입증된다. 이렇듯 명부를 만들어 戶長이나 吏房 등에 선임된 인물을 엄격한 과정을 거쳐 그 성명을 등재하는 관행은 향리집단의 장기간에 걸친 세습과 안정성은 물론 지방통치에 있어서 향리제도의 위세를 잘 말해 준다.[86)] 어쨌든 참여자를 기재하는 서열도 향리사회 내부의 위계질서를 반영한다는 점에서 중요하다고 할 때 나주 향리 관련자료들이 吏房보다 戶長을 앞세운 것은 作廳의 우두

84) 이수건, 『조선시대 지방행정사』, 민음사, 1989, 305면.

85) 安逸房에 대해서는 이수건, 「조선조 향리의 일연구」, 『문리대논집』2권 2호, 1974, 이훈상, 「조선 후기 慶州의 향리와 안일방」, 『역사학보』107, 1985, 이훈상, 『조선 후기의 향리』, 일조각, 1990, 참조.

86) 이훈상, 「조선시대의 邑司와 作廳」, 『아시아문화』 제6호, 1990, 312면.

머리인 이방보다 邑司를 이끄는 戶長의 위세가 향리사회 내부에서는 여전히 우세하다는 사실을 보여 준다고 하겠다.[87)]

4. 戶長層과 主要 吏任과의 關係

조선시대 鄕吏사회에서 가장 중요한 직임은 흔히 頭吏로서 불리는 戶長과 吏房이었다. 이것은 앞서 소개한 세 지역의 선생안이 공통적으로 戶長과 吏房만은 수록대상으로 삼아 왔다는 사실에서도 명확히 알 수 있다. 戶長의 경우는 경주 지역에서 볼 수 있듯이 이미 고려 말에서부터 엄격한 의례를 밟아서 기록해 온 사실을 찾아볼 수 있으나 吏房의 경우는 세 지역 모두 조선 후기, 엄격하게 말한다면 임진왜란 이후에 비로소 이들에 관한 案이 작성되기 시작하였다. 吏房과 같은 성격을 지닌 직임은 이미 고려 중시 이후에 등장한 것으로 생각되지만,[88)] 특히 지방의 실무행정을 운용하는 가장 중요한 직임자로서 부상한 것은 바로 조선 후기에 이르러서였다. 그 결과 조선 전기에는 戶長을 지칭하였던 首吏가 후기에는 吏房을 지칭하는 용어로까지 변하게 되었던 것이다. 이러한 과정 속에서 戶長의 역할이나 지위는 상대적으로 격하되어 갔다. 그리하여 이들은 주로 官衙의 內務 관계 업무를 맡으면서 正朝 儀禮에 참석하는 역할을 담당하였다.[89)]

그렇더라도 〈표 2〉에서도 살펴본 바와 같이 戶長의 職任은 기본적으로 吏房을 역임할 수 있는 인물이 맡게 마련이며, 이러한 사실은 羅州 지역에서도 마찬가지였다.

---

87) 이훈상, 앞의 논문, 1990, 314면.
88) 이훈상, 「고려중기 향리제도의 변화에 대한 일고찰」, 『동아연구』6, 1985.
89) 이훈상, 앞의 논문, 1986, 125~126면.

이와 같은 사실을 보다 구체적으로 확인하기 위해 자료를 살펴본 결과 〈표 3〉과 〈표 4〉와 같은 결과를 얻을 수 있었다.

〈표 3〉을 통해 확인할 수 있는 사실은 1754년에서 1873년까지 약 120년 동안 나주의 호장을 담당했던 인물과 성씨이다. 이 기간 동안 孫씨는 총 48회, 羅씨는 29회, 曹씨는 21회, 梁씨가 5회, 吳씨가 3회, 鄭씨가 2회에 걸쳐 호장을 담당하고 있다.

〈표 4〉 역시 1754년에서 1873년까지 약 120년 동안 나주에서 이방을 담당했던 인물을 확인할 수 있다. 이 기간 동안 孫씨는 총 42회, 羅씨는 27회, 曹씨는 20회, 梁씨가 15회, 吳씨가 6회, 鄭씨가 3회 이방을 담당하고 있다.

이 〈표 3〉과 〈표 4〉를 통해 호장을 담당했던 주요 성씨가 주요 이임인 이방도 담당하고 있음을 알 수 있다. 특히 孫씨가 독점적 지위가 눈에 띈다.

한편 조선시대의 영리는 군현의 향리 중에서도 주요 이족이 맡았던 것으로 어떤 성씨가 영리를 담당했는지를 파악하는 것은 나주지역의 주요 이족을 파악하는 데 중요한 단서가 되리라 생각한다.

전라도 감영에 입번(入番)하였던 전라도 각 군현 영리(營吏)들의 명단으로 『호남연방선생안』[90]이 있다. 이 중에서 나주 출신 영리를 성씨별로 살펴보면 다음과 같다. 羅씨 21명, 孫씨 14명, 梁씨 14명, 鄭씨 14명, 吳씨 5명, 曹씨 2명, 全씨 2명이 등재되어 있다. 『호남연방선생안』 중 나주 출신 영리만을 추려 만든 〈표 5〉을 통해 보면 羅씨의 경우 6대에 걸쳐 계속해서 營吏職을 세습하는 가계와 3대에 걸쳐 세습하는 가계, 1대에 이어 7대・8대손이 세습하는 가계를 볼 수 있다. 孫씨의 경우는 경우, 1대・4대・5대・6대・7대로 이어 營吏職을 세습하고 있는 가계가 있다. 梁씨의

90) 『호남연방선생안』은 중종 25년(1530)경부터 순조17년(1817)까지의 입번 영리(營吏)들을 수록하고 있다.: 이훈상, 「조선 후기 상급 지방행정체제에 있어서 신분집단에 기초한 운영구조와 행정실무집단의 출신지역의 편재화」, 『호남문화연구』, 제26집, 1998. 조선시대의 영리는 군현의 향리 중에서도 주요 가문이 맡았던 것으로 이를 통해 나주지방 주요 이족을 파악할 수 있다.

경우는 1대·6대·7대·8대로 이어 영리직을 잇고 있는 가계와 2대에 걸쳐 잇고 있는 가계를 볼 수 있다. 吳씨도 2대에 걸쳐 영리직을 잇고 있다. 鄭씨는 5대에 걸쳐 영리직을 세습하고 있음을 알 수 있다. 이를 통해서도 나주에서 호장과 이방을 과점했던 주요 이족이 영리도 도맡고 있음을 확인할 수 있다.91)

〈표 3〉 羅州 戶長 擔當 年度와 人物

담당연도 / 인물	담당연도 / 인물	담당연도 / 인물	담당연도 / 인물
1754 孫慶來	1791 曹景卨	1816 孫得宗	1840 羅斗樞
1755 孫啓運	1791 曹運澤	1816 孫羽彪	1840 羅斗樞
1756 鄭德東	1792 曹景卨	1817 孫得宗	1841 羅斗樞
1756 鄭胤成#	1792 曹運澤	1818 羅時樞	1841 羅斗樞
1762 曹時憲	1793 孫膺煥	1818 孫得宗	1842 羅斗樞
1765 孫後殷	1793 孫濟福	1819 羅時樞	1842 梁俊松
1766 孫培昌	1793 曹運澤	1820 孫季彪	1846 孫濟彪
1770 羅潤成#	1794 孫膺煥	1820 曹弘麟	1853 羅致坤
1770 羅宗柱	1795 孫膺煥	1821 曹在河	1854 羅致坤
1775 羅命恪#	1796 孫膺煥	1822 曹在河	1857 羅致坤
1775 梁建煥	1800 孫膺煥	1823 吳匡斗	1858 羅致坤
1776 羅命恪	1800 梁聖翼	1824 曹在河	1862 孫基烈
1776 羅命忱	1801 梁聖翼	1825 曹在河	1863 孫基烈
1779 孫命旭	1801 曹琡振	1826 曹在河	1864 孫基烈
1780 羅弘奎	1802 曹琡振	1827 孫勉祖	1865 孫基烈
1782 曹景達	1803 曹琡振	1827 曹在河	1866 孫基烈
1784 羅弘織	1804 曹琡振	1833 羅斗樞	1867 孫基烈
1785 孫命達	1805 曹琡振	1833 羅斗樞	1868 孫基烈
1785 孫思默	1806 孫熙彪	1834 羅斗樞	1868 吳吉三
1786 孫喆俊	1808 孫得悅	1834 羅斗樞	1869 羅潤煥
1787 孫喆俊	1810 孫膺一	1835 羅斗樞	1869 孫台孝
1788 羅弘奎	1811 孫膺一	1835 孫光洽	1870 孫台孝
1788 孫永枯	1812 孫膺一	1836 孫光洽	1871 孫台孝
1788 孫喆俊	1813 孫膺一	1837 孫福麟	1872 羅碩坤
1789 羅弘奎	1814 孫得宗	1838 吳匡斗	1872 孫台孝
1789 曹景卨	1814 孫膺一	1839 孫位彬	1873 羅碩坤
1790 曹景卨	1815 孫得宗	1839 梁錫魯	

참고자료: 『作廳先生案』, 『各房掌先生案』, 『先生四喪賻儀錄』

91) 박진철, 앞의 논문, 2005.

〈표 4〉 羅州 吏房 擔當 年度와 人物

담당연도/인물	담당연도/인물	담당연도/인물	담당연도/인물
1754 孫培昌	1789 羅弘奎	1817 孫羽彪	1843 梁錫魯
1755 吳思德	1790 羅弘奎	1818 孫羽彪	1844 梁錫魯
1756 孫慶來	1791 羅弘奎	1819 孫羽彪	1845 梁錫魯
1758 鄭德東	1791 羅宗憲	1820 吳相熙	1846 梁錫魯
1758 鄭胤成	1792 羅宗憲	1821 吳相熙	1847 梁錫魯
1762 孫仁澤	1793 曹景尙	1822 羅時樞	1850 孫俊學
1764 孫命旭	1794 曹景尙	1823 羅時樞	1851 孫俊學
1765 孫啓運	1795 曹景尙	1824 孫羽彪	1852 孫俊學
1766 吳思德	1796 曹景尙	1825 孫南彪	1853 孫俊學
1768 孫命旭	1797 曹景益	1825 羅寅樞	1854 羅潤煥
1769 孫命旭	1798 曹景益	1826 羅寅樞	1855 羅承煥
1769 鄭德東	1799 曹景益	1827 羅寅樞	1855 羅潤煥
1770 曹潤采	1800 羅宗憲	1828 羅寅樞	1855 梁一謨
1772 孫永百	1801 羅宗憲	1829 羅寅樞	1856 孫信成
1773 孫永百	1802 羅宗憲	1830 羅寅樞	1857 孫信成
1774 孫永百	1803 羅宗憲	1831 羅寅樞	1857 孫軫永
1776 孫命旭	1804 梁聖翼	1832 羅寅樞	1858 梁軫永
1776 孫永百	1805 梁聖翼	1833 孫羽彪	1864 孫台孝
1779 曹景殷	1806 梁聖翼	1834 孫光洽	1865 孫台孝
1780 曹景達	1807 梁聖翼	1835 孫福麟	1866 孫台孝
1781 曹景達	1808 孫濟福	1835 孫羽彪	1867 孫台孝
1782 羅弘織	1809 孫濟福	1836 孫羽彪	1868 孫台孝
1783 曹景達	1810 曹景益	1836 孫福麟	1871 羅碩坤
1784 曹景達	1811 曹景益	1837 孫福麟	1872 羅碩坤
1785 曹景達	1812 吳相熙	1838 孫位彬	1872 孫來孝
1786 曹景尙	1813 吳相熙	1839 梁錫魯	1873 孫來孝
1787 曹景尙	1814 羅時樞	1840 梁錫魯	
1788 曹景尙	1815 羅時樞	1841 梁錫魯	
1789 曹景尙	1816 孫羽彪	1842 梁錫魯	

참고자료: 『作廳先生案』, 『各房掌先生案』, 『先生四喪賻儀錄』

〈표 5〉『湖南營房先生案』중 羅州 出身 營吏

羅麒齡 羅州	梁德觀 羅州 大元之六代孫
羅大鵬 羅州	梁德柱 羅州 大元之六代孫
羅 碩 羅州 大鵬之子	梁有行 羅州 德柱之孫
羅希望 羅州 碩之子 大鵬之孫	梁德洙 羅州 德柱之從弟
羅彭老 羅州	梁建凞 羅州 德洙之子 大元之七代孫
羅德麟 羅州 彭老之子	梁浩達 羅州 德洙之孫
羅命麟 羅州 彭老之子	梁萬載 羅州
羅好生 羅州 命麟之子 彭老之孫	梁武憲 羅州
羅俊生 羅州	梁彦海 羅州
羅尙聚 羅州 俊生之子 命麟之孫	梁應漑 羅州 彦海之子
羅天星 錦城 俊生之孫 彭老之玄孫	梁應灌 羅州 彦海之子
羅日星 羅州 尙聚之子	梁應沅 羅州
羅緯星 羅州 尙聚之子	梁鎭華 羅州 應沅之姪
羅萬龜 錦城 緯星之子	吳命復 羅州
羅時獻 羅州	吳聖源 羅州 命復之子
羅彦銓 羅州	吳達源 羅州 命復之姪
羅彦純 羅州 彦銓之第	吳以源 羅州 命復之姪 達源之弟
羅雲漢 羅州 彦銓之七代孫	吳時大 羅州
羅寅樞 羅州 彦銓之八代之孫	全忠國 羅州
羅漢樞 羅州 彦銓之八代孫	全忠男 羅州
羅璣樞 羅州 漢樞之弟	鄭德東 羅州 旻樞之子
孫德立 羅州	鄭萬泰 羅州 殷命新之外孫
孫世萬 羅州 德立之曾孫	鄭旻樞 羅州 碩昌之弟
孫命佑 改宜大 羅州 德立之玄孫	鄭彦懿 羅州
孫永吉 羅州 德立之六代孫 世萬之從孫	鄭應淸 羅州 彦懿之子
孫鼎周 羅州 永吉之子	鄭應湜 羅州 彦懿之子 應淸之弟
孫凞彪 羅州 永吉之姪	鄭爾晧 羅州 應湜之子 彦懿之孫
孫得謨 羅州 德立之六代孫	鄭爾昕 羅州 應湜之子 彦懿之孫
孫敬運 羅州 德立之六代孫	鄭期伯 羅州 之晧之子 應湜之孫
孫仁彪 羅州 敬運之子 德立之七代孫	鄭元伯 羅州 之昕之子 應湜之孫
孫一彪 羅州 敬運之子 德立之七代孫	鄭致伯 羅州 爾晧之子
孫福麟 羅州 德立之七代孫	鄭萬昌 錦城 致伯之子 爾晧之孫
孫翼彪 羅州 德立之七代孫	鄭萬享 羅州 元伯之子 之昕之孫
孫尙規 羅州	鄭萬凞 羅州 之昕之孫
孫應安 羅州	曺慶時 羅州
梁大元 羅州	曺恭孫 羅州

참고자료: 『湖南營房先生案』

5. 맺음말

조선시대의 鄕職運營體系는 戶長·吏房·將校 중심의 三班體系에서 戶長과 吏房의 二元的 兩首吏體系로, 다시 吏房 중심의 一元的 體系로 변화하였다. 이 과정에서 戶長의 역할과 지위는 낮아진 것으로 이해되고 있다. 그러나 나주의 경우는 전통적으로 戶長層을 형성했던 주요 鄕吏家가 吏房과 같은 주요 이임을 寡占하고 있었다. 그 주요 姓氏는 孫, 羅, 曹, 梁, 吳, 鄭이다. 그러나 이 가운데서도 密陽 孫氏의 지위와 위세가 가장 확고했던 것으로 보인다. 이는 나주의 호장층이 향직체계의 변화 속에서도 자신들의 지위를 유지하고 있었음을 보여 준다.

자료를 통해 보면『금성일기』가 쓰일 조선 초기의 호장 담당층이었던 羅, 曹, 鄭씨는 18·19세기까지 계속해서 호장층으로 존속해 왔음을 알 수 있다. 또한『나주목중기』가 쓰이는 17세기 이후 梁씨가 주요 호장층으로 등장하고, 18세기 이후에는 孫씨가 가장 중요한 호장층으로 대두하고 있음을 확인할 수 있다.[92] 이를 통해 나주지역에서도 특정가계가 戶長과 같은 주요 吏任을 독점하고 안배하는 寡頭的 운영체제가 확립되어 있음을 확인할 수 있다.

현재 남아 있는 나주의 호장 관련자료로서 호장을 담당했던 인물의 역임 연도와 연령을 확인할 수 있는 자료는『각방장선생안』과『선생사상부의록』이 있다. 이를 통해 보면 나주에서 호장을 담당하는 평균 연령은 39.9세이다. 빠르게는 28세에 호장을 담당하며, 늦게는 57세에 호장을 맡기도 했다. 이는 조선 후기에 오면 호장도 노장층이 아닌 장년층에서 맡았던 것을 알 수 있다. 또한 나주의 경우도 대체로 호장을 거친 뒤에 이방을 맡게 되는 것을 확인할 수 있다. 이는 호장의 지위가 이방에 비해 낮아졌음을 보여

---

92) 나주지역 호장담당 성씨에 대해서는 박진철, 앞의 논문, 2005, 〈표 3〉 참조.

주는 것이라 하겠다. 양수리체계에서 일정한 영향력을 유지해 오던 戶長은 공형으로서 명목상의 지위는 유지되지만, 점차 여타의 방임과 같은 존재로 인식되기도 하였다는 것을 알 수 있다. 뿐만 아니라 戶長과 六房 그리고 기타 色任 사이에는 職掌의 차이가 있을 뿐 上下관계가 분명하지 않았다. 조선 후기의 戶長은 吏房·刑房 또는 詔文記官·戶房 등과 함께 三公兄을 구성하고 6房의 행정실무를 다른 房任들과 함께 分掌하는 데 불과했던 것이다. 戶長의 職任은 기본적으로 吏房을 역임할 수 있는 인물이 맡게 마련이며, 이러한 사실은 羅州 지역에서도 마찬가지였다.

戶長들의 위세는 점차 약화되었다. 그럼에도 호장층은 여전히 지방민을 대표한다는 상징적 역할과 전통을 이어 왔다. 제도적·사회적 비중은 약화되지만 종래 수행한 지방사회에서의 상징적 역할은 계속 이어 간다. 향리사회 내부의 변화에도 불구하고 호장층의 건재는 향리집단의 신분적 안정성과 더불어 장기적 지속성을 보여 주며, 이것은 전통 한국지방사회의 한 특징을 반영한다는 것을 다시 한번 확인할 수 있었다.

〈부록1〉 羅州의 戶長과 吏任 擔當 履歷

羅斗樞 戶長(癸巳, 甲午, 乙未, 庚子, 辛丑).

羅命恪(1738년 戊午生) 호장*(乙未 1775), 부호장#(乙未 1775)

羅命忱(1744년 甲子生) 호장*(丙申 1776), 부호장*(己亥 1779, 乙亥 1755?), 예방(辛丑 1781), 병방(庚子 1780), 형방(庚子 1780)

羅碩坤(1827년 丁亥生) 호장(壬申 1872), 이방(癸酉 1873)

羅時樞 戶長(戊寅, 己卯), 이방(甲戌, 乙亥, 壬午, 癸未), 예방(戊辰), 각창색(庚午), 영창색(丙戌), 육색(己丑), 소리(丁亥), 세초색(辛未, 癸酉, 甲戌)

羅潤煥 호장(己巳), 이방(甲寅, 乙卯)

羅宗柱(1740년 庚申生) 호장(庚寅 1770), 부호장*, 수호방(乙未 1775), 병방*, 각창색*(戊子 1768), 진휼색*(庚寅 1770), 수군병방*(壬午 1762), 창도색*

羅致坤(1821년 辛巳生) 戶長(癸丑 1853, 甲寅 1854, 丁巳 1857, 戊午 1858), 예방(甲辰 1844, 丙午 1846, 戊申 1848), 형방(己亥 1839, 壬寅 1842, 癸卯 1843, 丁未 1847, 己酉 1849), 각창색(己酉 1849), 영창색(丁未 1847), 진휼색(己酉 1849), 고마색(丁未 1847), 보흥사지소색(丙午 1846)

羅漢樞(1760년 庚辰生) 호장(戊申 1788), 형방(丙午 1786), 창도색(乙巳 1785), 소리

羅弘奎(1745년 乙丑生)=哲大(改名 弘奎)=命緝(改名 弘奎): 戶長(庚子 1780, 戊申 1788, 己酉 1789), 吏房(己酉 1789, 庚戌 1790, 辛亥 1791), 副吏房(戊子 1768), 내공방(乙未 1775), 각창색(신묘 1771), 대동색(丁巳 1797), 영창색*(哲大), 관청미색(辛酉 1801), 고마색*(庚寅 1770), 배패색*(命緝), 정병색(乙酉 1765), 제민창색(乙丑 1805)

羅弘織(1738년 戊午生) 戶長(甲辰 1784), 吏房(壬寅 1782), 副戶長,

副吏房*, 산성색*(己亥 1779), 전관색(庚寅 1770), 진상예방(己丑 1769), 소리(己丑 1769), 수군색(壬寅 1782), 전세도색(辛卯 1771)

孫慶來(1712년 壬辰生) 戶長*(甲戌 1754), 吏房*(丙子 1756), 副戶長*(己巳 1749), 副吏房*(丙辰 1736), 수호방*(乙卯 1735), 지호방*(壬戌 1742), 예방*(甲寅 1734), 병방*(戊午 1738), 형방*(癸丑 1733), 각창색*(辛酉 1741), 대동색*(甲子 1744), 관청미색*(庚申 1740), 전관색(辛未 1751), 진상예방*(丁巳 1737), 세초색*(戊午 1738), 개안색*(경오 1750), 대동도색#

孫啓運(1723년 癸卯生) 호장*(乙亥 1755), 이방(乙酉 1765), 부호장*(戊辰 1748), 부이방*(乙亥 1755), 내공방*(癸酉 1753), 영창색#(戊子 1768), 수선고색#(己卯 1759), 수선색(庚辰 1760), 수군병방*(庚午 1750), 군기색*(己巳 1749), 배패색*(庚午 1750), 수군색*(辛未 1751), 정병색*(乙亥 1755), 조군색*(癸未 1763), 대동도색*(丁卯 1747), 전세도색*(壬申 1752), 포재색*(甲午 1774)

孫季彪 호장(庚辰), 병방(辛巳)

孫光洽 호장(乙未, 丙申), 이방(甲午), 부이방(乙酉), 예방(乙酉)

孫基烈(1809년 己巳生) 호장(壬戌 1862, 癸亥 1863, 甲子1864, 乙丑1865, 丙寅 1866, 丁卯 1867, 戊辰 1868)

孫得悅(1768년 戊子生) 戶長(戊辰 1808), 副戶長(癸丑 1793), 副吏房(辛酉 1801, 壬戌 1802, 癸亥 1803, 甲子 1804, 乙丑 1805, 甲寅 1806), 형방(辛亥 1791, 乙卯 1795), 각창색(丁巳 1797), 도훈도(己酉 1789), 진상예방(壬戌 1802), 세초색(庚戌 1790), 개안색(丙寅 1806)

孫得宗(1763년 癸未生) 호장(甲戌 1814, 乙亥 1815, 丙子 1816, 丁丑 1817, 戊寅 1818), 부호장(己未 1799, 庚申 1800), 부이방(戊辰 1808, 己巳 1809), 수호방(己卯 1819), 예방(甲戌 1814), 병방(丙辰 1796, 丁巳 1797), 각창색(辛未 1811, 癸酉 1813), 영창색(乙丑 1805), 관청미색, 공색(己未 1799), 진상예방(甲寅 1794), 소리(庚午 1810),

대동도색(庚申 1800)

孫勉祖 호장(戊子), 부이방(丁丑, 丁亥), 예방(丁丑), 형방, 도훈도(癸未, 甲申), 정병색(壬午), 경포색(丙戌), 포재색(戊寅)

孫命達 戶長(乙巳), 창도색(丙申), 소리(丙申, 丁酉), 세초색*(己亥)

孫命旭 戶長*(己亥), 吏房(甲申, 戊子, 己丑, 丙申), 副吏房*, 지호방(癸巳, 癸卯), 형방(己卯), 내공방(壬辰), 관청미색(丙戌, 乙未), 소리(庚辰), 정병색*(甲午), 세초색*(甲午)

孫培昌(1713년 癸巳生) 호장*(丙戌, 1766), 이방*(甲戌 1754), 부호장*(乙酉 1765), 부이방*, 수호방#, 예방*, 각창색*,산성색*(癸巳 1773, 乙未 1775) 보역색*, 전관색*, 수군병방*, 진상예방*, 소리*(辛巳 1761), 세초색*(己丑 1769), 식년호적색*, 전세도색*(乙卯 1735), 상년호적색*

孫福麟(1780년 庚子生) 호장(丁酉 1837), 이방(乙未 1835, 丙申 1836, 丁酉 1837)

孫永枯(1752년 壬申生) 戶長(戊申 1788), 부이방(癸丑 1793), 내공방(庚戌 1790), 각창색*(丙申 1776, 癸卯 1783, 己巳 1809), 산성색(戊申 1788), 고마색*(乙未 1775), 진상예방(辛酉 1801), 창도색(乙卯 1795), 군기색(壬寅 1782), 배패색, 제민창색*(戊戌 1778, 甲子 1804), 전세도색(癸巳 1773)

孫位彬 호장(己亥), 이방(戊戌)

孫膺一 호장(庚午, 辛未, 壬申, 癸酉, 甲戌), 부호장(乙卯, 丙辰), 내공방(辛酉), 각창색(乙丑, 丁卯), 대동색(壬戌, 辛巳), 영창색(己酉, 戊寅, 己卯, 庚午), 진휼색(壬子), 관청미색(癸未), 육색(甲子), 진상예방(癸未, 乙酉), 군기색(辛酉), 수군색(戊午), 전세도색(乙丑), 포재색(甲子)

孫膺煥 호장(癸丑, 甲寅, 乙卯, 丙辰, 庚申至), 향교도색겸양재색(癸丑)

孫仁宅(1715년 乙未生) 戶長*, 吏房*(壬午 1762), 副吏房*, 각창색*, 소리*, 세초색*

孫濟福(1756년 丙子生) 戶長(癸丑 1793), 吏房(戊辰 1808, 己巳

1809), 副吏房(辛亥 1791), 수호방(辛酉 1801, 丙寅 1806), 지호방(甲辰 1784, 庚戌 1790), 형방(己亥 1779), 각창색(己酉 1789), 진상예방(辛丑 1781), 향교도색겸양재색, 군기색(癸丑 1793)

孫濟彪 호장(丙午), 부이방(癸巳), 각창색(甲戌, 丙子, 癸未, 丙申), 관청미색(乙未)

孫喆俊(1751년 辛未生) 戶長(丙午 1786, 丁未 1787, 戊申 1788), 副戶長(을사 1785), 副吏房(戊申 1788), 예방*(庚子 1780), 형방*(癸巳 1773), 내공방(癸卯 1783), 각창색(辛丑 1781), 영창색(丙辰 1796), 진휼색(己酉 1789), 관청미색(甲辰 1784), 고마색*(己亥 1779), 수군병방*(壬辰 1772), 창도색*(丙申 1776), 소리*(壬辰 1772, 癸巳 1773), 수군색(戊午 1798), 경포색(癸卯 1783), 세초색*(壬辰 1772), 개안색*(丁酉 1777), 제민창색(庚戌 1790, 己未 1799, 癸亥 1803)

孫台孝 호장(己巳, 庚午, 辛未, 壬申), 이방(甲子, 乙丑, 丙寅, 丁卯, 戊辰)

孫後殷(1735년 乙卯生) 戶長*(乙酉 1765), 副戶長*(甲申 1764), 副吏房*, 수호방*(壬午 1762, 戊子 1768), 형방*(丙子 1756), 관청미색#(己丑 1769), 세초색*(丁亥 1767)

孫熙彪 戶長(丙寅), 副吏房(乙亥), 공색(乙酉)

梁建煥(1739년 己未生) 戶長*(乙未 1775), 副戶長*(壬辰 1772), 副吏房, 병방(壬辰 1772), 각창색(丙戌 1766, 壬辰 1772), 진휼색(乙未 1775), 수군병방(己丑 1769), 수군색(庚寅 1770), 경포색(乙酉 1765, 戊子 1768), 제민창색(丙申 1776), 대동도색(癸未 1763)

梁德五 호장, 부호장(戊午), 부이방(甲子), 수호방(辛酉), 지호방(乙亥), 형방(己未), 각창색(癸亥), 보역색(壬申), 관청미색(壬戌), 전관색(辛未), 수선색(乙酉), 진상예방(丁丑), 창도색(辛未), 군기색, 조군색(壬午), 세초색(癸未, 乙酉)

梁錫魯(1806년 丙寅生) 戶長(己亥 1839), 吏房(己亥 1839, 庚子

1840), 형방(戊戌 1838)

梁聖翼(1747년 丁卯生) 戶長(庚申 1800, 辛酉 1801), 吏房(甲子 1804, 乙丑 1805, 丙寅 1806, 丁卯 1807), 副吏房(乙卯 1795, 丙辰 1796, 丁巳 1797, 戊午 1798, 己未 1799), 수호방(丁巳 1797), 예방*(辛丑 1781), 형방(己丑 1769), 내공방(逢休*)(甲午 1774), 각창색(甲申 1764, 乙巳 1785), 진휼색(壬戌 1802), 관청미색(丙午 1786, 丁未 1787, 庚戌 1790), 육색(甲辰 1784), 소리(癸卯 1783), 배패색(辛卯 1771), 수군색(*洪範 改名 逢休)(癸巳 1773), 정병색(*逢休 改名 聖翼)(丙申 1776), 개안색(癸卯 1783), 전세도색(乙巳 1785), 포재색(甲辰 1784)

梁俊松(1811년 辛未生) 戶長(壬寅, 1842), 예방, 각창색(乙未 1835, 己亥 1839, 壬寅 1842), 진휼색(庚子 1840), 관청미색(戊戌 1838, 辛丑 1841), 소리(甲午 1834)

吳匡斗 호장(癸未, 戊戌), 부이방(丙子), 수호방(辛卯), 지호방(辛巳), 형방(漢圭 改名 匡斗)(丁卯), 각창색(辛巳), 육색(丁亥), 향교도색겸양재색(庚辰, 戊戌), 포재색(丁亥)

吳吉三 호장(戊辰)

吳思德(1706년 丙戌生) 호장*(丁丑 1757), 이방*(乙亥 1755, 丙戌 1766), 부호장*, 부이방*, 예방*, 각창색*(丁卯 1747), 관청미색*(乙酉 1765), 전관색*, 진상예방*, 창도색*, 군기색*, 경포색*, 식년호적색#(丁酉 1777), 개안색*, 전세도색*(庚戌 1730)

鄭德東 호장(丙子), 이방(戊寅, 己丑), 부호장(己巳), 지호방*(丁亥), 형방, 내공방, 각창색(乙亥), 관청미색(丙子), 소리(甲申), 수군색, 세초색*, 전세도색*

曹景達(1746년 丙寅生) 호장(壬寅 1782), 이방*(庚子 1780, 辛丑 1781, 甲辰 1784, 乙巳 1785, 癸卯 1783), 부이방*(丙申 1776), 지호방*(辛卯 1771), 형방*(甲申 1764), 내공방*(庚寅 1770), 도서원*(癸巳

1773), 각창색*(戊子 1768), 관청미색*(丁酉 1777, 戊戌 1778), 정병색*(壬辰 1772), 전문서사(甲申 1764), 전세도색*(丙戌 1766)

曹景卨 호장(己酉,庚戌, 辛亥, 壬子), 이방(丙午, 丁未, 戊申, 己酉, 癸丑, 甲寅, 乙卯, 丙辰), 부이방(壬寅, 癸卯, 甲辰, 乙巳), 수호방(丙申, 壬寅), 형방(庚寅), 각창색(丙午), 대동색(癸巳), 산성색(乙巳), 관장무(辛卯)

曹琡振(1766년 丙戌生) 호장(辛酉秋 1801, 壬戌 1802, 癸亥 1803, 甲子 1804, 乙丑 1805), 부호장(辛亥 1791), 부이방(庚申 1800), 지호방(庚戌 1790), 형방(丙午 1786), 각창색(乙卯 1795, 戊午 1798), 영창색(戊辰 1808), 향교도색겸양재색(己酉 1789), 소리(丁未 1787, 戊申 1788), 제민창색(己巳 1809)

曹時憲(1705년 乙酉生) 戶長*(壬午 1762), 副戶長*, 副吏房*, 병방*(戊辰 1748), 각창색*, 진휼색*, 산성색*, 관청미색*, 전관색*(丙戌 1766), 승발*, 수군병방*, 창도색*, 군기색*, 수군색*, 정병색*, 개안색*, 전세도색*

曹運澤 戶長(辛亥, 壬子,癸丑), 부호장(己酉, 庚戌, 辛亥), 예방(丙午, 辛酉, 己巳), 병방(癸卯), 승발(乙巳), 소리(己酉), 대동도색#(運宅), 전세도색#(運宅)

曹在河 호장(辛巳, 壬午, 甲申, 乙酉, 丙戌, 丁亥), 부이방(庚辰, 辛巳), 지호방(癸酉), 예방(庚辰, 辛巳), 각창색(丙子), 향교도색겸양재색(壬申), 소리(己丑)

曹弘麟(1775년 乙未生) 戶長(庚辰 1820), 형방(戊辰 1808, 庚午 1810, 辛未 1811, 癸酉 1813)

羅潤成 호장#(庚寅 1770)

梁宅五 호장#

鄭胤成(1724년 甲辰生) 호장#(丙子 1756), 이방#(戊寅 1758), 부호장#(己巳 1749), 형방#, 내공방#, 각창색#(乙亥 1755), 관청미색#(丙子 1756), 소리#(甲申 1764), 수군색#

무표는 『선생사상부의록』에 있음.
*는 『선생사상부의록』과 『각방장선생안』 모두에 있음.
#는 『각방장선생안』에만 있음.

Ⅲ. 朝鮮後期 羅州의 六房層과 色吏層

1. 머리말

고려시대 향리의 질서체제는 조선시대에 전수되나, 記官層이 일부는 六房層으로 나머지는 色吏層으로 分化되어 조선시대의 향리는 戶長層·六房層·色吏層의 三階層으로 구성되는 변화를 보인다.[93]

조선 초기에 정착되는 記官層의 房·色체계로의 전환은 고려시대의 鄕職體系보다 직무의 분화에 따른 전문성이 훨씬 강화된 것이었고, 고려조 이래 邑司를 중심으로 首吏로서 향리세계를 통솔하던 戶長과 그 아래에 六房記官層을 대표하며 頭(首)詔文記官으로 일컬어지던 吏房 및 將校(조선 후기의 承發)로 구성되는 삼공형[94]체계를 이루면서 衙前組織을 통솔 운영하였을 것으로 보인다.[95]

본 장에서는 앞 장에서 살펴본 戶長層에 이어 조선시대 나주의 六房層과 色吏層의 실상을 파악하고자 하였다. 이를 통해 六房任을 담당한 가계는 어

---

93) 이성무, 「조선 초기의 향리」, 『한국사연구』5, 1970, 91~92면.

94) 『掾曺龜鑑』 卷1, 「吏職名目解」 "公兄者 韻府註兄爲長 盖爲公所之長也 承發者 卽上承下發之爲也 如朝家之承宣 與戶長首吏竝稱三公兄 而公兄文狀中 以承發稱將校者……"

95) 裵基憲, 「朝鮮後期 作廳의 運營과 그 性格」, 『啓明史學』, 제6집, 1995, 54면.

떠하며, 色吏任을 담당한 가계는 어떠한지를 살펴보고자 한다. 또한 이들 상호간의 관계와 위계, 그리고 주요 吏任을 담당하는 향리층을 확인함으로서 전통적 향리가와 이들에 버금가는 새로운 유력 향리가의 존재에 대한 실마리를 찾고자 한다.

2. 朝鮮後期 羅州의 六房層

지방이서집단에 육방 체제가 갖추어진 것이 언제부터인지는 확실하지 않다. 『掾曺龜鑑』의 撰者[96]는 戶正·兵正·倉正 등의 諸正이 '房'과 '色'으로 바뀌게 된 것을 임진란 이후로 보고 있으나, 이성무는 『세종실록』의 기사를

96) 「吏職名目解」의 撰者인 李慶蕃을 말한다.

들어 조선 초기에 군현제의 정비와 더불어 육방이 생겨난 것으로 보고 있으며, 北村秀人은 기본적으로 이러한 견해를 받아들이면서도 전국적인 수준에서의 記官의 육방에로의 개편은 임진란 이후에야 일반화된 것으로 파악하고 있다. 단언하기는 어려우나 아마도 16세기에 접어들 무렵에는 대체로 육방 조직이 갖추어진 것으로 보이며, 이와 아울러 점차 作廳도 설치되어 간 것으로 여겨진다.97)

육방기관의 首席인 吏房은 首吏(由吏)로서 戶長과 더불어 公兄으로 일컬어지며, 읍사를 총괄하였고, 人吏·通引·使令 등 관속을 관장하는 가장 핵심적인 吏職이었다. 조선 후기 특히 18세기 중엽 이후 향청의 작청에 대한 견제기능이 약화되고, 향촌운영에 있어 작청의 기능이 강화됨과 아울러 吏房의 邑事에 대한 영향력이 더욱 증대되어 갔다.98)

이방 중심으로 이서 조직이 움직이게 되는 변화는 부세수취의 양이 커지거나 그 사회적 의미가 커지는 변화에 따른 당연한 결과였다. 따라서 이방 외에도 承發, 大同色, 邑倉色 등과 같은 吏職도 요직이 되었는데 그 까닭은 이들이 부세수취에 실질적인 권한을 행사할 수 있는 자리였기 때문이다.99)

나주에서 이방을 담당할 수 있었던 성씨는 孫·羅·曹·梁·吳·鄭氏로 확인되고 있다.100) 또한 특이한 것은 吏房과 副吏房으로 세분되어 있다는 것이다.101)

---

97) 김필동, 『차별과 연대-조선사회의 신분과 조직』, 문학과 지성사, 1999, 197~198면.

98) 裵基憲, 「朝鮮後期 作廳의 運營과 그 性格」, 『啓明史學』, 제6집, 1995, 58면.

99) 고석규, 『19세기 조선의 향촌사회연구』, 서울대학교출판부, 1998, 147면.

100) 박진철, 「조선시대 향직운영체제의 변화와 나주의 호장층」, 『이화사학연구』 제31집, 2004, 90~93면.; 『각방장선생안』에 기재되어 있는 인물과 담당년도는 다음과 같다.
吏房: 孫培昌/吳思德/孫慶來/鄭胤成/孫仁宅/孫命權/孫亨運/曹潤采/孫永百/曹景殷/曹景達
副吏房: 曹時憲/羅辰采/吳思德/孫慶來/孫培昌/梁宅殷/吳思義/梁宅厚/孫仁宅/孫啓運/羅鳳璘/曹啓采/羅處新/梁宅孝/孫鳳延 改名 求百/曹允采/羅命佪/孫後殷/吳允宅/羅宗柱/孫命旭/梁正煥(光煥, 逢煥)/吳尙權/吳泰元/吳潤一/羅弘織/吳小岩/曹景殷/曹景達

101) 『선생사상부의록』에는 이방과 부이방 담당인물과 년도가 다음과 같이 나타나 있다.

戶房은 戶口總數와 農形과 雨澤·堤堰·物價 등을 감영에 보고하고, 免屯稅錢의 上納 등의 업무를 관장하였으며, 지역에 따라서는 각 면의 風憲을 차출하는 역할을 맡기도 하였다.[102] 戶房의 직임은 都書員과는 달리 收稅과정과 직결된 것은 아니지만, 상품화폐경제의 진전과 場市의 발전 등으로 인해 19세기부터는 육방 중에서 要任으로 부각된다.[103] 나주의 경우는 『각방장선생안』[104]과 『선생사상부의록』[105]에 稤戶房과 地戶房으로 세분되

吏房: 孫培昌 甲戌/吳思德 乙亥 丙戌/孫慶來 丙子/鄭德東 戊寅 己丑/孫仁宅 壬午 子命旭甲申/孫命旭 甲申戊子己丑丙申/孫啓運 乙酉/曹潤采 庚寅/孫永百 壬辰癸巳甲午丙申 曾孫信成/曹景殷 己亥/曹景達 庚子辛丑甲辰乙巳癸卯/羅弘織 壬寅 子時樞甲戌/曹景窩 丙午 丁未 戊申 乙酉 癸丑 甲寅 乙卯 丙辰/羅弘奎 己酉 庚戌 辛亥/羅宗憲 辛亥 壬子 庚申 辛酉 壬戌 癸亥/曹景益 丁巳 戊午 己未 庚午 辛未/梁聖翼 甲子 乙丑 丙寅 丁卯 孫錫魯己亥/孫濟福 戊辰己巳/吳相熙 壬申 癸酉 庚辰 辛巳/羅時樞 甲戌 乙亥 壬午 癸未/孫羽彪 丙子 丁丑 戊寅 乙卯 甲申 癸巳 乙未 丙申/孫南彪 乙酉/羅寅樞 乙酉 丙戌 丁亥 戊子 己丑 庚寅 辛卯 壬辰/孫光洽 甲午 子信成/孫福麟 乙未 丙申 丁酉/孫位彬 戊戌/梁錫魯 己亥 庚子 辛丑 壬寅 癸卯 甲辰 乙巳 丙午 丁未/孫俊學 辛亥壬子 子軫永丁巳 庚戌癸丑/羅潤煥 甲寅 乙卯/羅承煥 乙卯/梁一謨 乙卯/孫信成 丙辰丁巳/梁軫永 丁巳戊午/孫台孝 甲子乙丑丙寅丁卯戊辰/羅碩坤 辛未壬申/孫來孝 壬申癸酉

副吏房: 曹時憲/羅時采/吳思德/孫慶來 丙辰 子後殷 孫濟福 辛亥/孫培昌/梁德五 甲子/吳思義/梁德厚/孫仁宅/孫啓運 乙亥/羅就福/曹啓采/羅處新/梁德孝 戊寅/孫永百 孫光益 庚午/曹潤采 戊子/羅弘奎 戊子/孫後殷 子濟福/吳致源 子重權/羅宗柱/孫命旭 壬辰/梁建煥/吳尙權 壬辰/梁建熙 辛卯/吳泰元 甲午/羅弘織/曹景殷 丙申 丁酉/曹景達 丙申/曹景窩 壬寅 癸卯甲辰乙巳/羅宗燁 乙巳/孫喆俊 戊申 子羽彪 丙子/孫宗喆 己酉/孫膺福 己酉/吳重權 庚戌/孫濟福 辛亥/孫永祐 癸丑/梁聖翼 乙卯 丙辰 丁巳 戊午 己未/曹琡振 庚申/孫得悅 辛酉 壬戌 癸亥 甲子 乙丑 丙寅/吳錫熙 丙寅/羅璣樞 戊辰/孫得宗 戊辰 乙巳/孫光益 庚午/孫膺聖 壬申/梁之漢 癸酉甲戌/孫晏彪/孫熙彪 乙亥/孫羽彪/吳匡斗 丙子/孫勉祖 丁丑 丁亥/曹在河 庚辰 辛巳/曹文匡 壬午/孫光洽 乙酉/孫濟彪 癸巳/吳永宅 甲午 乙未/孫祥學 丙申 丁酉/羅圭煥 戊戌

102) 『邑誌』 五, 全羅道2, 「井邑縣邑事例」 241~242면.

103) 裵基憲, 「朝鮮後期 作廳의 運營과 그 性格」, 『啓明史學』, 제6집, 1995, 58면.

104) 『각방장선생안』에 입록되어 있는 稤戶房을 담당했던 인물은 金生麗/梁宅殷/孫慶來/孫培昌/金致權/黃應濂/崔啓祥/李泓培/孫後殷/曹命允/梁德厚/金德呂/李恒春/崔啓良/崔啓祥/崔啓枯/羅潤佐/曹景卨/高快三/金得麗/吳尙權 등 이고, 地戶房을 담당했던 인물로는 金生麗/黃應濂/李遇松/金德呂/吳

어 나타나고 있다.

조선 후기 육방조직 중에서 두드러진 변화는 刑房의 조직과 기구가 확대되는 것이다. 형방의 기본적인 업무는 詞訟·刑俱·罪囚에 관한 사무를 처

思義/孫慶來/曹允德/曹?德(봉덕)/李德松/曹啓采/梁宅殷/曹命允/崔啓祥/李泓培/崔啓洪/鄭德東/崔啓浩/鄭蘊三/李彦采/曹景達/安鎭宅/孫命權/崔啓良/金光厚/吳應祿/曹景殷/朴致旭 등이 기재되어 있다.

105) 『선생사상부의록』에 기재되어 있는 稤戶房과 地戶房을 담당했던 인물과 담당년도는 다음과 같다.
稤戶房: 金生鹿 乙卯/梁德五 辛酉/孫慶來 乙卯 子後殷壬午 孫濟福辛酉丙寅/孫配昌/金致權 子得鹿己亥/黃應濂/李彦喆 己卯/崔啓祥 庚辰癸未壬辰癸巳/孫後殷 壬午戊子 子濟福辛酉丙寅/曹命允 甲申丙戌/梁德厚 乙酉/金德昌/李恒春 丁亥/崔啓良 己丑 庚寅 辛卯/崔啓祥 壬辰癸巳/崔啓祐 甲午戊戌/羅宗柱 乙未/曹景窩 丙申 壬寅/高快三 丁酉 子應奎癸丑/金得鹿 己亥/吳尙權 庚子 庚戌/鄭蘊三 癸卯/孫谿彪 甲辰/河有黃 乙巳/崔崙齊 丙午/金覆良 丁未/孫思旭 戊申/李彦采 己酉 壬子 癸丑/羅允悟 辛亥/鄭健夏 甲寅 庚申丁卯 辛未/羅永運 乙卯/鄭匡夏 丙辰戊午丙戌/梁聖翼 丁巳/羅永億 乙卯/孫得華 己未/孫濟福 辛酉 丙寅/高應奎 癸亥/李思安 甲子 庚午/李思宗 乙丑 乙亥 子 行範 戊寅/崔啓沃 戊辰/金定鎰 己巳/安白圭 壬申 甲戌/鄭謙夏 癸酉/梁啓行 丙子/羅斗翼 丁丑/李行範 戊寅 丁亥/孫得宗 己卯/曹文匡 庚辰/吳齊斗 壬午/崔仁默 辛巳 庚寅 壬辰 甲午 丙申 戊戌/孫得謨 癸未/吳一弘 乙酉/孫爀彪 戊子/崔珪華 己丑/吳匡斗 辛卯/李弼範 癸巳/孫凞彪 乙未/吳禎奭 丁酉/金光旭 己亥/金明灝 丙午/李潤植 戊辰
地戶房: 金生鹿/黃應濂/李遇松 丁卯/金德呂/李恒春/吳思義/孫慶來 壬戌 孫濟福甲辰庚戌/曹命德 子/殷景達/曹建德/李德松 丙子/曹啓采/梁德五 乙亥/曹命允 己卯/崔啓祥 戊寅丙戌丁酉/李彦喆 庚辰乙酉/崔啓弘 癸未己亥 壬寅/鄭德東 丁亥/崔啓祐 戊子/李彦采 己丑 甲寅/鄭蘊三 庚寅戊戌/曹景達 辛卯/安鎭宅 壬辰/孫命旭 癸巳 癸卯/崔啓良 甲午/金光鎰 乙未/吳應祿 丙申 丙午/曹景殷 庚子/金景熙 辛丑/孫濟福 甲辰 庚戌/吳尙權 乙巳/吳應祿 丙午/孫永百 丁未/孫宗喆 戊申 丁巳/曹琡振 庚戌/李思宗 辛亥/崔麟宅 壬子 丙辰/金準鎰 癸丑/崔相宅 乙卯/孫得和 丁巳/曹景澤 戊午/金文杰 己未/崔啓遠 庚申/陳虎錫 辛酉/李思安 壬戌/鄭健夏 癸亥/奇有民 甲子 丁卯/鄭茂夏 乙丑/羅寅樞 丙寅/吳一弘 戊辰/河世七 己巳/鄭謙夏 庚午 庚辰/崔龍宅 辛未/昇寅煥 壬申/曹在河 癸酉/曹秉武 甲戌/羅斗翼 乙亥/河寅浩 丙子 其甥侄通引張萬枰代/金光孝 丁丑 其甥通引鄭台煥代/朴思協 戊寅/孫膺淳 己卯/吳匡斗 辛巳/金漢弼 壬午/吳永宅 癸未/金吉浩 甲申/李學範 乙酉/崔享宅 丙戌/金光郁 戊子/孫凞彪 己丑/曹澤範 庚寅/鄭啓南 辛卯/李思松 壬辰/金漢旭 癸巳/張志運 甲午/朴乘禧 乙未/朴思喆 丙申/孫基默 丁酉/高殷一 戊戌/李潤植 戊辰

리하는 것이지만, 조선 후기 사회경제적인 변화와 더불어 늘어나는 詞訟과 각종 民狀을 접수하고 처리해야 하기 때문에 문서처리 능력과 법률에 대한 지식 등 일정한 자격요건이 요구되었고 승진에 특혜가 주어지기도 했으며 업무 자체의 증대와 더불어 기구의 확대를 가져왔다.106) 이러한 기본적인

---

106) 나주의 경우 『각방장선생안』에 등재되어 있는 형방 담당인물로는 金生麗 / 金德呂 / 孫慶來 / 李恒春 / 梁宅殷 / 曹允德 / 梁再謹(?) / 梁德厚 / 黃應濂 / 崔致勣 / 金致權 子得麗 / 崔致章 子啓洪 啓枯 / 鄭胤成 / 安致龍 / 李泓培 / 崔啓祥 / 李尙彦 / 鄭楚新 / 鄭楚明 / 孫後殷 / 鄭楚彦 / 曹命允 / 金得麗 / 崔啓良　子華宅 / 孫萬億 / 崔鎭恒 / 崔啓洪 / 崔啓枯 / 孫命佑 / 高快三 / 曹景達 / 吳尙權 / 昇楚星 / 南八億 / 金漢默 / 河聖良 / 崔揆宅 孫命福 / 朴祥植 / 金宅熙 / 梁?翼 / 金光厚 / 鄭蘊三 / 曹景喆 / 梁逢熙 / 孫喆俊 / 崔擎圓 / 李東培 / 安佑民 / 金仁厚 / 羅達明 / 尹得夏 / 趙永旭 / 河再觀 / 金履良 / 孫宗哲 / 孫鳳儀 / 崔華宅 / 羅弘祚 / 金宅裕 이 있다. 또한 『선생사상부의록』에는 형방 담당인물과 담당년도가 다음과 같이 나타나고 있다. 金生麗 / 金德呂 子宅熙 宅裕 孫覆良 曾孫漢機 / 孫慶來 癸丑 子後殷 孫濟福 曾孫馨胃 / 李恒春 / 梁德五 己未 / 曹命德 子景達 景窩景益 孫義振 / 梁德厚 子建熙 / 黃應濂 / 崔致勣 子啓遠 / 金致權 子得麗 / 崔致竟 子啓弘啓祐 孫麟宅 / 鄭德東 / 安鎭宅 子佑民 孫北圭 大圭 麟圭 / 李彦喆 癸酉 / 崔啓祥 甲戌 子揆宅 / 李尙彦 / 鄭楚新 乙亥 子健夏武夏孫啓珍 / 鄭楚明 乙亥 子蘊三 / 孫後殷 丙子 子濟福 / 孫馨胃 / 鄭楚彦 丙子 子匡夏鍾夏碩夏 孫啓俊大采 / 曹命允 / 金得麗 / 崔啓良 庚辰 子華宅 安宅 鎬宅 / 孫命旭 己卯 / 崔鎭恒 辛巳 / 崔啓弘 壬午 孫命湜 / 崔啓祐 甲申 / 孫命佑 甲申 / 高快三 甲申 子應台 子應翼 孫尙孝 啓孝 丙寅 / 曹景達 甲申 / 吳尙權 丙戌 / 昇楚星 丁亥 / 南八億 戊子 / 金得鍊 戊子 / 河聖良 庚寅 / 崔揆宅 戊子 / 孫命福 / 朴衍源 / 金宅熙 子覆良 / 梁聖翼 己丑 子有行 甲寅 孫錫魯 戊戌 曾孫軫永 甲寅 / 金光鎰 庚寅 / 鄭蘊三 戊子 / 曹景窩 庚寅 / 孫喆俊 癸巳 子羽彪 / 崔擎圓 癸巳 子仁默 / 李東培 癸巳 / 安佑民 庚寅 / 梁建熙 乙未 / 金仁厚 / 羅達明 丙申 / 尹得夏 丁酉 / 趙永旭 丁酉 / 河有權 丁酉 / 孫宗喆 丁酉 / 金覆良 己亥 / 孫濟福 己亥 子馨胃 / 崔華宅 庚子 / 吳處祿 庚子 / 羅命忱 庚子 / 金宅裕 庚子 / 高應台 癸卯 / 鄭健夏 壬寅 子啓珍 / 李思安 乙巳 / 孫福嚴 乙巳 / 曹景鐸 甲辰 / 曹景益 丙午 / 羅漢樞 丙午 / 曹琡振 丙午 / 河聖獜 戊申 / 徐聖佑 戊申 / 高應奎 戊申 子啓孝 丙寅 / 李思宅 戊申 / 金千直 己酉 / 曹孝直 己酉 / 崔器宅 庚戌 / 孫福崙 / 金準鎰 辛亥 / 孫得謨 庚戌 / 崔啓遠 辛亥 / 孫得悅 辛亥 乙卯 / 奇有民 壬子 / 鄭匡夏 壬子 子啓俊 大采 / 鄭武夏 壬子 / 張壽聃 壬子 子齊燁 / 金宗希 癸丑 / 鄭達湨 壬寅 / 陳濟文 甲寅 / 金敬祚 甲寅 / 羅永億 / 鄭鍾夏 乙卯 / 崔仁默 / 金光益 / 崔安宅 甲寅 / 梁有行 甲寅 / 安北圭 戊午 / 羅贊文 戊午 / 吳民基 丁巳 改名在楠 / 鄭碩夏 己未 / 曹龜振 己未 / 鄭保安 己未 / 孫膺烈 壬戌 / 李景立 子尙敦 甲午 / 羅元樞 / 羅仁樞 癸亥 孫致坤 己亥 / 張天心 / 朴良禧 癸亥 / 河大昆 / 高應翼 / 曹孝采 癸丑 / 吳一弘 甲子 / 金器一 甲子 / 吳千玉 乙丑 / 安大圭 乙丑 / 孫尙孝 丙寅 / 高啓孝 / 吳民宅 丙寅 / 吳漢圭 改名匡斗 丁卯 / 崔鎬宅 丁卯

업무 외에도 형방은 各面에 都譏察將·幕將 등을 통해 경찰·치안을 관장하고 있었기 때문에 그 임무와 역할의 비중이 증대되고 있었다. 따라서 업무량과 인적 구성원의 증가에 따라 刑廳·秋聽 등으로 일컬어지는 독자적인 청사를 운영하기도 하였다.[107] 나주에도 秋聽이 있었던 것으로 기록되어 있다.[108] 또한 나주에는 『刑房契案』이 별도로 작성되어 전하고 있어 다른 직임과 다르게 별도의 조직으로 중요시되고 있었음을 알 수 있다.[109]

이 밖에 『각방장선생안』과 『선생사상부의록』에 나타나는 禮房, 兵房, 工房 담당인물과 담당연도는 다음과 같다.

우선 『각방장선생안』을 살펴보면 다음과 같다.

禮房 담당인물로 金生麗 / 李遇松 / 吳思德 / 金就九 / 孫慶來 / 孫培昌 / 盧敏彦 / 崔致勣 / 吳致源 / 曹?德 / 羅就福 / 李德松 / 曹啓采 / 安鎭宅 / 曹胤弼 / 金致泓 / 李常培 / 梁宅殷 / 梁德厚 / 吳思義 / 李?春 / 金時敏 / 朴文宇 / 孫永百 / 吳得海 / 孫命佑 / 曹潤采 / 李陽采 / 李東采 / 昇楚星 / 林德運 / 金彦得

/ 崔啓沃 丙寅 / 吳錫熙 己巳 / 金文翰 己巳 / 金覆權 / 孫膺裕 / 陳虎錫 戊午 / 孫勉祖 / 崔鎭旭 甲午 / 吳泰燮 甲午 / 張在燁 丁酉 / 金學榮 癸巳 / 金光旭 戊戌 / 孫致默 甲午 / 孫秉純 乙未 / 朴相曦 乙未 / 孫基純 甲申 / 李尙敦 甲午 / 高在旭 癸巳 / 金漢旭 甲午 / 奇有弘 辛未 / 昇寅煥 辛未 / 金志宅 辛未 / 曹川振 己巳 / 梁浩達 癸酉 / 吳永宅 甲戌 / 孫羽彪 乙亥 / 奇孝一 丙子 / 曹弘麟 戊辰 庚午 辛未 癸酉 / 河寅浩 戊辰 丁丑 己卯 辛巳 / 曹華振 戊寅 庚辰 / 張齊燁 己卯 辛巳 壬午 甲申 / 李權範 乙未 / 朴思喆 丙申 / 李賢奎 戊子 / 鄭大采 戊子 / 鄭啓俊 辛巳 / 金漢機 庚辰 / 安仁圭 辛巳 / 崔明湜 己卯 / 羅吉杓 辛巳 / 崔斗桓 癸未 / 曹應琮 / 羅致坤 己亥 壬寅 癸卯 丁未 乙酉

107) 배기헌, 앞의 논문, 1995, 59면.

108) 『羅州郡誌』 公廨條.

109) 『刑房稧案』 座目에는 다음과 같은 인물이 기재되어 있다. 金迬星 / 崔啓祐 / 吳尙權 / 梁建翼 / 南八億 / 孫喆俊 / 孫宗喆 / 孫濟福 / 金文傑 / 河有黃 / 鄭健夏 / 崔華宅 / 孫膺福 / 曹琡振 / 李思安 / 河聖一 / 高應奎 / 徐聖祐 / 李思宗 / 崔Q老 / 羅厚臣 / 孫得謨 / 孫得悅 / 鄭武夏 / 張壽耼 / 奇有民 / 鄭迬夏 / 崔啓華 / 梁啓行 / 羅璣樞 / 金景祚 / 鄭觀夏 / 崔仁默 / 吳民基 / 金光益 / 羅纘文 / 安北圭 / 鄭章夏 / 鄭保安 / 陳厚錫 / 金宗熈 / 崔麟老 / 曹孝采 / 崔相宅 / 高應翼 / 李景立 / 孫膺悅 / 孫馨胄 / 羅元樞 / 羅寅樞 / 朴良禧 / 張天心 / 河大鵾 / 金哭一 / 吳一弘 / 崔啓沃 / 孫膺裕 / 吳光烈 / 吳民宅 / 高尙孝 / 高啓孝 / 吳天玉 / 崔鎬宅 / 曹景澤 / 安獻圭 / 金文翰 / 金履權 / /追入 曹景益 / 吳相熈 / 盧德臣 / 金時宅 / 昇寅煥 / 奇有章

/ 鄭楚彦 / 吳彦孝 / 羅命織 / 孫喆俊 / 梁聖翼 / 羅弘祚 / 昇鎭奎 등이 기재되어 있다.

兵房 담당인물은 李遇松 / 金就九 / 李逢春 / 孫慶來 / 金致權 / 徐漢直 / 盧敏彦 / 崔致勳 / 曹?德(광덕?) / 李德松 / 金成甲 / 曹啓采 / 羅處新 / 梁宅孝 / 朴文宇 / 孫鳳延 / 林衆宅 / 李逢春 / 金仁厚 / 羅宗柱 / 曹時憲 / 安宇洪 / 盧永采 / 李常培 / 崔啓佑 / 李恒春 / 盧永運 / 吳得海 / 金光逢 / 曹逢順 / 李彦弼 / 李彦采 / 李東燁 / 梁逢煥 / 吳泰元 / 羅命織 / 梁逢凞(?) / 金彦得 / 崔( )元 / 徐聖吉 / 李陽采 / 崔致極 / 徐孟玉 / 朴以源〔伯源〕 孫後榮 / 羅弘祚 / 崔鎭華 / 孫處敏 등이 나타난다.

內工房으로 金就九 / 曹後臣 / 崔致章 / 曹逢松 孫啓運 / 曹昌儀 / 鄭胤成 / 安鎭宅 / 鄭楚新 / 高萬九 / 曹啓采 / 金宅熙 / 安宇洪 / 昇楚成 / 崔成采 / 崔啓良 / 吳泰元 / 曹景達 / 羅處祥 / 孫命權 / 李陽采 / 梁逢休 / 羅弘晉 / 曹運復 / 羅宗憲 / 崔啓祥 / 朴衍源 / 孫宗喆 / 朴以源 등이 보인다.

『선생사상부의록』에는 예방 담당인물과 담당년도로 金生麗 / 李遇松 / 吳思德 / 金就九 / 孫慶來 甲寅 / 孫培昌 / 盧敏彦 丙寅 / 崔致勳 己巳 / 吳致源 丁亥 子重權 / 曹建德 己卯 / 羅就福 辛未 / 李德松 壬申 / 曹啓采 / 安鎭宅 孫北圭丁卯 / 曹胤弼 壬午 / 金致泓 戊子 / 李常培 庚辰己丑壬辰 / 梁宅殷 / 梁德厚 / 吳思義 丙子 / 李建春 丁亥 / 金光鎰 戊子 / 朴文宇 己丑 / 孫永百 庚寅 / 吳得海 庚寅 / 孫命佑 庚寅 / 曹潤采 / 李陽采 辛卯 / 李東采 壬辰 / 昇楚星 庚寅 / 林德運 壬辰 癸巳 / 金彦得 壬辰 癸巳 己亥 丙申 / 鄭楚彦 丁酉 / 吳尙權 戊戌 壬寅 / 羅命織 庚子 / 孫喆俊 庚子 / 高快三 己亥 子應台 戊申 應奎己未 / 梁聖翼 辛丑 / 羅命忱 辛丑 / 金得鎭 甲辰 / 羅宗燁 甲辰 癸丑 / 梁建熙 乙巳 / 金宅潤 乙巳 庚戌 / 孫翼彪 丙午 / 鄭健夏 丙午 / 曹運澤 丙午 辛酉 己巳 / 金千直 丁未 / 吳重權 己酉壬子戊午辛酉乙丑 / 梁建烈 己酉 庚戌 壬子 戊午 / 高應台 戊申 / 高應奎 戊申 己未 / 梁致煥 辛亥 / 孫膺福 / 吳慶祿 癸丑 / 林萬夏 癸丑 乙卯 丙辰丁巳 / 朴伯源 癸丑 乙卯 / 金光民 丙辰 / 朴處賢 丙辰 / 朴敏瑞 丁巳 庚申 甲子 丙寅 戊辰 丁丑 庚辰 / 朴

道天 己未 / 鄭甲夏 庚申 癸亥 / 鄭茂夏 壬戌 / 金斗鎰 / 陳虎錫 癸亥 / 徐聖斗 甲子 / 崔啓沃 乙丑 丁卯 甲戌半年 / 安北圭 丁卯 / 李世國 丙寅 / 羅時樞 戊辰 / 羅傑宇 己巳 / 金覆九 辛未 / 吳一弘 辛未 / 盧德臣 戊寅 / 曹秉武 壬申 / 金景祚 癸酉 / 金致龜 癸酉 / 孫得宗 甲戌 / 孫晏彪 己卯 丙戌 / 孫燸彪 甲申 / 河之淵 乙亥 / 河世潤 丙子 / 鄭殷夏 丙子 / 孫勉祖 丁丑 / 曹禧春 己卯 / 曹在河 庚辰 辛巳 / 金文佑 壬午 / 朴琪默 壬午 / 吳在郁 癸未 / 金之秋 癸未 / 羅龍彬 甲申 / 孫光洽 乙酉 / 鄭啓式 乙酉 / 梁周行 丙戌 / 高應翊 丁亥 / 河仲浩 丁亥 / 昇龜煥 己丑 / 孫燸彪 庚寅 癸巳 / 吳永宅 / 孫憲彪 辛卯 / 金鎭厚 辛卯 / 金志宅 壬辰 / 梁俊松 / 李思松 甲午 / 曹昌植 甲午 / 曹應漢 乙未 / 羅相楫 乙未 / 孫尙學 丙申 / 金址旭 丙申 / 金學基 丁酉 / 孫致默 丁酉 / 鄭光輝 戊戌 / 曹澤範 戊戌 / 鄭光輝 / 曹學文 己亥 / 羅致坤 甲辰 丙午 戊申 / 孫性彦 辛未 / 孫有珍 辛未 등이 나타나고 있다.

兵房 담당인물과 담당년도는 李遇松 / 金就九 / 李逢春 / 孫慶來 戊午 子後榮己亥辛丑 / 金致權 / 徐漢直 / 盧敏彦 丁卯 / 崔致勳 庚申 子啓遠 辛亥 / 曹建德 壬戌 / 李德松 辛未 / 金成甲 / 曹啓采 / 羅處新 / 梁德孝 戊子 / 朴文宇 戊寅 / 孫永百 / 林德運 / 李建春 壬午甲申 / 金仁厚 / 羅就福 丁丑 / 羅宗柱 / 曹時憲 戊辰 子運澤癸卯 / 安宇洪 / 盧永采 己卯 子遇慶己亥 / 李常培 辛卯 / 崔啓佑 乙酉 / 李恒春 / 盧永運 丁亥 / 吳致源 戊子 / 金光鎰 丁亥 / 曹建順 己丑 / 李彦弼 庚寅 / 李彦采 庚寅 子思宅乙巳 / 梁建煥 壬辰 / 吳泰元 / 羅命織 / 金彦得 甲午 壬子 癸丑 / 崔擎圓 乙未 丙申 / 徐聖吉 丙申 / 李陽采 丙申 / 崔致極 丁酉 / 徐孟玉 戊戌 / 朴百源 己亥 / 孫後榮 己亥 辛丑 / 羅命忱 庚子 / 崔卿華 庚子 / 孫處敏 辛丑 癸卯 子膺聖 辛未/金光默 壬寅 辛酉 丙寅 / 曹運澤 癸卯 / 鄭甲夏 甲辰 / 孫三儀 壬寅 / 李弘燁 甲辰 庚戌 己未 / 李良晋 乙巳 / 李思安 / 孫福崙 壬寅 / 金宅中 / 吳相燸 戊午 子民宅 丁卯 / 金命儉 丁未 / 林萬夏 戊申 / 徐聖佑 戊午 / 河聖獜 己酉 甲寅 / 孫得宗 丙辰 丁巳 / 李東培 己酉 / 孫得喆 庚戌 / 金千直 庚戌 / 崔啓遠 辛亥 / 河世允 辛亥 / 吳載星 壬子 / 金厚鉉 癸丑 / 羅宗燁 戊申 / 金千旭 癸丑 / 朴道采 甲

寅 / 金義祚 乙卯 丙辰 / 金覆祚 丁巳 癸亥 / 朴民瑞 己未 / 陳希錫 戊午 / 安北圭 庚申 / 奇有弘 辛酉 甲戌 / 梁達淵 壬戌 癸亥 / 安聖楷 甲子 / 安大圭 乙丑 / 吳民宅 丁卯 / 李尙殷 戊辰 / 孫有獜 戊辰 / 河富一 庚辰 / 曹鳳或 己巳 / 孫應裕 庚午 辛未 / 金文漢 庚午 / 金覆權 辛未 / 孫福吾 壬申 / 梁啓淳 壬申 / 朴良禧 癸酉 / 羅寅樞 癸酉 / 孫福五 甲戌 / 金覆權 甲戌 / 朴思協 乙亥 / 金致龜 乙亥 / 曹日獜 丙子 / 吳在楠 丁丑 / 孫倫彪 / 丁丑 庚辰 / 孫翰彪 戊寅 / 孫光益 戊寅 / 李基孝 己卯 / 金覆九 / 曹應琮 己卯 / 河千會 庚辰 / 朴思殷 辛巳 / 孫季彪 辛巳 / 孫赫彪 壬午 / 孫光益 壬午 / 李基孝 癸未 / 金志九 癸未 / 河聖郁 己丑 으로 나타난다.

內工房은 金就九 / 曹後臣 庚申 / 崔致章 / 曹建德 戊辰 / 李德松 庚辰 戊子 / 孫啓運 癸酉 / 曹昌儀 辛巳 / 鄭德東 / 安鎭宅 / 鄭楚新 / 高萬崙 / 曹啓采 甲申 / 金宅凞 癸未 / 安宇洪 / 昇楚星 乙酉 / 崔致淵 丙戌 / 崔啓良 丁亥 / 吳泰元 己丑 / 曹景達 庚寅 / 羅處新 辛卯 / 孫命旭 壬辰 / 李陽采 癸巳 / 梁聖翼 甲午 / 羅弘奎 乙未 / 曹運復 丙申 / 羅宗憲 丁酉 / 崔啓祥 戊戌 / 安佑民 己亥 丁未 / 朴衔源 庚子 丙午 / 朴以源 壬寅 / 孫喆俊 癸卯 / 孫宗喆 辛丑 / 徐聖國 甲辰 / 鄭初馨 乙巳 / 崔崙齊 乙巳 / 金光鎰 戊申 / 崔華宅 己酉 / 孫永祐 庚戌 / 河有黃 辛亥 壬子 / 鄭健夏 癸丑 / 金光厦 甲寅 / 李思安 乙卯 / 吳相熙 乙卯 / 金義祚 丁巳 / 孫得哲 戊午 己未 癸亥 / 孫膺一 辛酉 / 曹享勸 壬戌 / 高應奎 甲寅 / 盧德臣 甲子 / 陳虎錫 丙寅 / 崔安宅 乙丑 / 朴道純 丁卯 / 孫振彪 己巳 / 羅斗翼 庚午 / 朴東潤 辛未 壬辰 / 崔完宅 壬申 / 金吉浩 癸酉 / 吳景斗 甲戌 / 昇寅煥 乙亥 / 曹禧宗 丙子 / 安福憲 丁丑 / 張吉運 戊寅 / 昇斗煥 庚辰 / 吳一弘 辛巳 / 朴思協 壬午 / 朴思殷 癸未 / 金洛義 甲申 / 鄭謙夏 乙酉 / 曹華振 丙戌 / 朴思行 戊子 / 李行範 己丑 / 金斗鎰 庚寅 / 羅允衡 辛卯 / 李碩敦 丙申 / 金光旭 丁酉 / 張志運 戊戌 등 이다.

〈표 1〉『각방장선생안』 중 六房任 담당 성씨와 인원

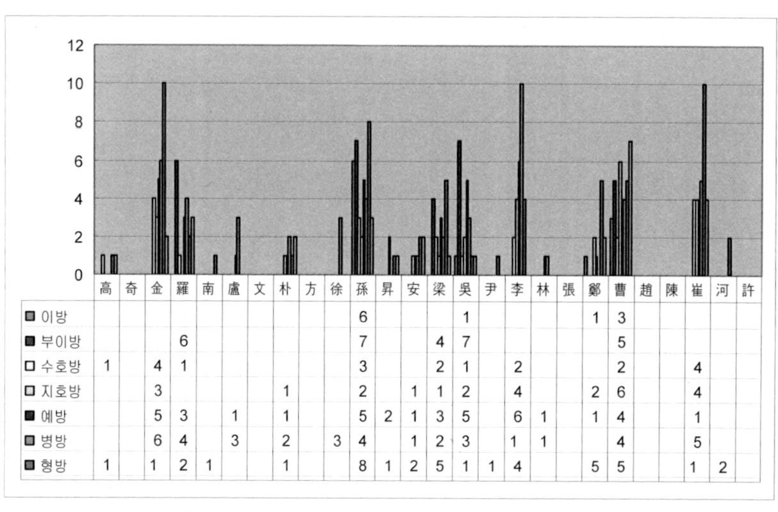

	高	奇	金	羅	南	盧	文	朴	方	徐	孫	昇	安	梁	吳	尹	李	林	張	鄭	曹	趙	陳	崔	河	許
이방											6				1					1	3					
부이방				6							7			4	7						5					
수호방	1		4	1							3			2	1		2				2			4		
지호방			3					1			2		1	1	2		4			2	6			4		
예방			5	3		1		1			5	2	1	3	5		6	1		1	4			1		
병방			6	4		3		2		3	4		1	2	3		1	1			4			5		
형방	1		1	2	1			1			8	1	2	5	1	1	4			5	5			1	2	

〈표 2〉『선생사상부의록』 중 六房任 담당 성씨와 인원

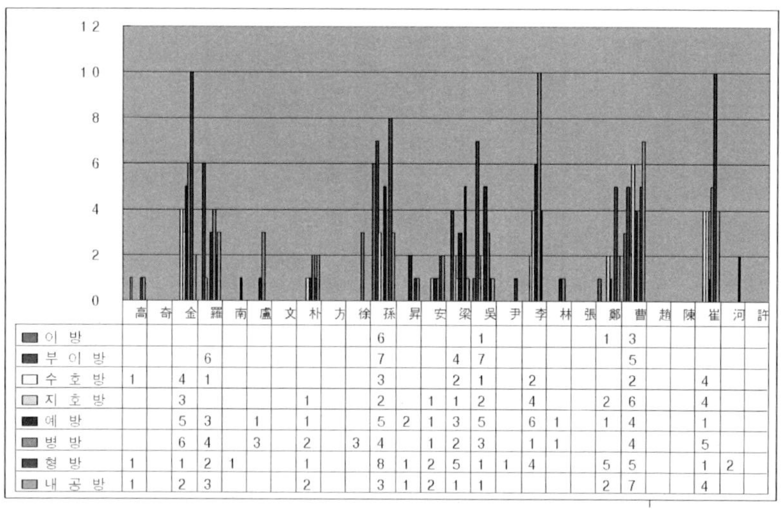

	高	奇	金	羅	南	盧	文	朴	方	徐	孫	昇	安	梁	吳	尹	李	林	張	鄭	曹	趙	陳	崔	河	許
이 방											6				1					1	3					
부 이 방				6							7			4	7						5					
수 호 방	1		4	1							3			2	1		2				2			4		
지 호 방			3					1			2		1	1	2		4			2	6			4		
예 방			5	3		1		1			5	2	1	3	5		6	1		1	4			1		
병 방			6	4		3		2		3	4		1	2	3		1	1			4			5		
형 방	1		1	2	1			1			8	1	2	5	1	1	4			5	5			1	2	
내 공 방	1		2	3				2			3	1	2	1	1					2	7			4		

3. 朝鮮後期 羅州의 色吏層

戶長과 六房任을 제외한 나머지 모든 현직의 이서들을 기타 色吏라고 할 수 있다. 색리란 '擔當 吏胥'란 뜻이다. 그러나 '기타 색리'는 하나의 동질적인 범주라기보다는 편의상의 명칭에 불과한 것이며, 그 안에 다양한 성격·위계의 색리들을 포함하고 있다. 기타 색리에는 다양한 부류가 존재하지만, 각 읍에 구체적으로 어떤 종류의 기타 색리가 존재했는가는 그 읍의 사정에 따라 달랐다. 그러므로 지방이서집단의 운영 실태를 살펴보기 위해서는 특정지역에 대한 정밀한 사례연구가 필요하다.[110]

조선 후기 收取體制의 개편, 軍役制度의 개혁을 비롯한 諸般 제도의 개혁과 吏額의 점진적인 증가는 各 郡縣의 作廳組織에 변화를 가져왔다. 이러한 변화의 외적 요인인 제도의 개혁에 따라 作廳에는 각종의 새로운 色任이 마련되었고, 내적 요인인 吏額增加는 새로운 職任의 增加를 요구하였다. 따라서 조선 후기에는 시기와 지역에 따른 차이는 있으나 色任의 증가는 보편적인 현상이었다.

색리임은 기본적으로 六房의 職任으로부터 職務의 분화에 따라 설치된 것이다. 조선 전기에 이미 房·色체계가 운용됨에 따라 적어도 歲抄色·田稅色·作木色·軍器色·差役色 등의 직임은 있은 듯하고[111] 조선 후기 사회·경제적 변화와 더불어 더욱 늘어났다.

조선 후기 증가를 보이고 있는 색임의 특징은 첫째는 도서원을 비롯한 각 면의 서원이 이직화되는 현상을 들 수 있다. 둘째는 조선 후기 환곡의 취모보용이 확대됨에 따른 환곡의 부세화 및 관청고리대화와 관련한 각종의 창색·고색이 증가한 점이다. 셋째는 대동법과 균역법의 실시 등 제도개혁에 따른 색임직의 증가이다. 넷째는 기타 지방재정과 관련하여 신설된 색임직 등이 있어 이직 자

110) 김필동, 앞의 책, 1999, 199~212면.
111) 김현영, 「17세기 안동지방의 惡籍, 「人吏官屬記過」에 대하여」, 『고문서연구』1, 1991 참조.

체의 증가와 아울러 작청의 조직규모가 확대되어 갔다는 것이다.[112)]

都書員과 各面書員은 본래 吏職이 아니었으나 각 군현의 이액증가와 더불어 吏職化한 色任이었다.[113)] 조선 후기 군현에서의 전결세의 징수는 작부제에 의하여 운영되었는데, 조선 후기 각종 부세의 토지에로의 집중 경향과 더불어 이직으로 편입된 것이 도서원과 각 면서원이었다. 우선 각 면서원의 임무는 각 면의 結摠과 作夫文書를 주관하였고, 도서원은 각 면에서 수합된 결부와 당해연도 전결세의 상납을 총괄하는 것이 주요 임무였다. 군현행정에서 田結稅의 上納은 중요한 업무 중의 하나였고, 특히 英祖 36년(1760) 비총제의 실시라든가, 19세기에 접어들면서 賦稅의 都結化가 전개되면서 전결세의 수세 전 과정을 관장하는 都書員은 吏職 중에서도 要任으로 간주되었다. 도서원과 면서원은 종래의 六房・色任체계에 들어 있지 않아 假吏職으로서의 성격이 짙었다. 그러나 都書員을 19세기에는 都吏라고[114)] 일컬어지면 要任으로 인식되었다. 각 면서원은 房・色任들이 兼任하는 사례를 흔히 볼 수 있지만 假吏職으로서의 성격은 상대적으로 도서원보다 컸다고 생각된다. 이는 직임수행에 따른 보상으로서의 일정한 보수가 없는 아전들이 특정 지역의 書員을 맡아 任賴〔보수〕를 대신한 것으로 이해된다.[115)]

都書員은 都吏라고도 하며 首吏와 병칭되는 경우가 많아지는 등 점차 중요한 직임이 되어 갔다. 부세제도 운영에서 차지하는 몫이 커졌기 때문이다. 특히 面書員은 假吏的 성격의 이서로 충원되는 것이 일반적이었으나, 都書員은 요직의 하나로 鄕吏的 성격의 이서로만 충원되었다. 이들은 田結에 세를 부과하고 징수하는 권한인 이른바 '田權'을 잡고 있었고 면내의 사정을 잘 알고 있었기 때문에 힘을 쓸 수 있었다.[116)] 특히 都結의 실시는 이들의 위상을 결정적으로 높여주는 계기가 되었다.[117)] 나주에서 도서원을

112) 배기헌, 앞의 논문, 1995, 61면.
113)『經世遺表』卷7, 地官修制, 田制7, '考給租者 南方之巨煐也 所謂書員 本非吏窠'
114)『牧民心書』卷4,「戶典六條」稅法 上, "災冊畢到 官召首吏都吏(都書員)"
115) 배기헌, 앞의 논문, 1995, 61면.
116)『譯註 牧民心書』Ⅲ,「戶典」「穀簿」상, 30면.

담당했던 성씨는 崔·金·李·安·鄭·曹·張·河·朴·高 등 10개이다.[118] 하지만 이들 중 전통적 鄕吏라고 할 수 있는 성씨는 曹씨와 鄭씨 뿐이다.[119] 다시 말해 나주에서는 전통적 향리가 아닌 假吏的 성격의 성씨들이 도서원을 담당하고 있었던 것이다.

또한 나주의 경우 『선생사상부의록』를 살펴보면 가장 많은 賻儀를 내는 향역이 各倉色[120], 도서원, 호장, 이방, 식년호적색 등의 순이라는 것이다.

---

117) 고석규, 앞의 책, 1998, 148면.

118) 『각방장선생안』에 나타나는 都書員으로는 金生麗 / 金德呂 / 金致權 / 曹允德 / 李恒春 / 崔致勣 / 崔致章 / 崔啓祥 / 李彦喆 / 崔啓良 / 曹景彦 / 崔啓弘 / 崔啓枯 / 金得麗 / 曹景達 / 金宅煕 / 安聖權 이 있다. 『선생사상부의록』에는 金生麗 癸丑 / 金德呂 己未 / 金致權 癸亥 / 曹命德 乙丑 辛巳 乙酉 / 李恒春 戊寅 / 崔致勣 己卯 / 崔致章 壬午 / 崔啓祥 庚辰 丁亥 戊子 庚寅 己亥 / 李彦喆 癸未 / 崔啓良 甲申 壬辰 壬寅 戊申 / 曹景殷 乙酉 / 崔啓弘 丙戌 壬子 / 崔啓祐 己丑 / 金得麗 辛卯 甲午 / 曹景達 癸巳 / 金宅煕 乙未 / 鄭蘊三 丙申 庚子 癸卯 丁未 / 安佑民 丁酉 / 鄭初馨 癸卯 子匡夏 謙夏 / 崔華宅 甲辰 丙午 甲寅 / 金覆良 己酉 / 李思安 辛亥 戊午 庚申 丁卯 / 河聖良 戊戌 蹄馬禮不行 / 李思宗 癸丑 丙辰 / 李彦采 癸丑 / 鄭健夏 乙卯 / 李景曄 乙巳 / 崔仁默 丁巳 癸亥 己巳 壬申 / 鄭匡夏 己未 辛未 / 崔其老 辛酉 乙丑 庚午 蹄馬禮不行 / 高應奎 壬戌 / 張壽聃 甲子 蹄馬禮不行 壬辰行 / 崔啓安 丙寅 / 曹祐宅 戊辰 / 崔安宅 癸酉 乙亥 / 鄭謙夏 甲戌 / 崔宗華 丙子 壬午 / 安珪憲 丁丑 / 鄭啓瑞 戊寅 / 張齊燁 庚辰 蹄馬禮不行 壬辰行 甲午 / 河之潤 己卯 蹄馬禮不行 / 李行範 壬午 癸未 丙戌 癸巳 / 崔鎬宅 辛巳 乙酉 辛卯 / 金明灝 戊子 / 金明勳 庚辰 / 金光旭 壬辰 蹄馬禮不行 / 金漢機 乙未 / 朴斗享 丙申 / 李鼎範 丁酉 / 李采奎 戊戌 이 등재되어 있다.

119) 박진철, 「한말 나주읍 향리사회의 지속성과 변화」, 『대동문화연구』 제51집, 2005, 243~245면.

120) 나주에서 各倉色을 담당했던 인물과 담당년도는 다음과 같다. 우선 『각방장선생안』에는 金生麗 / 孫仁宅 / 曺時憲 / 黃應濂 / 李遇松 / 吳思德 / 曹後臣 / 金就九 / 李宜春 / 李逢春 / 金德呂 / 梁宅殷 / 李恒春 / 孫慶來 / 孫培昌 / 金致權 / 梁宅厚 / 曹允德 / 徐漢直 / 崔致章 / 盧敏彦 / 崔致勣 / 曹逢德 / 金尙璉 / 羅福采 / 李德松 / 崔宗裕 / 鄭時復 / 鄭胤成 / 安鎭宅 / 金成甲 / 鄭楚新 / 高萬允 / 金宅煕 / 鄭楚明 / 孫鳳近 / 林象宅 / 李東采 / 崔成采 / 李尙彦 / 金致泓 / 吳泰允 / 金得麗 / 李東燁 / 崔啓良 / 吳景源 / 李常培 / 羅鳳璘 / 曹允采 / 昇楚星 / 安宇洪 / 崔啓祥 / 羅處祥 / 梁逢煥 / 李彦喆 / 孫命佑 / 曹胤弼 / 金仁厚 / 盧永采 / 吳泰元 / 曹命允 / 羅宗柱 / 吳少岩 / 方宇采 / 李陽采 / 曹景達 / 鄭蘊三 / 崔鎭恒 / 盧東璘 / 曹景殷 / 金漢默 / 曹運復 / 羅命佴 / 河聖良 / 羅宗憲 / 梁逢煥 / 李彦采 / 金光厚(?) / 鄭初彦 / 金尙璉 / 曹逢順 / 孫永枯 / 金彦得 / 羅弘祚 / 朴伯元 / 高孟三 / 梁逢煕 / 趙永旭 / 朴雲得 / 李東榮 / 孫處敏 / 崔揆宅 / 孫宗喆 / 金宅潤 / 奇有宗 이 등재되어 있다. 『선생사상

부의록』에는 金生麗 / 孫仁宅 / 曹時憲 / 黃應濂 / 李遇松 辛未 / 吳思德 丁卯 / 曹後臣 己巳 / 金就九 / 李宜春 / 李逢春 / 金德呂 / 梁德五 癸亥 / 李恒春 / 孫慶來 辛酉 / 孫培昌 / 金致權 / 梁德厚 / 曹命德 丁卯 / 徐漢直 丁卯 / 崔致章 丁卯 / 盧敏彦 辛未 / 崔致勣 乙丑 / 曹建德 乙亥 / 金尙璉 庚辰 / 羅福采 / 李德松 丁卯 / 崔宗裕 / 鄭時復 辛未 / 鄭德東 乙亥 / 安鎭宅 庚午 / 金成甲 / 鄭楚新 / 高萬崙 / 金宅熈 己卯 / 鄭楚明 / 孫永百 孫光宅 / 林德運 / 李東采 / 崔致淵 / 李尙彦 辛巳 / 金致泓 / 吳泰元 / 金得麗 / 李東燁 庚辰 / 崔啓良 壬午 / 吳相臣 / 李常培 丙子 甲申 癸巳 / 羅就復 / 曹潤采 / 昇楚星 壬午 / 安宇洪 / 崔啓祥 乙酉 / 羅處祥 乙酉 / 梁建煥 丙戌 / 李彦喆 丙戌 壬辰 癸巳 / 孫命佑 甲申 / 曹胤弼 丙戌 / 金仁厚 丙戌 / 盧永采 丙戌 / 曹命允 戊子 / 羅宗柱 戊子 / 吳少巖 戊子 / 方宇采 丁亥 / 李陽采 己丑 / 曹景達 戊子 / 鄭蘊三 己丑 丙申 / 崔鎭恒 庚寅 / 盧東璘 / 曹景殷 / 金得鍊 / 曹運復 庚寅 壬寅 / 羅弘奎 辛卯 / 河聖良 壬辰 癸卯 / 羅宗憲 辛卯 庚寅 壬寅 戊午 / 梁建煥 壬辰 / 李彦采 壬辰 癸卯 丁未 / 金光鎰 癸巳 / 鄭楚彦 辛卯 子匡夏 觀夏 章夏 / 金尙璉 / 曹建順 癸巳 丙申 / 孫永祐 丙申 癸卯 己巳 / 金彦得 戊戌 壬寅 / 羅弘祚 丁酉 / 朴伯元 戊戌 戊申 / 高孟三 戊戌 / 梁建熈 乙未 / 趙永旭 己亥 癸卯 / 朴雲得 丁酉 / 李東根 戊戌 / 孫處敏 戊戌 / 孫處敏 己亥 子膺聖 丁卯 / 崔揆宅 己亥 / 孫宗喆 庚子 壬寅 癸亥 / 金宅潤 丁酉 癸卯 / 奇有宗 庚子 / 孫翼彪 甲午 / 鄭建夏 己亥 丁未 己酉 戊午 / 鄭殷成 乙未 / 李雲翼 癸卯 / 曹景窩 丙午 / 金光默 甲午 己巳 / 孫喆俊 辛丑 / 孫福巖 丙午 戊申 / 金千直 丙午 / 高快三 甲辰 子應奎 應翼 / 李東榮 丙午 戊申 丙寅 / 李東培 丁未 / 孫思旭 丙午 / 盧遇慶 丁未 / 曹景烈 丁未 / 吳光祿 戊申 戊午 / 曹景鐸 戊申 / 崔鎭華 乙未 / 孫濟福 己酉 / 金命儉 己酉 / 吳彦孝 戊申 戊午 癸亥 / 崔華宅 丁未 / 張壽聃 庚戌 / 崔崙齊 庚戌 甲寅 / 羅虎臣 壬寅 / 羅宗臣 辛亥 丙辰 / 金命良 壬子 乙丑 / 崔相宅 壬子 己未 / 鄭祐宅 癸丑 / 鄭武夏 辛亥 丙辰 / 梁建國 壬子 / 高應奎 癸丑 丁卯 甲戌 / 盧永權 癸丑 / 鄭匡夏 癸丑 壬申 丙子 壬午 / 徐聖佑 癸丑 / 李思安 甲寅 / 朴道純 甲寅 / 吳相熈 甲寅 / 曹琡振 乙卯 戊午 / 崔啓遠 乙卯 / 金宗鎰 甲寅 / 河有黃 丁未 己酉 甲子 / 朴道天 丙辰 / 金宗潤 丙辰 / 金佑宅 丙辰 / 梁啓行 丙辰 / 金準潤 乙卯 / 鄭甲夏 乙卯 甲子 / 崔啓弘 丁亥 / 吳應祿 庚子 / 曹衡永 甲寅 / 梁聖翼 甲申 乙巳 / 羅永億 癸丑 丙寅 / 梁達行 壬子 / 金萬鎰 乙卯 / 孫得悅 丁巳 / 金銀祿 戊午 甲子 / 李南翼 戊午 壬戌 甲子 丙寅 戊辰 己巳 / 吳重權 己未 / 曹瑞澤 己未 / 金斗鎰 庚申 甲子 庚午 / 奇有民 辛酉 / 高應老 辛酉 / 梁達漢 辛酉 / 孫得謨 庚申 / 陳虎錫 己未 庚午 / 李志儉 辛丑 丙午 丁卯 / 金百鍊 癸亥 戊辰 / 鄭觀夏 癸亥 己巳 / 金覆權 壬戌 / 李弘燁 壬子 / 羅虎臣 甲子 丙寅 / 崔啓斗 甲子 / 孫膺一 乙丑 丁卯 / 金仁墝 乙丑 / 梁達廉 乙丑 / 孫膺烈 乙丑 庚午 / 羅元樞 丙寅 甲戌 / 高應翼 丙寅 己巳 / 梁達淵 丙寅 / 金覆九 丙寅 庚辰 / 金懿奎 丁卯 / 曹澤宗 丁卯 / 金萬益 丁卯 / 孫膺裕 丁卯 / 吳益華 丁卯 / 金百淳 戊辰 / 河大騍 戊辰 癸亥 / 孫福五 戊辰 / 金之坪 戊辰 / 孫鳳甲 戊辰 / 曹洪永 己巳 甲戌 庚辰 / 梁奎漢 己巳 / 孫完彪 己巳 / 李世燁 己巳 / 羅仁樞 戊辰 / 羅時樞 庚午 / 孫相彩 庚午 庚辰 / 金賢枰 庚午 / 朴良祐 丁巳 乙丑 庚辰 / 鄭謙夏 辛未 / 朴良禧 辛未 乙亥 / 河瑞潤 辛未 / 吳在裕 辛未 / 孫得宗 辛未 癸酉 / 孫光宅 壬申 / 金志宅 壬申 / 崔鎬宅 壬

이는 나주에서는 각창색이 도서원 이상으로 실질적 이익이 많은 향역이 아니었나 추측하게 한다. 이는 부세수취의 양이 커지거나 그 사회적 의미가 커지는 변화에 따른 당연한 결과였다고 할 수 있다. 이들이 부세수취에 실질적인 권한을 행사할 수 있는 자리였기 때문이다.[121]

한편 大同法과 均役法의 실시 등 제도의 개혁에 따른 각종 색리직이 신설 운영되고 있었다. 大同法의 실시와 관련하여 大同色[122]이 설치되었고,

---

申/曹秉武 己巳/吳在楠 癸酉 庚辰/吳在郁 甲戌/曹文吉 庚辰/羅斗翼 庚辰/曹應琮 庚辰/曹河彬 庚辰/孫基福 庚辰/孫楠彪 庚辰/羅日樞 庚辰/昇龜煥 丙子/安俊憲 乙亥/崔仁默 壬戌 丁卯 甲申 丙戌 戊子 己丑/曹在河 丙子/崔容宅 辛巳/梁翊祖 辛巳/羅寅樞 辛巳/李態允 辛巳/孫南彪 辛巳 丁亥/金文佑 辛巳 癸未/昇寅煥 辛巳 癸未/吳匡斗 辛巳/李行範 辛巳/羅日樞 辛巳/昇龜煥 壬午/河寅浩 壬午/鄭匡夏 壬午/吳在楠 壬午/吳一弘 癸未/鄭謙夏 癸未/金志宅 癸未/朴思殷 癸未/徐壽容 癸未 丁亥 甲午/奇有章 癸未/奇孝一 己巳 丁亥/張齊燁 丙戌 戊子 辛卯 壬辰 丙申 戊戌/孫顔彪 甲申 丁亥/曹昌植 己丑/孫濟彪 甲戌 丙子 癸未 丙申/李尙敦 癸巳 丁酉/羅致坤 己酉/梁俊松 乙未 己亥 壬寅/李潤植 丙申 辛丑 로 기록되어 있다.

121) 박진철, 앞의 논문, 2005, 243면 참조.

122) 나주의 경우 『각방장선생안』에 나타나는 대동색 담당인물은 金生麗/孫慶來/曹允德/崔致勣/吳致源/李德松/金宅凞/林象宅/崔成采/崔啓祥/崔鎭恒/孫處仁/孫永百/李彦采/吳泰元/李東燁/李喜孫/崔啓枯/曹景喆/鄭蘊三/安永臣/河聖良/崔揆宅/朴雲得/羅達明/崔擊圓 등이다. 『선생사상부의록』에는 대동색 담당인물과 담당년도가 金生麗/孫慶來 甲子/曹命德/崔致勣 辛未/吳致源 丙子/李德松 戊寅/金宅凞 庚辰/林德運 壬午/崔致淵 癸酉/崔啓祥 甲戌/崔鎭恒 癸未/孫處仁 甲申/孫永百 乙酉/李彦采 丙戌戊子/吳泰元 丁亥/李東燁 癸巳/崔啓祐 辛卯/曹景窩 癸巳/鄭蘊三 甲午/安鎭宅 乙未/河聖良 丙申/崔揆宅 丁酉/朴衒源 戊戌/羅達臣 己亥 丁未/崔擊圓 庚子 丙辰/金覆良 辛丑/曹潤采 壬寅/李景曄 癸卯/李之儉 乙巳/金得麗 甲辰/鄭初馨 丙午 子權夏 癸酉/鄭健夏 丁未/金聖民 戊申/曹衡直 己酉/金殷祿 庚戌/金光民 辛亥/趙永禧 壬子/崔相宅 癸丑 丙寅 己巳 庚午/河有黃 甲寅/金光益 乙卯/羅弘奎 丁巳/崔啓斗 戊午/鄭茂夏 庚申/孫得哲 辛酉 乙丑/曹享權 癸亥/孫膺一 壬戌 辛巳/曹孝采/金佑宅 甲子/盧德臣 丁卯/陳虎錫 戊辰/孫振彪 辛未/羅斗翼 壬申 甲午/鄭觀夏 癸酉/崔宗華 甲戌/金之宅 乙亥/吳齊斗 丙子/昇寅煥 丁丑/曹孝采 戊寅/安福憲 己卯/張志運 庚辰/孫膺一 辛巳/昇斗煥 壬午/吳一弘 癸未/朴思協 甲申/朴思璜 乙酉/金洛義 丙戌/曹鳳元 己丑/金光旭 庚寅/李行範 辛卯 壬辰/曹錫容 癸巳/羅斗翼 甲午/朴東潤 乙未/李思松 丁酉/曹澤範 丙申/李孝國 戊戌/吳貞奭 己亥/李潤植 癸卯/孫有珍 癸酉 로 기록되어 있다.

양역변통과 관련하여 종래의 각종 私募屬이 戶曹와 各軍營의 保人으로 책정됨에 따라 이들로부터 保布·錢의 징수를 전담하는 色吏들이 늘어나게 되었다. 예를 들면 束伍軍과 牙兵의 保布를 징수하는 束伍色, 訓練院·禁衛營·御營廳 등 三軍門의 保錢을 징수상납하는 三軍色, 親軍營에 布保木을 징수상납하는 砲保色, 禁衛營의 別破保錢·資保錢을 징수하여 상납하는 禁衛色, 御營廳 소속의 降保·米保·資保錢을 징수상납하는 御營色 등등이 신설되고 각기의 직임을 담당하였다.

기타 지방재정의 운영과 관련하여 각종의 색리직이 신설 운영되고 있었는데, 그중에서도 官廚進排 즉 官衙의 朝夕支供을 위한 官廳色, 軍器汁物과 矢人保를 주관하는 軍器色, 營門의 公牒을 발송하고 담당하는 傳關色, 傳關文簿 발송에 따른 경비 마련을 담당하는 雇馬色, 지방재정의 확보와 각종 公用의 支待를 위한 民庫色 등이 있었다. 이러한 색임은 지역에 따라 위와 같은 기본적인 직임 외에도 지역의 실정에 따라 신설되었다가 폐지되기도 하였지만 사회·경제적 발전에 따른 色任의 증가는 필연적인 현상이었다.[123]

〈표 3-1〉『각방장선생안』 중 色任 담당 성씨와 인원

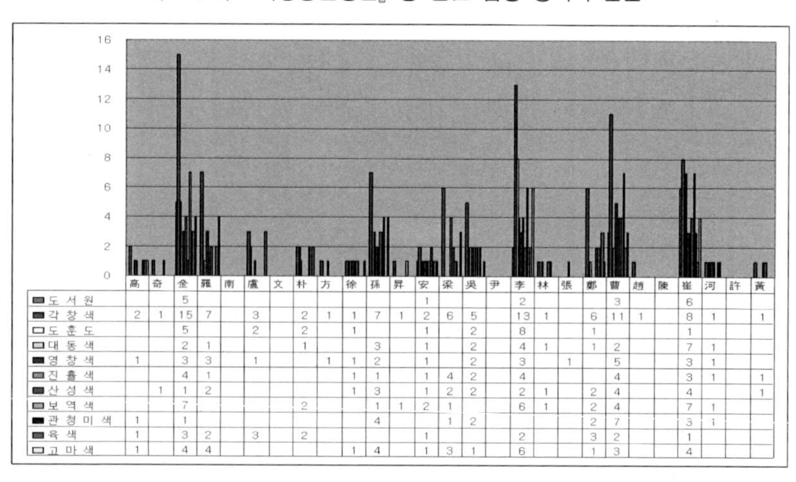

	高	奇	金	羅	南	盧	文	朴	方	徐	孫	昇	安	梁	吳	尹	李	林	張	鄭	曹	趙	陳	崔	河	許	黃
도서원			5										1				2				3			6			
각창색	2	1	15	7		3		2	1	1	7	1	2	6	5		13	1		6	11	1		8	1		1
도훈도			5			2		2		1			1		2		8			1				1			
대동색			2	1				1			3		1		2		4	1		1	2			7	1		
영창색	1		3	3		1			1	1	2		1		2		3		1		5			3	1		
진휼색			4	1						1	1		1	4	2		4				4			3	1		1
산성색		1	1	2						1	3		1	2	2		2	1		2	4			4			1
보역색			7					2			1	1	2	1			6	1		2	4			7	1		
관청미색	1		1								4			1	2					2	7			3	1		
육색	1		3	2		3		2					1				2			3	2			1			
고마색	1		4	4						1	4		1	3	1		6			1	3			4			

123) 裵基憲, 「朝鮮後期 作廳의 運營과 그 性格」, 『啓明史學』, 제6집, 1995, 62면.

〈표 3-2〉

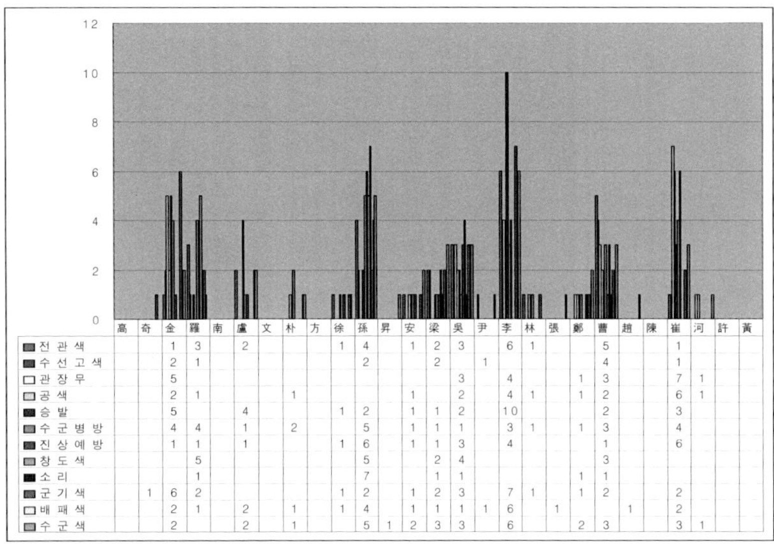

	高	奇	金	羅	南	盧	文	朴	方	徐	孫	昇	安	梁	吳	尹	李	林	張	鄭	曹	趙	陳	崔	河	許	黃
전 관 색			1	3		2				1	4		1	2	3		6	1			5			1			
수 선 고 색			2	1							2			2		1					4			1			
관 장 무			5												3		4			1	3			7	1		
공 색			2	1				1					1		2		4	1		1	2			6	1		
승 발			5			4				1	2		1	1	2		10				2			3			
수 군 병 방			4	4		1		2			5		1	1	1		3	1		1	3			4			
진 상 예 방			1	1		1				1	6		1	1	3		4				1			6			
창 도 색				5							5			2	4						3						
소 리				1							7			1	1					1	1						
군 기 색		1	6	2						1	2		1	2	3		7	1		1	2			2			
배 패 색			2	1		2		1		1	4		1	1	1	1	6		1			1		2			
수 군 색			2			2		1			5	1	2	3	3		6			2	3			3	1		

〈표 3-3〉

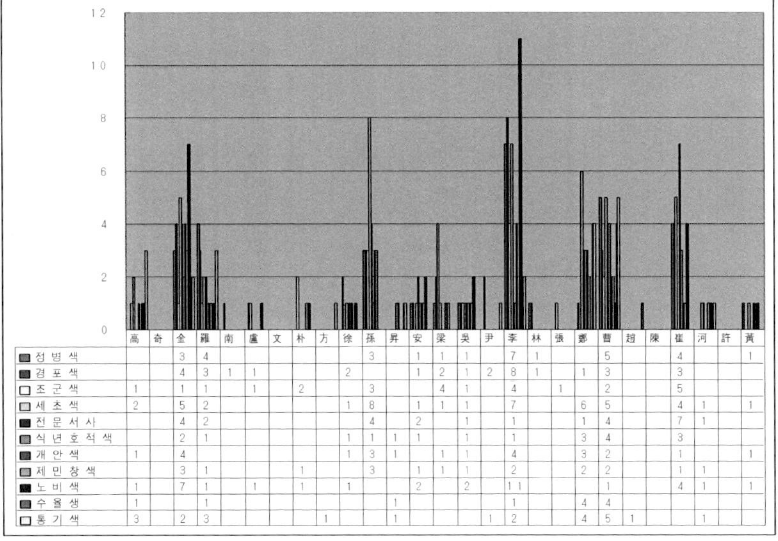

	高	奇	金	羅	南	盧	文	朴	方	徐	孫	昇	安	梁	吳	尹	李	林	張	鄭	曹	趙	陳	崔	河	許	黃
정 병 색			3	4							3		1	1	1		7	1			5			4			1
경 포 색			4	3	1	1				2			1	2	1	2	8	1		1	3			3			
조 군 색	1		1	1		1		2			3			4	1		4		1		2			5			
세 초 색	2		5	2						1	8		1	1	1		7			6	5			4	1		1
전 문 서 사			4	2							4		2		1		1			1	4			7	1		
식 년 호 적 색			2	1						1	1	1	1		1		1			3	4			3			
개 안 색	1		4							1	3	1		1	1		4			3	2			1			1
제 민 창 색			3	1				1			3		1	1	1		2			2	2			1	1		
노 비 색	1		7	1		1		1		1			2		2		11				1			4	1		1
수 용 생	1			1								1					1			4	4						
통 기 색	3		2	3					1			1				1	2			4	5	1			1		

〈표 3-4〉

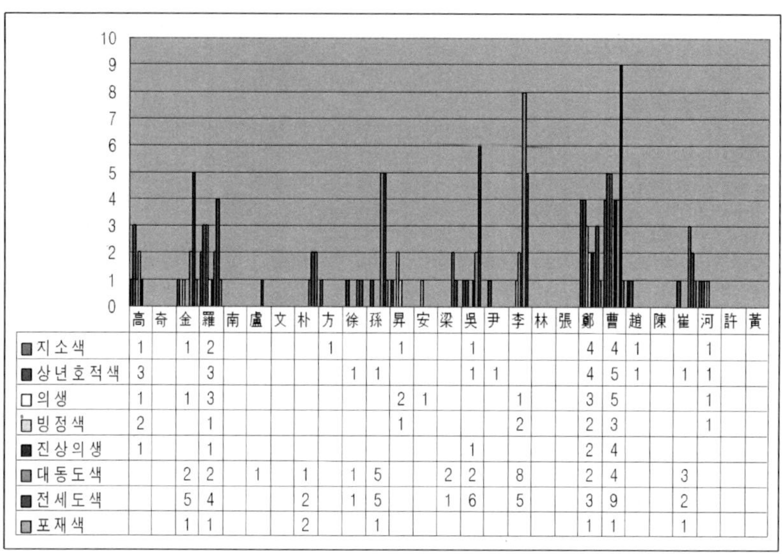

	高	奇	金	羅	南	盧	文	朴	方	徐	孫	昇	安	梁	吳	尹	李	林	張	鄭	曹	趙	陳	崔	河	許	黃
지소색	1		1	2					1			1			1					4	4	1			1		
상년호적색	3			3						1	1				1	1				4	5	1		1	1		
의생	1		1	3								2	1				1			3	5				1		
빙정색	2			1								1					2			2	3				1		
진상의생	1			1											1					2	4						
대동도색			2	2		1		1		1	5			2	2		8			2	4			3			
전세도색			5	4				2		1	5			1	6		5			3	9			2			
포재색			1	1				2			1									1	1			1			

〈표 4-1〉『선생사상부의록』 중 色任 담당 성씨와 인원

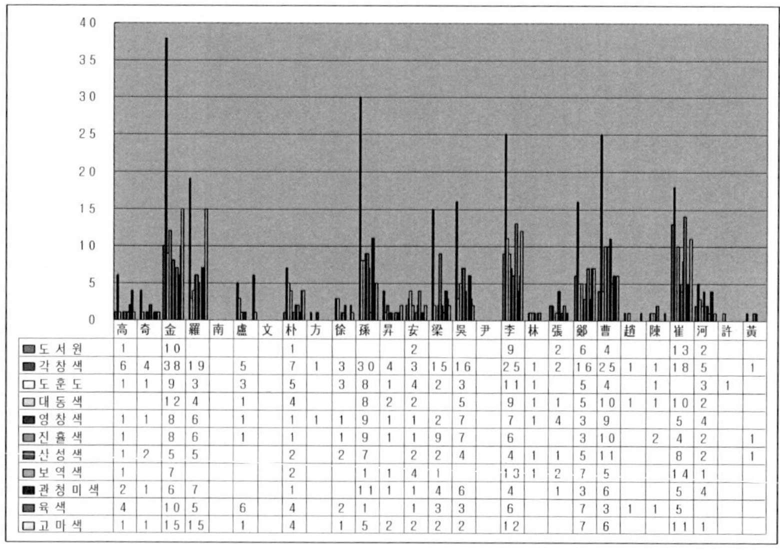

	高	奇	金	羅	南	盧	文	朴	方	徐	孫	昇	安	梁	吳	尹	李	林	張	鄭	曹	趙	陳	崔	河	許	黃
도서원	1		10					1					2				9		2	6	4			13	2		
각창색	6	4	38	19		5		7	1	3	30	4	3	15	16		25	1	2	16	25	1	1	18	5		1
도훈도	1	1	9	3		3		5		3	8	1	4	2	3		11	1		5	4		1		3	1	
대동색			12	4		1		4			8	2	2		5		9	1	1	5	10	1	1	10	2		
영창색	1	1	8	6		1		1	1	1	9	1	1	2	7		7	1	4	3	9			5	4		
진휼색	1		8	6		1		1		1	9	1	1	9	7		6			3	10		2	4	2		1
산성색	1	2	5	5				2		2	7		2	2	4		4	1	1	5	11			8	2		1
보역색	1		7					2			1	1	4	1			13	1	2	7	5			14	1		
관청미색	2	1	6	7				1			11	1	1	4	6		4		1	3	6			5	4		
육색	4		10	5		6		4		2	1		1	3	3		6			7	3	1	1	5			
고마색	1	1	15	15		1		4		1	5	2	2	2	2		12			7	6			11	1		

〈표 4-2〉

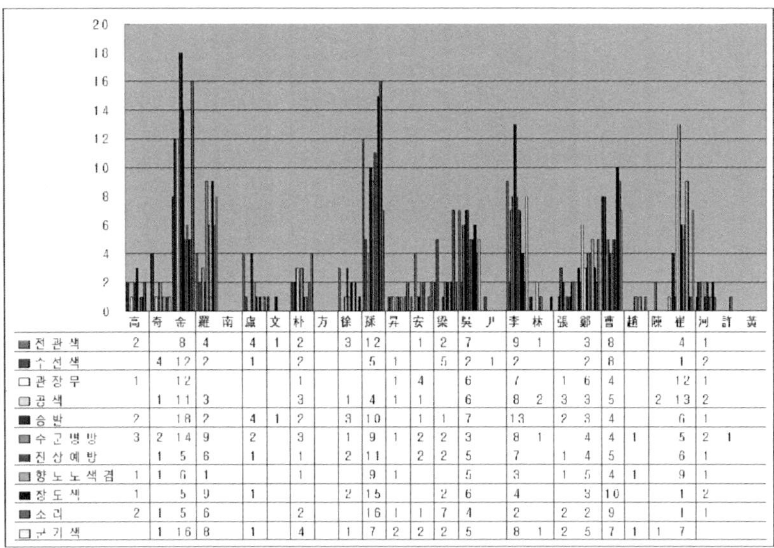

	高	奇	金	羅	南	盧	文	朴	方	徐	孫	昇	安	梁	吳	尹	李	林	張	鄭	曹	趙	陳	崔	河	許	黃
전관색	2		8	4		4	1	2		3	12		1	2	7		9	1		3	8			4	1		
수선색		4	12	2		1		2			5	1		5	2	1	2			2	8			1	2		
관장무	1		12					1				1	4		6		7		1	6	4			12	1		
공색		1	11	3				3		1	4	1	1		6		8	2	3	3	5		2	13	2		
승발	2		18	2		4	1	2		3	10		1	1	7		13		2	3	4			6	1		
수군병방	3	2	14	9		2		3		1	9	1	2	2	3		8	1		4	4	1		5	2	1	
진상예방		1	5	6		1		1		2	11		2	2	5		7		1	4	5			6	1		
향노노색겸	1	1	6	1				1			9	1			5		3		1	5	4	1		9	1		
장도색	1		5	9		1				2	15			2	6		4			3	10			1	2		
소리	2	1	5	6				2			16	1	1	7	4		2		2	2	9			1	1		
구기색		1	16	8		1		4		1	7	2	2	2	5		8	1	2	5	7	1	1	7			

〈표 4-3〉

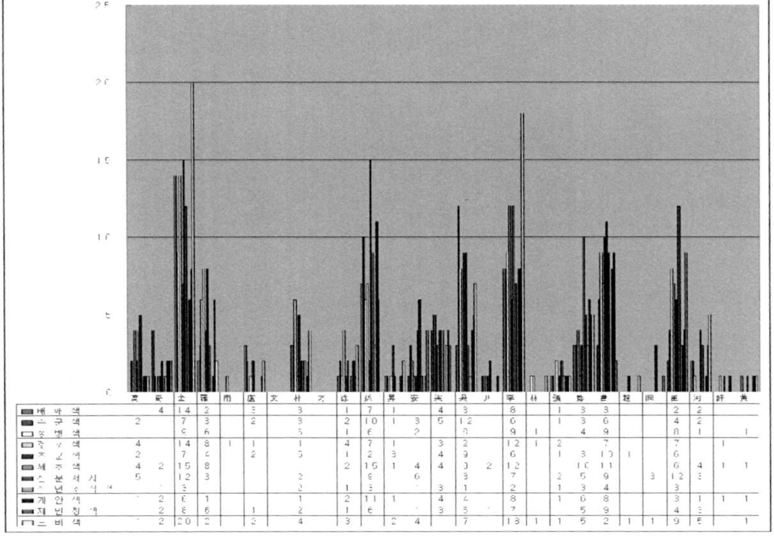

	高	奇	金	羅	南	盧	文	朴	方	徐	孫	昇	安	梁	吳	尹	李	林	張	鄭	曹	趙	陳	崔	河	許	黃
배 [illegible] 색		4	14	2		3		3		1	7	1		4	3		8		1	3	3			2	2		
[illegible] 구 색	2		7	3		2		3		2	10	1	3	5	12		6		1	3	6			4	2		
[illegible] 병 색			9	6				5		1	6		2		8		9	1		4	9			8	1		1
[illegible] 색	4		14	8	1	1		1		4	7	1		3	2		12	1	2		7			7		1	
[illegible] 색	2		7	4		2		5		1	2	3		4	9		6		1	3	10	1		6			
[illegible] 색	4	2	15	8						2	15	1	4	4	0	2	12			10	11			6	4	1	1
[illegible] 분 서 시	5		12	3				2			9		6		3		7		2	5	9		3	12	3		
[illegible]		[illegible]	3					2		1	3		[illegible]	3	1		2		1	3	4			3			
계 안 색	[illegible]	2	6	1				1		2	11	1		4	4		8		1	6	8			3	1	1	1
제 빈 청 [illegible]		2	8	6		1		2		1	6		[illegible]	3	5	[illegible]	7			5	9			4	3		
[illegible] 비 색	[illegible]	2	20	2		2		4		3		2	4		7		13	1	1	5	2	1	1	9	5		1

〈표 4-4〉

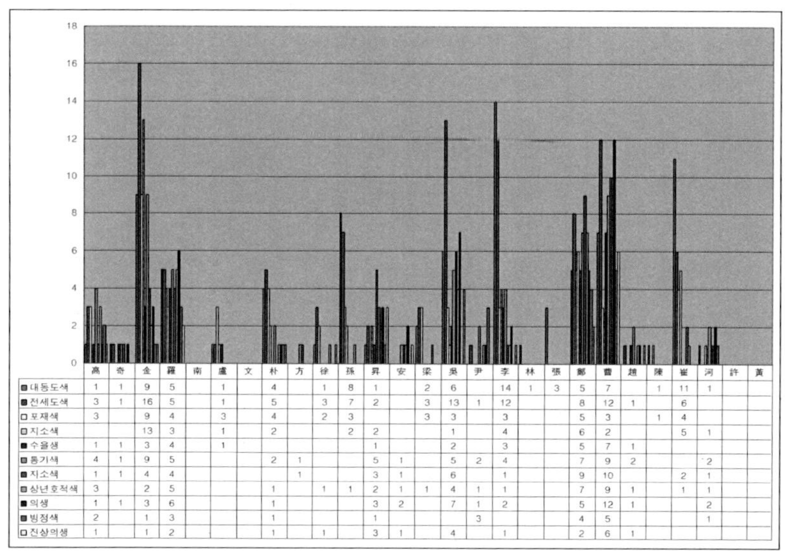

	高	奇	金	羅	南	盧	文	朴	方	徐	孫	昇	安	梁	吳	尹	李	林	張	鄭	曹	趙	陳	崔	河	許	黃
대동도색	1	1	9	5		1		4		1	8	1		2	6		14	1	3	5	7		1	11	1		
전세도색	3	1	16	5		1		5		3	7	2		3	13	1	12			8	12	1		6			
포재색	3		9	4		3		4		2	3			3	3		3			5	3		1	4			
지소색			13	3		1		2			2	2			1		4			6	2			5	1		
수율생	1	1	3	4		1						1			2		3			5	7	1					
통기색	4	1	9	5				2	1			5	1		5	2	4			7	9	2			2		
지소색	1	1	4	4					1			3	1		6		1			9	10			2	1		
상년호적색	3		2	5				1		1	1	2	1	1	4	1	1			7	9	1		1	1		
의생	1	1	3	6				1				3	2		7	1	2			5	12	1			2		
빙정색	2		1	3				1				1				3				4	5				1		
진상의생	1		1	2				1		1		3	1		4		1			2	6	1					

要任 중에 要任은 大邑이 10개를 넘지 않고 小邑은 5~6개에 불과하다. 그리고 그중에서도 이방이 第一窠이고 式年에는 籍色이 一窠인데 大邑의 경우는 萬兩을 小邑이라도 三千兩 이상의 이득을 챙길 수 있었다.[124] 이러한 요임은 掌派者·掌穀簿者·掌田者·掌軍政者로서[125] 衙前의 人事를 담당하는 吏房과 還穀을 주관하는 倉色吏, 田政을 담당하는 都書員·大同色 그리고 軍丁搜括을 책임 맡는 歲抄色·兵房 등을 일컫는다. 이들은 권한과 더불어 직임수행에 따른 경제적 이득을 얻을 수 있는 직과였다. 요임은 곧 경제적 이득과 직결되는 만큼 경제력과 세력을 가진 자나 특정가계에서 장악하게 마련이었고, 또한 衙前의 人事考課를 담당하던 吏房이 자신의

124) 『牧民心書』 卷6, 戶典六條 戶籍에서는 "國中諸縣 皆以吏房爲第一窠 及至式年則以籍色爲第一窠 大邑優食萬兩 小邑皆踰三千 其利如是"라고 하여 모든 군현에서 吏房이 第一窠이며 式年에는 戶籍色이 일과로서 각기 大邑에서는 萬兩 넘게 이익을 보게 되고 小邑에서도 三千兩 以上 이익을 챙길 수 있다고 하였다.

125) 『與猶堂全書』 第1輯 卷1, 詩文集 奸吏論.

친인척에게 요임을 배분하기도 하여 여기에서 배제된 자들의 불만과 저항 또한 점차 커지게 되었다.[126]

한편 19세기에 접어들어 작청의 파방에 임채가 징수되는 등 경제력이 없으면 차임이 어려운 실정하에서 향리집단의 분열현상은 더욱 심화되어 갔다. 한편 작청은 要任을 차지한 소수 집단(가계)에 의해 擅斷되게 되었고 이와 동시에 종래의 鄕吏와 假吏와의 구분도 점차 모호해져 갔다.[127]

4. 鄕任 擔當層의 相互關係

일반적으로 이성무가 선초의 鄕吏에 戶長・記官・色吏의 3계층이 있다고 주장[128]한 이래 지금까지 전혀 구체적인 검증이 없이 막연하게 六房은 상위직이고 色吏는 하위직이라고 이해하여 온 것이 사실이다. 그러나 이러한 이해는 전혀 사실과는 다른 것이었다. 조선 전기 이래 吏職에는 상위직이니 하위직이니 하는 계층이란 없었던 것이다. 六房도 본질적으로 色吏였다는 점이다. 조선 후기의 사료들로서 『羅州邑誌』나 『義城邑誌』 등에 호장을 戶長色, 이방을 吏房色, 호방은 戶房色이라고 기록하고 있는 것이 단서가 된다. 그러나 이것이 조선 후기적 변화였다고는 생각되지 않는다. 왜냐하면 鄕吏들의 업무수행상의 비행에 대한 처벌규정(公罪규정)을 수록하고 있는 조선 전기 법전인 『大典續錄』, 『大典後續錄』, 『各司受敎』 등을 보면, 어디에도 色吏에 대한 처벌내용만을 규정하고 있을 뿐 六房에 대한 처벌규정은 발견되지 않는데, 이것은 육방만은 처벌대상에서 제외되었기 때문이 아니고

126) 배기헌, 앞의 논문, 1995, 96~97면.
127) 배기헌, 앞의 논문, 1995, 100면.
128) 이성무, 「조선 초기의 향리」, 『한국사연구』6, 1970.

육방도 색리였기 때문이었다고 이해되기 때문이다. '色'이란 원래 '담당', '책임'을 나타내는 말로서, 色吏는 특정 職任을 담당하는 鄕吏를 의미하는 표현이었다. 이른바 六房이나 여타의 색리들은 모두 六房部署 내에서 기능적으로 다른 특정 職任을 담당하던 다 같은 色吏일 뿐이었다. 따라서 六房과 色吏 간에 吏職上의 계층이란 있을 수 없었다. 바꾸어 말하면 육방조직은 구조적으로 重層(階層)구조가 아닌 單層構造였다는 말이다. 그럼에도 불구하고 흔히 육방과 색리가 구별되고 있었던 것은 당초에 육방만으로 구성되어 있었던 초기적 六房部署가 직능적 분화의 진행에 따라 많은 색리들이 증설되면서, 육방이 각 部署의 首任으로서 守令의 측근에서 수령을 보좌하는 특정 職任을 수행하는 房任으로 변화 고착되었던 때문이 아닌가 생각된다.129)

六房과 色吏의 업무분장이 기능적으로 명확히 구분되어 있었다. 예를 들면, 戶房의 관장업무는 대체로 堤堰과 池洑의 수리, 식목 등의 일을 신칙하여 거행하고 農事形止와 雨澤形止를 監營에 보고하며 각 面의 출생자와 사망자, 이사가고 이사온 자들을 파악하여 감영에 보고하는 것이었고, 大同色의 관장업무는 大同米를 거두어들이는 것이었고, 司倉色의 관장업무는 각종 환상곡을 거두어들이고 이를 타석하는 것이었다. 또 兵房은 兵曹騎步兵錢, 均役廳選武軍防番錢, 巡營納除番軍官錢 등을 거두어 上納하는 일을 관장하고 있었다. 京砲色은 訓練都監屬京砲保木을 거두어 상납하는 일, 式年陸戶砲手를 제때에 서울에 올려 보내는 일 등을 관장하였다. 束伍色은 前營 소속의 馬兵과 束伍軍을 代定하는 일, 馬兵都試를 설행하는 일 등을 관장하였던 것이 그것이다.130) 이처럼 육방과 동일 六房部署 내의 色吏 간의 업무분장이 명확히 구분되어 있었던 것이다. 만일 육방이 육방부서의 長이고 色吏가 육방 휘하의 下吏였다면, 육방은 당연히 별도의 職任을 담당하지 않은 채로 휘하 色吏들을 지휘 감독하고 업무수행을 독려하며 그들이 수행하는 부서 내의 모든 업무를 총괄하는 것을 그 직임으로 했어야 했다.

---

129) 이희권, 『조선 후기 지방통치행정 연구』, 집문당, 1999, 212면.

130) 『康津縣誌』 各該房長事例 참조.

그럼에도 불구하고 六房과 色吏가 각각 별도의 담당업무를 가지고 있었다고 하는 것은 六房과 色吏가 전혀 위계상의 상하관계에 있지 않았음을 말해 주는 것이다.[131] 吏職에는 상하의 직급이 없고 利權이나 任況에 직결되는 권요직과 그렇지 못한 한산직만이 있었다.

19세기 후엽의 慈仁縣에서 邑吏들에게 지급하고 있던 任況을 보면 戶長·工房·刑房보다 吏房·田稅色·大同色·戶房·都書員 등이 지급받는 액수가 훨씬 많았다.[132] 같은 시기 光州牧의 賣任價(任賂價)를 보아도 戶長이나 工房의 경우보다 吏房·都書員·大同色의 매임가가 훨씬 높았다.[133] 이것은 六房이나 色吏냐에 관계없이 이방·호방·도서원·전세색·대동색 등이 바로 權要職이었음을 말해 주는 것이다.[134]

이와 같은 이해를 바탕으로 했을 때 나주의 色吏任 중 주요 吏任을 戶長과 吏房을 도맡았던 전통적 향리가 외에 몇몇의 특정 성씨가 주도적으로 담당하고 있는 것은 주목할 만한 사실이다. 이는 전통적 향리가의 위세가 지속되는 가운데에서 새로운 유력 향리가가 등장하고 있음을 시사한다고 하겠다.

5. 맺음말

조선 전기를 거쳐 후기로 오는 동안, 인구가 증가하고 경제력이 증대됨에

131) 이희권, 앞의 책, 1999, 214면.

132) 경상도 자인현 읍리들의 任況을 보면, 戶長 600냥, 吏房 1800aid, 田稅色 3500냥, 大同色 3000냥, 戶房色 4000냥, 都書員 2000냥으로 되어 있다(『자인총쇄록』 무자 11월 23일조).

133) 光州牧使 趙雲漢이 읍리를 차출할 때 받았던 任賂를 예로 들면, 이방은 500냥, 호장은 100냥, 도서원·대동색은 1000냥, 內工房은 100냥이었다(『日省錄』 고종 11년 12월 29일조).

134) 이희권, 앞의 책, 219면.

따라 邑에는 새로운 公署와 官庫 등이 증설되어 갔고, 한편으로는 정치・사회・경제적 변동과 함께 五軍營이 설치되고 束伍法・大同法・均役法이 실시되는 등 제도개혁이 이루어지면서, 새로운 업무를 담당할 새로운 房任(色吏)이 증설되어 갔던 것이라 여겨진다. 조선 후기 地方郡縣의 행정기구는 六房部署로 편제되어 있었으며 邑吏에는 六房〔吏員〕과 色吏〔吏員〕들이 있었다. 이때 六房은 六房部署 내의 六房〔吏任〕의 직임을 담당하던 읍리였으며, 色吏는 육방부서 내의 특정의 色〔吏任〕을 담당하던 읍리였다.

나주의 경우 가장 많은 賻儀를 내는 향역이 各倉色, 都書員, 戶長, 吏房, 式年戶籍色, 改案色 순이다.[135] 이는 나주에서 각창색과 도서원 등이 실질적 이익이 많은 향역이 아니었나 추측하게 한다. 이들이 부세수취에 실질적인 권한을 행사할 수 있는 자리였기 때문이다. 그렇다면 나주에서 각창색과 도서원 그리고 식년호적색과 개안색과 같이 실질적 이익이 많았을 것으로 생각되는 향역을 담당했던 성씨를 살펴보면 다음과 같다. 『각방장선생안』을 분석해 보면 각창색의 경우 金, 李, 曺, 崔, 孫, 羅, 梁, 吳씨의 순으로 나타난다. 도서원은 崔, 金, 曺, 李, 安씨의 순이다. 식년호적색은 曺, 鄭, 崔, 金씨의 순으로 나타난다. 개안색은 金, 李, 孫, 鄭, 曺씨가 맡고 있다.

『선생사상부의록』을 살펴보면, 각창색을 담당했던 인물은 金, 孫, 李, 曺, 羅, 崔씨의 순으로 나타난다. 도서원은 崔, 金, 李, 鄭, 曺씨의 순이다. 식년호적색은 曺, 金・孫・梁・鄭・崔씨가 주로 맡고 있다. 개안색은 孫, 李, 曺, 金, 鄭씨가 주 담당 성씨이다.

이상의 결과를 놓고 볼 때 나주에서 현실적인 힘을 갖고 있었다고 여겨지는 직임에는 金・崔・李・朴씨와 같은 성씨들이 호장과 이방을 도맡았던 전통적 향리가 못지않게 참여하고 있었음을 확인할 수 있다. 결국 나주의 향직은 전통적 향리가(孫・曺・吳・羅・鄭・梁)와 함께 金・李・崔・朴씨 등이 거의 도맡고 있었음을 알 수 있다.

135) 『선생사상부의록』 참조.

〈부록 1〉『各房長先生案』에 나타나는 色吏任과 擔當 人物

都訓導

李遇松 / 李宜春 / 李恒春 / 徐漢直 / 金致權 / 盧敏彦 / 吳致源 / 安鎭宅 / 朴文宇 / 李東采 / 李東燁 / 崔宗裕 / 李陽采 / 金致弘 / 朴伯元 / 金時敏 / 盧東獜 / 李貴頌 / 吳相臣 / 李彦有 / 金成甲 / 金光默 / 鄭世宅

榮倉色

曹後臣 / 金就九 / 李宜春 / 李逢春 / 徐漢直 / 崔宗裕 / 曹啓采 / 羅鳳獜 / 曹相祿 / 曹胤弼 / 曹擎彦 / 崔鎭恒 / 河聖良 / 方宇采 / 羅哲大 改名弘奎 / 安永臣 / 吳思儉 / 孫啓運 / 吳應祿 / 李雲翼 / 崔致勛 / 張啓純 / 高快三 / 盧景采 / 孫處敏 / 金成甲 / 羅處得 / 金宅潤

賑恤色

曹時憲 / 黃應濂 / 李遇松 / 金德呂 / 吳思義 / 李恒春 / 金致權 / 曹允德 / 徐漢直 / 崔致章 / 金尙璉 / 梁德厚 / 安鎭宅 / 李尙彦 / 梁宅孝 / 曹命允 / 崔鎭恒 / 羅宗柱 / 金光厚 / 吳相臣 / 河聖良 / 梁逢煥 / 梁逢烈 / 李東采 / 崔啓弘 / 曹潤采 / 孫思默

山城色

曹時憲 / 李恒春 / 金致權 / 徐漢直 / 崔宗裕 / 鄭時復 / 鄭楚明 / 梁宅孝 / 崔啓良 / 林衆宅 / 黃應濂 / 李德松 / 梁德厚 / 吳思儉 / 曹逢德 / 曹胤弼 / 安鎭宅 / 崔鎭恒 / 曹景殷 / 吳相臣 / 孫培昌 / 崔致勛 / 奇有宗 / 羅宗信 / 孫永百 / 羅弘織 / 孫處敏

補役色

李遇松 / 李宜春 / 李逢春 / 梁宅殷 / 李恒春 / 金致權 / 曹允德 / 崔致章 / 曹

逢德 / 安鎭宅 / 林象宅 / 崔成采 / 金得麗 / 安宇洪 / 金德泓 / 崔宗裕 / 李東采 / 金仁厚 / 曹友鱗 / 孫培昌 / 朴祥植 / 昇楚成 / 曹景殷 / 金宅熈 / 崔啓枯 / 崔啓弘 / 鄭時復 / 李東燁 / 金宅熈 / 金尙璉 / 崔致連 / 鄭蘊三 / 河聖良 / 崔揆宅 / 朴雲得

官廳米色

曹時憲 / 吳思德 / 金就九 / 曹後臣 / 梁宅殷 / 孫慶來 / 崔致勳 / 鄭胤成 / 曹啓采 / 鄭楚明 / 崔啓祥 / 曹采殷 / 曹啓采 / 孫萬億 / 吳思義 / 孫後殷 / 高萬崙 / 曹運復 / 崔鎭恒 / 曹景達 / 河德良 / 孫永百

肉　色

曹後臣 / 盧敏彦 / 曹逢德 / 羅福采 / 鄭時復 / 鄭楚新 / 高萬允 / 李常培 / 李尙彦 / 安宇洪 / 盧殷三 / 盧東獜 / 金仁厚 / 羅福采 / 崔成采 / 朴雲得 / 朴以源 / 鄭彦淑 / 金光一 / 金聖民

雇馬色

李遇松 / 曹後臣 / 李宜春 / 金德呂 / 吳思義 / 金致權 / 梁宅厚 / 曹允德 / 徐漢直 / 崔致勳 / 羅福采 / 安鎭宅 / 李常培 / 李尙彦 / 崔啓良 / 鄭時復 / 梁德厚 / 崔啓祥 / 曹逢德 / 金仁厚 / 羅處祥 / 高萬允 / 羅命緝　改名弘奎 / 李彦采 / 金光厚 / 孫翼彪(?) / 孫永枯 / 李東根 / 梁逢熈 / 孫喆俊 / 孫宗喆 / 崔啓枯 / 羅宗憲

傳關色

金生麗 / 曹時憲 / 羅辰采 / 梁宅殷 / 李恒春 / 盧敏彦 / 曹逢德 / 曹啓采 / 曹胤弼 / 孫處仁 / 李益馨 / 孫慶采 / 孫培昌 / 吳思德 / 安宇洪 / 盧永采 / 林德運 / 曹運復 / 羅宗憲 / 羅命織 / 李逢春 / 李陽采 / 梁逢國 / 李常培 / 吳石岩 / 崔擎元 / 徐聖吉 / 吳處祿 / 孫後榮 / 李亨賓

修繕庫色

羅辰采 / 曹後臣 / 曹逢德 / 梁德孝 / 孫啓運 / 曹昌義 / 曹允弼 / 梁宅殷 / 金成甲 / 尹得亨 / 孫啓運 / 金光厚 / 崔啓弘

官掌務

金就九 / 金致權 / 崔致勳 / 吳致源 / 金成甲 / 鄭楚新 / 崔成采 / 李尙彦 / 曹敬彦 / 金仁厚 / 崔啓洪 / 李東燁 / 吳泰元 / 李喜培 / 金益鍊 / 曹日秀 / 崔揆宅 / 曹景喆 / 吳相臣 / 崔鎭星 / 崔擎圓 / 河再觀 / 李東培 / 崔華宅

貢 色

崔致勳 / 吳致源 / 李德松 / 金宅凞 / 林象宅 / 崔成采 / 曹敬彦 / 孫處仁 / 崔鎭恒 / 李彦采 / 吳泰元 / 李東燁 / 李震煥 / 曹景喆 / 鄭蘊三 / 安永臣 / 河聖良 / 崔揆宅 / 朴相植 / 羅達臣 / 崔擎圓 / 金履良

承發

金生麗 / 李遇松 / 曹時憲 / 金就九 / 金德呂 / 盧敏彦 / 崔致勳 / 曹逢德 / 李德松 / 金成甲 / 李常培 / 孫鳳延 / 李東采 / 崔成采 / 金仁厚 / 李陽采 / 安宇洪 / 盧永采 / 李東燁 / 盧永運 / 李逢春 / 盧永運 / 李馨采 / 梁逢國 / 吳石巖 / 崔擎元 / 徐聖吉 / 李彦采 / 吳處祿 / 孫後榮 / 李亨賓

水軍兵房

曹時憲 / 孫培昌 / 盧敏彦 / 吳致源 / 李德松 / 崔宗裕 / 羅處新 / 朴文宇 / 金時敏 改名光厚 / 鄭楚彦 / 羅宗柱 / 安宇洪 / 李東采 / 金致泓 / 朴伯元 / 曹允采 / 梁逢煥 / 金成甲 / 孫啓運 / 羅七得 / 崔擎圓 / 孫命福 / 孫喆俊 / 崔致一 / 林象宅 / 孫快文 / 趙永旭 / 金彦得 / 李陽采 / 崔致極 / 羅聖勳

進上禮房

李遇松 / 崔致勣 / 吳思德 / 李宜春 / 梁宅殷 / 孫慶來 / 孫培昌 / 徐漢直 / 崔致章 / 盧敏彦 / 吳致源 / 李德松 / 崔成釆 / 孫處仁 / 安宇洪 / 孫宜禎 / 羅命織 / 孫命佑 / 崔擎圓 / 曹逢順 / 吳尙權 / 崔鳳昊 / 李逢春 / 崔致極 / 金聖民 / 孫鳳凞

倉都色

曹時憲 / 羅辰釆 / 吳思德 / 梁宅殷 / 吳思義 / 羅處新 / 曹允釆 / 羅宗柱 / 梁逢國 / 曹逢順 / 孫命福 / 吳小岩 / 孫喆俊 / 孫後榮 / 羅宗燁 / 孫處敏 / 孫思默 / 吳處祿 / 羅弘祿

所　吏

孫仁宅 子命權 命佑 命枯 / 吳思義 / 梁宅厚 / 鄭胤成 / 孫培昌 / 孫命權 / 孫命佑 / 孫命枯 / 羅命織 / 孫喆俊 / 孫宜賢 / 曹潤喆

軍器色

金致權 / 曹時憲 / 李宜春 / 李逢春 / 徐漢直 / 吳致源 / 曹逢德 / 孫啓運 / 梁德孝 / 金仁厚 / 吳思德 / 安宇洪 / 梁宅殷 / 李恒春 / 林德運 / 李常培 / 崔致一 / 金光厚 / 李陽釆 / 金成甲 / 吳潤一 / 金尙璉 / 崔擎圓 / 金彦得 / 金呂弘 / 奇後軒 / 李東燁 / 羅宗憲 / 孫後永 / 羅弘祿 / 鄭夏龍

倍牌色

金就九 / 李逢春 / 徐漢直 / 盧敏彦 / 吳致源 / 金成甲 / 安宇洪 / 盧永釆 / 李東釆 / 李恒春 / 孫永百 / 羅命緝 / 崔致一 / 孫啓運 / 梁逢佑 改名洪範 / 李東根 / 朴相植 / 李逢春 / 李東配 / 崔致極 / 趙永旭 / 張啓純 / 孫永浩 / 尹相殷 / 孫泰景

水軍色

曹時憲 / 金生麗 / 李遇松 / 李逢春 / 盧敏彦 / 孫啓運 / 鄭胤成 / 李東采 / 崔成采 / 曹命允 / 李尙彦 / 李泓培 / 金仁厚 / 孫處仁 / 安宇洪 / 梁德厚 / 鄭楚彦 / 李尙培 / 昇楚成 / 崔致勳 / 朴祥植 / 吳尙權 / 梁逢熈 / 孫永百 / 梁洪範 改名逢休 / 崔致淵 / 吳達東 / 吳潤一 / 安聖權 / 盧遇臣 / 孫思默 / 曹景卨 / 孫碩喆 / 河有黃

正兵色

金生麗 / 曹時憲 / 黃應濂 / 金就九 / 李逢春 / 李宜春 / 李恒春 / 崔致章 / 吳致源 / 曹逢德 / 李德松 / 孫啓運 / 羅處新 / 金宅熈 / 林衆宅 / 李東采 / 崔成采 / 李逢春 / 孫處仁 / 崔啓良 / 崔啓栝 / 曹景彦 / 安佑民 / 曹景達 / 羅處新 / 孫命旭 / 李陽采 / 羅命淪 / 梁逢休 改名聖翼 / 曹運復 / 羅宗憲 / 崔揆宅

京砲色

吳思德 / 李宜春 / 金致源 / 徐漢直 / 崔致勳 / 羅福采 / 梁德孝 / 金宅熈 / 李尙彦 / 金致弘 / 曹敬彦 / 金仁厚 / 尹得衡 / 安宇洪 / 李常培 / 李恒春 / 梁逢煥 / 林德運 / 曹啓宇 / 南極老 / 曹景哲 / 曹逢德 / 李陽采 / 崔景圓 / 李東根 / 李貴松 / 崔宗一 / 羅宗憲 / 尹得夏 / 鄭殷成 / 徐孟玉 / 羅?得 / 李永陪

漕軍色

羅辰采 / 梁宅殷 / 盧敏彦 / 孫啓運 / 梁德孝 / 金仁厚 / 朴伯源 / 崔致章 / 崔致勳 / 梁德厚 / 李恒春 / 朴九哲 / 崔鎭恒 / 吳石岩 / 孫啓運 / 崔鎭衡 / 崔揆宅 / 梁逢國 / 李陽采 / 孫命宜 / 曹逢順 / 李夢吉 / 高孟三 / 張鳳祿 / 曹孟燁 / 李志儉

歲抄色

金生麗 / 黃應濂 / 李遇松 / 曹後臣 / 李逢春 / 梁宅殷 / 李恒春 / 孫慶來 / 金

致權 / 徐漢直 / 曹昌義 / 高萬允 / 曹胤弼 / 崔成采 / 曹命允 / 崔啓祥 / 李泓培 / 鄭德東 / 金得麗 / 鄭楚彦 / 安宇洪 / 鄭時復 / 崔致勳 / 孫仁宅 / 孫後殷 / 鄭楚彦 / 曹允采 / 孫培昌 / 孫命佑 / 李彦采 / 河聖良 / 鄭時復 / 鄭時訥 / 高快三 / 孫喆俊 / 吳尙權 / 孫命旭 / 金彦得 / 金得鍊 / 李陽采 / 羅達臣 / 孫命達 / 李彦喆 / 羅寶燁 / 崔鎭恒

箋文言寫

金生麗 / 曹允德 / 崔致章 / 曹啓采 / 安鎭宅 / 崔啓祥 / 李泓培 / 孫處仁 / 金得麗 / 崔啓佑 / 崔啓洪 / 崔啓良 / 崔啓枯 / 曹景達 / 吳尙權 / 孫命枯 / 金益鍊 / 羅宗憲 / 崔守宅 改名揆宅 / 安佑民 / 鄭壽良 改名蘊三 / 曹景誼 改名景喆 又改名景禼 / 孫翼彪(?) / 孫宗喆 / 羅達臣 / 河有黃 / 金爾良

式年戶籍色

曹後臣 / 崔啓祥 / 曹啓采 / 曹命允 / 鄭楚新 / 鄭楚彦 / 安鎭宅 / 鄭楚明 / 孫培昌 / 徐漢直 / 崔致章 / 羅福采 / 昇楚成 / 曹潤采 / 崔啓弘 / 吳思德 / 李彦喆 / 金得麗 / 金宅裕

改案色

黃應濂 / 曹時憲 / 吳思德 / 李恒春 / 金就九 / 孫慶來 / 曹允德 / 金宅熙 / 孫永白 / 李彦喆 / 金得麗 / 梁德厚 / 崔致勳 / 高快三 / 金光厚 / 鄭楚彦 / 徐漢直 / 鄭時復 / 昇楚星 / 孫處民 / 李尙培 / 孫喆俊 / 李完實

濟民倉色

鄭楚新 / 曹采殷 / 李宜春 / 金成甲 / 安鎭宅 / 孫永百 / 崔成采 / 河聖良 / 鄭蘊三 / 李東采 / 朴祥植 / 曹景殷 / 梁逢煥 / 金光厚 / 孫永枯 / 羅虎得 / 吳石岩 / 孫永百 / 金宅裕

奴婢色

金就九 / 黃應濂 / 李遇松 / 李宜春 / 李逢春 / 李恒春 / 徐漢直 / 崔致章 / 盧敏彦 / 吳致源 / 曹逢德 / 李德松 / 崔宗裕 / 安鎭宅 / 李東彩 / 金仁厚 / 安宇洪 / 羅福采 / 李常培 / 吳達秀 / 金成甲 / 金時敏 / 李陽采 / 李東燁 / 李逢春 / 金呂泓 / 朴伯源 / 崔鎭恒 / 金彦得 / 河聖良 / 高快三 / 李彦有 / 崔致極 / 金宅裕

首律生

曹後臣 / 高萬允 / 曹昌儀 / 鄭楚新 / 曹允弼 / 鄭楚彦 / 羅福采 / 鄭楚明 / 鄭時復 / 曹尙祿 / 李雲翼 / 昇錫杓

統記色

曹後臣 / 羅福采 / 曹昌倦 / 鄭時復 / 鄭楚新 / 曹尙祿 / 李尙培 / 鄭楚明 / 曹胤弼 / 鄭楚彦 / 李陽采 / 方宇采 / 尹得亨 / 昇楚聖 / 河聖良 / 高達三 / 趙元采 / 高快三 / 羅達臣 / 羅宗臣 / 高孟三 / 趙永旭 / 金得麗 / 金宅裕

紙所色

曹厚臣 / 金就九 / 羅復采 / 曹昌儀 / 鄭時復 / 鄭楚新 / 曹尙祿 / 鄭楚明 / 曹允弼 / 昇楚成 / 河聖良 / 方宇采 / 鄭楚彦 / 吳相臣 / 羅達臣 / 高孟三 / 趙永旭

常年戶籍色

曹厚臣 / 羅福采 / 曹昌儀 / 鄭時福 / 鄭初新 / 曹尙祿 / 曹胤弼 / 曹命允 / 尹得亨 / 鄭楚彦 / 高快三 / 河聖良 / 崔致章 / 徐漢直 / 孫培昌 / 鄭楚明 / 高萬崙 / 吳相臣 / 羅達臣 / 高孟三 / 羅宗信 / 趙永旭

醫　生

曹厚臣 / 羅福采 / 曹昌儀 / 鄭時復 / 曹尙祿 / 鄭楚明 / 曹胤弼 / 昇楚星 / 金

宅熙 / 安鎭宅 / 曹啓采 / 鄭楚彦 / 李夢吉 / 河聖良 / 高快三 / 羅達臣 / 羅宗臣 / 昇錫杓

氷丁色

曹厚臣 / 羅福采 / 李德松 / 曹尙祿 / 曹胤弼 / 高快三 / 李夢吉 / 鄭楚明 / 河聖良 / 鄭時復 / 昇楚星 / 高孟三

進上醫生

曹後臣 / 曹昌儀 / 鄭時復 / 鄭楚明 / 羅福采 / 曹逢德 / 曹相祿 / 高快三 / 吳應祿

大同都色

李遇松 / 李貴松 / 孫榮百 / 朴文宇 / 崔啓祥 / 鄭楚明 / 金得麗 / 鄭楚彦 / 曹友麟 / 曹允弼 / 李宜春 / 孫慶來 / 李恒春 / 梁逢煥 / 盧旻彦 / 徐漢直 / 崔致勣 / 孫啓運 / 崔鎭恒 / 梁逢熈 / 李喜孫 / 李東培 / 金仁厚 / 羅宗憲 / 李東榮 / 吳處祿 / 吳尙權 / 孫處敏 / 孫宗喆 / 李完實 / 曹運宅 / 羅宗臣 / 曹景禹

田稅都色

金就九 / 曹時憲 / 吳思德 / 孫培昌 / 崔致淵 / 曹允弼 / 梁德孝 / 孫永百 / 鄭德東 / 李恒春 / 曹敏彦 / 徐漢直 / 李陽采 / 曹逢德 / 曹潤采 / 李東佑 / 崔鎭恒 / 吳泰元 / 吳得海 / 李夢吉 / 金得麗 / 曹景達 / 金時敏 改名光厚 / 吳尙權 / 曹逢德 / 羅處祥 / 金致泓 / 金成甲 / 孫啓運 / 李夢吉 / 羅命織 / 羅宗憲 / 鄭時復 / 羅達臣 / 曹景復 / 孫鳳雲 / 吳有東 / 吳相臣 / 曹運宅 / 孫宗喆 / 鄭彦淑 / 朴雲得 / 朴以源

庖宰色

鄭時復 / 曹慶復 / 崔致淵 / 孫啓運 / 羅復采 / 朴雲得 / 朴伯源 / 金光一

〈부록 2〉『先生四喪賻儀錄』에 나타나는 色吏任과 擔當 人物과 擔當 年度

都訓道

李遇松/李宜春/李恒春/徐漢直/金致權/盧敏彦 庚午/吳致源/安鎭宅 子聖權 乙卯 聖楷 癸亥/朴文宇/李東采 甲申/李陽采 戊子/李東燁 丙戌/金致弘 丁亥/朴伯源 己丑 甲午/金光鎰 庚寅/盧東獜 辛卯 壬辰/李德松 癸巳/吳相臣 甲午/李彦采 戊戌/金成甲 己亥/金光默 庚子/鄭世宅 辛丑/李東培 癸卯/河有黃 壬寅/孫福崙 乙巳/李弘燁 丙午/金光訥 丁未/陳五錫 戊申/孫思默 己酉/林萬夏 己酉/高應奎 庚戌/鄭甲夏 戊申/金宅潤 庚戌/奇有民 壬子 癸丑 甲寅/安星權 乙卯/朴敏瑞 丙辰/吳載星 丁巳/金成民 戊午 壬戌/孫得悅 己酉/李良晋 庚申/許 燮 辛酉/安聖楷 癸亥/朴處孝 甲子/曹景澤 乙丑 己巳/孫膺裕 丙寅/梁範龜 丙寅 丁卯 覆行 己卯/金宗益 戊辰 庚午/梁應淳 辛未/河之淵 壬申 甲戌/盧德讚 癸酉/曹應琮 乙亥 戊寅/徐千一 丙子 辛卯/羅元默 丁丑/孫光益 庚辰/鄭啓俊 辛巳/羅龍湜 壬午/孫勉祖 癸未 甲申/孫基鎬 乙酉/河俊杓 丙戌/鄭啓漢 丁亥/安璣憲 己丑/徐燁容 辛卯/昇麟行 癸巳/孫昞斗 甲午/羅綺煥 乙未/曹錫夏 丙申/曹八星 丁酉/朴昌禧 戊戌/鄭大宋 己亥

禜倉色

曹後臣 癸酉/金就九/李宜春/李逢春/徐漢直/崔宗裕/曹啓采/羅就復/曹相祿/曹胤弼 甲戌/曹景殷/崔鎭恒 辛巳/河聖良 甲申/方宇采/羅弘奎/安鎭宅/吳思儉 庚申/吳應祿/李雲翼/崔致勳/張鳳祿 壬辰/盧景采 癸巳/高快三 甲午/孫處敏 乙未/金成甲 丙申/羅宗榮 丁酉/金宅潤 戊戌/鄭健夏 己亥/朴伯源 辛丑/李景曄 壬寅/孫福崙 癸卯/李弘燁 乙巳/林萬夏 丙午/吳慶祿 戊申/河有玄 戊申/孫膺一 己酉 戊寅 己卯/李思宗 庚戌/河德一 辛亥/崔啓彦 壬子 乙卯/金孟祿 癸丑/孫得喆 甲寅

丁巳/孫喆俊 丙辰/梁覆行 戊午/金景祚 辛酉/河有黃 庚申/金仁圭 壬戌/吳民宅 癸亥/曹孝采/金富興 甲子/孫得宗 乙丑/曹龜振 丙寅 孫光益擧行/孫光益 竝錄/吳益華 丁卯/曹琡振 戊辰 竝錄/昇寅煥 戊辰/吳光祿 己巳/孫膺一 庚午 金文欽 擧行/孫膺默 辛未/張天心 壬申/吳二弘 癸酉 乙亥/金龍漢 甲戌/張天心 丙子/曹澤淡 丁丑/奇孝一 己卯/崔鎬宅 庚辰/鄭殷夏 辛巳/羅昇任 壬午/梁鳳敏 癸未/張天心 甲申/李壽敦 乙酉/羅時樞 丙戌/鄭啓基 己丑/羅致坤 丁未

賑恤色

曹時憲/黃應濂/李遇松/金德呂/吳思義/李恒春/金致權/曹命德/徐漢直 壬午/崔致章 癸酉/金尙璉 壬午 戊子/梁德厚 甲戌/安鎭宅/李尙彦/梁德孝 甲申/曹命允 乙酉/崔鎭恒 丁亥 己丑 癸巳/羅宗柱 庚寅/金光鎰 辛卯/吳相臣 壬辰/河聖良 甲午/梁建煥 乙未/梁建烈 丙申/李東采 乙未/崔啓弘 丁酉/曹潤采 己亥 庚子/孫思默 辛丑/李彦采 乙巳/金覆良 丙午/高應台 丁未/昇大益 戊申/孫喆俊 己酉/吳啓祿 庚戌/吳光祿 辛亥/孫膺一 壬子/孫處晧 癸丑/孫福巖 癸丑/崔器宅 甲寅 癸亥/陳濟文 乙卯/鄭武夏 乙卯/曹瑞宅 丙辰/盧德臣 丁巳/曹享權 戊午/曹河振 己未/陳熈錫 庚申/李夏益 辛酉/梁聖翼 壬戌/梁達行 甲子/金萬鎰 乙丑/羅虎臣 丙寅/吳益煥 丁卯/孫祥獜 戊辰/吳錫熈 己巳 辛未/鄭觀夏 庚午/曹淑振 壬申/金覆權 癸酉/吳光斗 甲戌 乙亥 己卯/河寅浩 丙子/孫晏彪 丁丑/梁啓行 戊寅/朴思協 庚辰/孫羽彪 辛巳/梁周行 壬午/羅寅樞 癸未/曹應琮 甲申/鄭啓坤 乙酉/羅日樞 丙戌/金弘鎰 丁亥/羅昇任 己丑/曹錫夏 戊戌/孫祥學 己亥/梁俊松 庚子/羅致坤 己酉

山城色

曹時憲/李恒春/金致權/徐漢直/崔宗裕/鄭時復 壬午/鄭楚明 甲申/梁德孝 辛巳 乙酉/崔啓良 癸未 辛丑/林德運/黃應濂/李德松 丙戌/梁德

厚 丁亥 / 吳思儉 丙子 / 曹建德 戊子 / 曹胤弼 己丑 / 吳相臣 庚寅 / 安鎭宅 / 崔鎭恒 辛卯 / 曹景殷 壬辰 / 孫培昌 癸巳 乙未 / 崔致勣 甲午 / 奇有宗 丙申 / 羅宗臣 丁酉 / 孫永百 戊戌 / 羅弘織 己亥 / 孫處敏 庚子 / 金復良 壬寅 癸亥 / 孫福巖 癸卯 / 曹景窩 乙巳 / 崔揆宅 丙午 / 朴處孝 丁未 戊午 / 孫永祐 戊申 / 鄭建夏 戊申 庚午 / 吳光祿 己酉 / 羅宗憲 庚戌 / 金斗鎰 辛亥 / 曹景益 壬子 / 崔啓祐 癸丑 / 鄭武夏 甲寅 / 河有黃 乙卯 辛未 / 曹運吉 丙辰 / 李思安 丁巳 / 朴良禧 辛酉 / 曹河振 壬戌 / 河富一 甲子 甲戌 乙亥 / 金文瀚 乙丑 / 曹德杓 丙寅 / 孫祥麟 丁卯 / 曹秉武 戊辰 / 曹澤淳 己巳 / 吳光斗 壬申 / 高應奎 癸酉 / 孫光益 丙子 / 李寅燁 丁丑 / 安俊憲 庚辰 / 奇孝一 戊寅 / 羅昇任 辛巳 / 徐震煥 壬午 / 崔致國 癸未 甲申 / 金紀夏 乙酉 / 羅鼎任 丙戌 / 崔鎬宅 丁亥 / 張齊燁 己丑 / 鄭啓基 丁酉

補役色

李遇松 / 李宜春 / 李逢春 / 梁德五 壬申 / 李恒春 / 金致權 / 曹命德 / 崔致章 丙寅 / 曹建德 丁丑 / 安鎭宅 丙申 / 林德運 / 崔致淵 壬午 / 金得麗 / 安宇洪 / 金尙璉 丙戌 / 崔宗裕 / 李東采 丁亥 / 金仁厚 戊子 / 曹命允 / 孫培昌 / 朴衒源 / 昇楚成 / 曹景殷 / 金宅凞 / 崔啓祐 癸巳 / 崔啓弘 癸巳 庚子 壬子 / 鄭時復 壬辰 / 李東燁 甲午 / 鄭蘊三 乙未 辛丑 丁未 庚戌 / 河聖良 丁酉 / 崔揆宅 戊戌 / 鄭彦淑 癸卯 子匡夏 己未 辛未 子謙夏 甲戌 / 崔啓良 壬寅 戊申 / 崔華宅 甲辰 丙午 甲寅 / 李景燁 乙巳 / 金覆良 己酉 / 李思安 辛亥 戊午 庚申 丁卯 / 李思宗 癸丑 丙辰 / 李彦采 癸丑 / 鄭健夏 乙卯 / 崔仁默 丁巳 癸亥 己巳 壬申 / 鄭匡夏 己未 辛未 / 崔麟宅 辛酉 乙丑 庚午 / 高應奎 壬戌 / 張壽珊 甲子 / 崔啓安 丙寅 / 曹宇澤 丁卯 / 崔安宅 癸酉 乙亥 / 鄭謙夏 甲戌 / 崔宗華 丙子 辛巳 / 安珪憲 丁丑 / 鄭啓瑞 戊寅 / 張齊燁 庚辰 甲午 / 李行範 壬午 癸未 丙戌 癸巳 / 崔鎬宅 甲申 / 安俊憲 丁亥 / 金光旭 壬辰 / 朴斗享 乙未 / 李鼎範 丁酉 / 李采奎 戊戌

官廳米色

曹時憲 / 吳思德 乙酉 / 金就九 己卯 / 梁德五 壬戌 / 孫慶來 庚申 / 崔致勳 庚辰 / 鄭德東 丙子 / 鄭楚明 辛巳 / 崔啓祥 壬午 / 曹後臣 壬午 / 曹啓采 癸未 / 孫命旭 丙戌 乙未 / 吳思義 戊子 / 高萬崙 / 曹運復 壬辰 癸巳 甲午 乙未 壬子 / 崔鎭恒 丙申 / 曹景達 丁酉 戊戌 / 李彦采 己亥 / 河德良 庚子 / 孫永百 辛丑 壬寅 己酉 / 孫光宅 / 孫永和 癸卯 / 孫喆俊 甲辰 / 朴百源 乙巳 丙辰 / 金得麗 丙午 甲寅 / 梁聖翼 丙午 丁未 庚戌 / 河有黃 戊申 / 崔揆宅 辛亥 / 崔華宅 辛亥 / 吳相熙 癸丑 / 金宗鎰 甲寅 戊午 己未 / 羅宗臣 乙卯 / 羅宗憲 丁巳 / 奇有民 庚申 / 羅弘奎 辛酉 / 吳尙權 壬戌 / 羅虎臣 癸亥 / 金銀祿 甲子 / 吳處祿 / 羅元樞 乙丑 / 河大昆 丙寅 丁卯 / 高應翼 戊辰 / 金斗鎰 己巳 庚午 / 孫光宅 辛未 / 李命性 壬申 / 孫得宗 / 曹弘采 癸酉 / 孫馨直 甲戌 / 孫福潾 / 羅寅樞 乙亥 丙子 / 河世潤 丁丑 / 金洛義 戊寅 / 吳在南 己卯 / 梁翊祖 庚辰 / 羅日樞 辛巳 / 安俊憲 壬午 / 孫膺一 癸未 / 張齊燁 甲申 丁亥 / 昇龜煥 甲申 / 鄭謙夏 己丑 / 孫濟彪 乙未 子致默 己亥 / 李采奎 辛卯 / 梁俊松 戊戌 辛丑 / 李潤植 庚子

肉　色

曹後臣 乙未 / 盧敏彦 甲申 / 曹建德 壬午 / 羅福采 乙酉 壬辰 甲午 / 鄭時復 庚午 甲午 / 鄭楚新 / 高萬崙 / 李常培 癸未 / 李尙彦 甲申 / 安宇洪 甲申 / 盧永采 丙戌 / 盧東潾 庚寅 / 金仁厚 辛卯 / 崔致淵 癸巳 / 朴衍源 丙申 戊申 / 朴伯源 丁酉 庚子 丁未 / 鄭楚彦 戊戌 / 金光鎰 己亥 / 金聖民 辛丑 / 吳處祿 / 高快三 子應翼 乙丑 / 梁聖翼 甲辰 / 李彦采 壬寅 丙午 / 羅宗憲 乙巳 己未 / 吳重權 戊申 / 李景曄 己酉 / 鄭殷成 庚戌 / 李弘燁 辛亥 / 盧德臣 壬子 / 盧永權 / 朴道衡 癸丑 丙辰 壬戌 / 崔啓祐 甲寅 / 崔啓遠 甲寅 / 金宗鎰 乙卯 / 金殷祿 丁巳 丁卯 / 金佑宅 戊午 / 趙有采 庚申 辛酉 / 崔啓安 癸亥 / 孫膺一 甲子 / 高膺翼 乙丑 癸酉 / 金義祚 丙寅 / 梁達漢 戊辰 / 陳席錫 己巳 / 曹澤宗 庚午 / 朴宗吉 辛未 / 鄭匡夏 丙子 / 金斗鎰 壬申 / 崔鴻宅 甲

戌 / 高應奎 癸酉 / 鄭觀夏 乙亥 / 盧德臣 丙子 / 鄭殷夏 丁丑 / 羅寅樞 庚辰 / 羅斗翼 辛巳 / 金志宅 壬午 / 徐潤煥 癸未 甲申 / 梁翊祖 乙酉 / 徐壽容 丙戌 / 吳匡斗 丁亥 / 羅時樞 己丑 / 金光旭 甲午 / 李潤植 己酉

雇馬色

李遇松 / 曹後臣 戊辰 / 李宜春 / 金德呂 乙亥 / 吳思義 乙亥 / 金致權 / 梁德厚 壬午 / 曹命德 / 徐漢直/崔致勳 癸酉 / 安鎭宅 / 李常培 乙亥 / 李尙彦 庚辰 / 崔啓良 辛巳 / 鄭時復 癸未 / 崔啓祥 甲申 / 曹建德 乙酉 / 金仁厚 丙戌 / 羅處祥 丁亥 己丑 / 高萬崙 戊子 / 羅弘奎 庚寅 / 李彦采 辛卯 甲午 丙申 / 金光鎰 壬辰 辛亥 / 孫翼彪 癸巳 / 孫永祐 乙未 / 李東根 丁酉 / 梁建熙 戊戌 / 孫喆俊 己亥 / 孫宗喆 己亥 壬子 / 崔啓祐 庚子 / 羅宗憲 辛丑 / 安聖權 壬寅 / 李陽采 癸卯 / 曹潤采 甲辰 / 鄭蘊三 丙午 / 河有黃 丙午 / 吳相權 丁未 / 金光默 戊申 / 崔崙齊 己酉 癸丑 / 羅宗臣 庚戌 / 金宗灝 甲寅 / 金光處 乙卯 癸酉 丁丑 / 朴師協 丙辰 / 李思宗 丁巳 / 金光益 戊午 / 盧德臣 己未 / 金佑鉉 庚申 / 金準鎰 辛酉 / 金百鍊 壬戌 / 金宗潤 甲子 / 李景曄 乙丑 / 鄭甲夏 丙寅 / 金賢枰 丁卯 / 孫膺碩 己巳 / 朴良祐 庚午 壬午 / 鄭觀夏 辛未 / 曹景璘 壬申 / 崔仁警 甲戌 癸未 / 鄭匡夏 乙亥 / 鄭啓安 丙子 / 金光孝 丁丑 / 曹澤諄 戊寅 / 崔宗華 己卯 / 李態允 庚辰 / 昇龜煥 辛巳 / 朴思璜 壬午 / 崔仁默 癸未 / 昇寅煥 甲申 / 崔斗桓 乙酉 / 鄭啓瑞 丙戌 / 崔享宅 丁亥 / 金弘鎰 己丑 / 奇孝一 戊子 / 李尙敦 丙申 / 李馨範 丁酉 / 崔永五 戊戌 / 朴相曦 己亥 / 羅致坤 丁未

傳關色

金生麗 乙卯 / 曹時憲 丙戌 / 羅時采 / 梁德五 辛未 / 李恒春 / 盧敏彦 癸亥 / 曹建德 甲子 / 曹啓采 / 曹胤弼 辛巳 / 孫處仁 己卯 / 李喜培 甲申 / 孫慶來 辛未 子後榮 庚子 / 孫培昌 / 吳思德 / 安宇洪 / 盧永采 壬午 / 林德運 丁亥 / 曹運復 戊子 / 羅宗憲 己丑 / 羅弘織 庚寅 / 李建春 庚寅 / 李陽采 辛

卯 / 梁建國 壬辰 癸巳 甲午 / 李常培 乙未 / 吳后巖 丙申 / 崔擊圓 丁酉 / 徐聖吉 丁酉 戊戌 / 吳處祿 己亥 / 孫後榮 庚子 / 李完實 辛丑 / 孫處敏 壬寅 子膺裕 丙寅 / 金光默 癸卯 / 曹景殷 / 李弘燁 乙巳 / 吳光祿 丁未 丙辰 / 盧遇慶 戊申 / 吳相熙 己酉 / 高應奎 己酉 辛亥 壬子 / 鄭甲夏 庚戌 甲寅 / 吳泰運 己酉 / 徐聖佑 壬子 / 金天直 癸丑 / 朴道采 乙卯 辛酉 / 金宗溥 戊午 己未 癸亥 / 高應老 庚申 / 鄭觀夏 壬戌 / 孫膺烈 甲子 / 金覆九 乙丑 / 孫啓或 丙寅 / 孫膺裕 丙寅 / 孫福吾 丁卯 / 李景麗 戊辰 / 孫有獜 己巳 / 羅元樞 庚午 / 崔鎬宅 辛未 / 文載璜 壬申 / 吳在郁 癸酉 / 朴良殷 甲戌 / 曹川振 乙亥 / 河之淵 丙子 / 金鍊厚 丁丑 / 金賢枰 戊寅 / 孫翰彪 己卯 / 盧德臣 戊申 / 崔永宅 庚辰 / 徐壽容 辛巳 / 李態允 癸未 / 曹日麟 乙酉 / 崔明淑 甲申 / 孫基赫 丙戌 / 金致行 丁亥 / 鄭學壽 己丑

修繕色

羅時采 / 曹後臣 癸未 / 曹建德 乙亥 / 梁德孝 / 孫啓運 庚辰 / 曹昌義 / 曹胤弼 甲申 / 梁德五 乙酉 / 金成甲 丙戌 / 尹得夏 戊子 / 金光鎰 / 崔啓弘 丁酉 / 曹潤采 戊戌 / 鄭殷成 / 鄭甲夏 丁未 己未 / 李弘燁 戊申 / 梁達行 己酉 / 河聖獜 庚戌 / 曹運復 丙午 / 吳泰運 辛亥 / 金光訥 壬子 / 朴思協 癸丑 / 孫光益 丙寅 / 金祐臣 丁卯 / 金定鎰 丙辰 / 金覆權 己巳 / 奇致寬 戊午 / 梁致烈 壬戌 / 金懿奎 甲子 / 金文奎 乙丑 / 朴民祐 庚午 / 奇有民 乙卯 丁巳 / 吳益纘 辛酉 / 金百鍊 辛未 / 金覆九 壬申 / 孫馨直 癸酉 / 盧德讚 甲戌 乙亥 / 昇龜煥 丙子 辛巳 / 金賢基 丁丑 / 羅龍彬 戊寅 / 孫得謨 己卯 / 曹日仁 庚辰 / 梁鳳敏 壬午 / 奇孝一 癸未 / 孫基福 甲申 / 金學烈 乙酉 / 奇俊崑 丙戌 / 河俊杓 丁亥 / 曹應琮 己丑 / 李尙敦 壬辰

官掌務

金就九 / 金致權 / 崔致勳 子 啓遠 / 吳致源 / 金成甲 / 鄭楚新 / 崔致淵 己巳 / 李尙彦 / 曹景殷 / 金仁厚 / 崔啓弘 / 李東燁 甲申 / 吳泰元 / 李喜培 丁

亥 / 金得鍊 丙申 / 曹景發 / 崔揆宅 己丑 己酉 / 曹景禼 辛卯 / 吳相臣 壬午 / 崔鎭星 / 崔擎圓 癸巳 / 河有觀 丁酉 戊戌 / 李東培 己亥 / 崔華宅 庚子 辛丑 / 鄭甲夏 癸卯 / 崔相宅 丁未 / 李建春 戊申 / 金萬鎰 庚戌 / 鄭蘊宅 辛亥 壬子 / 崔啓遠 癸丑 / 吳光祿 甲寅 / 金光益 乙卯 / 鄭鍾夏 丙辰 / 李大甲 丁巳 / 鄭保安 戊午 / 安北圭 己未 / 吳快俊 庚申 / 崔龍宅 壬戌 / 高應翼 癸亥 / 張浩冊 乙丑 / 崔鵬老 丙寅 / 崔鎬宅 丁卯 丙子 / 安獻圭 戊辰 / 曹澤宗 己巳 甲戌 / 鄭啓範 庚午 / 吳一弘 癸酉 / 金文欽 乙亥 / 金吉浩 丁丑 / 安俊憲 戊寅 / 昇寅煥 己卯 / 金洛義 庚辰 / 金鍊厚 辛巳 癸未 / 李東翼 甲申 / 安福憲 乙酉 / 朴之默 丙戌 / 金學烈 己丑

貢 色

崔致勳 庚午 / 吳致源 / 李德松 癸酉 / 金宅煕 己卯 / 林德運 / 崔致淵 壬申 / 曹景殷 / 孫處仁 癸未 / 崔鎭恒 壬午 / 李彦采 乙酉 / 吳泰元 / 李東燁 / 李喜培 己丑 / 曹景高 壬辰 / 鄭蘊三 癸巳 / 安鎭宅 甲午 / 河聖良 乙未 / 崔揆宅 丙申 / 朴衍源 丁酉 / 羅達臣 戊戌 甲辰 / 崔擎圓 己亥 / 金履良 庚子 / 曹景鐸 壬寅 / 崔華宅 壬寅 / 李思安 癸卯 / 曹孝直 丙午 / 河有觀 乙巳 癸丑 / 崔相宅 戊申 / 吳扶鳳 丁未 / 朴道天 己酉 / 金斗鎰 庚戌 / 金千直 辛亥 / 鄭健夏 壬子 / 張壽聃 甲寅 / 崔麟宅 乙卯 / 金文玉 丙辰 戊午 / 陳濟文 丁巳 甲子 / 孫得宗 己未 / 吳錫煕 庚申 辛巳 / 金 墳 辛酉 / 鄭匡夏 癸亥 / 曹孝采 甲子 / 張天心 乙丑 / 崔獜老 丙寅 / 奇致寬 丁卯 / 金義奎 戊辰 / 金文奎 戊辰 / 林致夏 己巳 / 朴良禧 壬戌 / 崔啓安 庚午 / 金文瀚 辛未 / 吳景斗 壬申 / 羅寅樞 辛未 / 昇寅樞 癸酉 / 孫鳳甲 甲戌 / 金吉浩 乙亥 / 崔鎬宅 丙子 / 李行範 丁丑 己亥 / 陳學謨 庚辰 / 李態允 戊寅 / 吳一弘 己卯 / 張齊燁 壬午 / 羅日樞 癸未 / 崔仁默 甲申 / 孫熙彪 乙酉 / 崔宗華 丙戌 / 徐壽容 丁亥 / 李鼎範 庚寅 / 金相詢 戊戌

承 發

金生麗 / 李遇松 / 曹時憲 / 金就九 / 金德呂 / 盧敏彦 庚申 / 崔致勣 / 曹建德 甲子 / 李德松 / 金成甲 / 李常培 庚午 乙未 / 孫永百 / 李東采 乙亥 / 崔致淵 丙子 / 金仁厚 / 李陽采 甲申 乙酉 辛卯 / 安宇洪 / 盧永采 辛巳 / 李東燁 丁亥 / 盧永運 戊子 己丑 / 李建春 庚寅 己丑 / 梁建國 壬辰 癸巳 甲午 / 吳后巖 丙申 / 崔擊圓 丁酉 / 徐聖吉 丁酉 戊戌 / 李彦采 丙戌 / 吳處祿 己亥 / 孫後榮 庚子 / 李完實 辛丑 / 孫處敏 壬寅 子膺裕 丙寅 / 金光默 癸卯 / 孫後榮 甲辰 / 李如燁 乙巳 / 吳光祿 丁未 丙辰 丁巳 / 盧遇慶 戊申 / 吳相熙 己酉 / 高應奎 己酉 辛亥 壬子 / 鄭甲夏 庚戌 甲寅 / 曹運澤 乙巳 / 吳泰運 己酉 / 徐聖佑 壬子 / 金千直 癸丑 / 朴道采 乙卯 辛酉 / 金宗簿 戊午 己未 癸亥 / 高應老 庚申 / 鄭觀夏 壬戌 / 孫膺烈 甲子 / 金履九 乙丑 / 孫啓或 丙寅 / 孫膺裕 丙寅 / 孫福吾 丁卯 / 李景麗 戊辰 / 孫有潾 己巳 / 羅元樞 庚午 / 崔鎬宅 辛未 / 文載璜 壬申 / 吳在郁 癸酉 / 朴良殷 甲戌 / 曹川振 乙亥 / 河之淵 丙子 / 金鍊厚 丁丑 / 金賢枰 戊寅 / 孫翰彪 己卯 / 崔永宅 庚辰 / 徐壽容 辛巳 乙酉 / 張仁宅 壬午 / 李態允 癸未 / 崔命湜 甲申 / 金明顯 丙戌 / 金致行 丁亥 / 張志運 戊子 / 李東翼 己丑 / 金處漢 庚寅 / 金光旭 辛卯 / 金志應 壬辰 癸巳 / 吳禎學 甲午 / 金宗燮 戊戌 / 金致安 己亥 / 鄭權燁 庚子 / 羅綺煥 辛丑

水軍兵房

曹時憲 / 孫培昌 / 盧敏彦 丁丑 / 吳致源 / 李德松 / 崔宗裕 / 羅處祥 / 朴文宇 / 金光鎰 / 鄭楚彦 / 羅宗柱 壬午 / 安宇洪 / 李東采 丙子 / 金致弘 / 朴伯源 / 曹潤采 / 梁建煥 己丑 / 金成甲 / 孫啓運 庚午 / 羅宗燁 庚寅 甲午 丁酉 / 崔擊圓 / 孫命福 壬辰 / 孫喆俊 壬辰 / 崔宗裕 癸巳 / 林德運 壬辰 / 孫後榮 丙申 / 趙永旭 丙申 / 金聖民 丁酉 / 李陽采 丁酉 / 崔致極 己亥 / 羅聖勳 庚子 / 崔鎭華 辛丑 / 鄭世宅 癸卯 子鶴壽 / 金宅潤 甲辰 / 鄭甲夏 乙巳 癸丑 / 奇有民 丁未 / 盧遇慶 丙午 / 高應台 乙巳 / 金命儉 戊申 / 河聖潾 戊

申 / 徐聖佑 己酉 / 河世潤 庚戌 / 羅宗憲 丙申 / 孫思默 丁未 / 孫哲玉 辛亥 / 李景麗 壬子 / 金夏鉉 癸丑 / 安聖權 癸丑 / 金宗希 乙卯 丙辰 / 許 燮 丁巳 / 金成民 戊午 / 李良麗 己未 / 孫膺崙 辛酉 / 鄭祿享 辛酉 / 曹景獜 癸亥 / 李震豊 甲子 / 羅黎厦 乙丑 / 羅享祿 丁卯 / 李夏益 戊辰 / 朴道一 己巳 庚午 / 金志宅 己巳 / 奇有弘 庚午 / 金致錠 辛未 / 昇寅煥 辛未 / 吳建日 壬申 / 羅龍彬 癸卯 甲戌 乙亥 丙子 / 金泰弘 丁丑 / 李孝國 戊寅 / 曹日麟 / 羅斗文 庚辰 / 吳在郁 辛巳 壬午 / 高大孝 癸未 / 金志完 癸未 / 孫基福 辛巳 壬午 / 高弼華 甲申 / 金永默 乙酉 / 梁鳳敏 丙戌

進士禮房

李遇松 / 崔致勛 / 吳思德 / 李宜春 / 梁德五 丁丑 / 孫慶來 丁巳 孫濟福 辛丑 / 孫培昌 / 徐漢直 / 崔致章 / 盧敏彥 / 吳致源 / 李德松 乙亥 丙申 / 崔致淵 庚辰 / 孫處仁 辛巳 / 安宇洪 / 孫命福 戊子 / 羅弘織 己丑 / 崔擎圓 庚寅 / 孫命佑 庚寅 / 曹建順 辛卯 壬辰 / 吳尙權 癸巳 / 崔鎭岳 甲午 / 李建春 乙未 丁酉 戊戌 己酉 / 崔致極 己亥 / 金聖民 庚子 丁卯 / 孫濟福 辛丑 / 鄭世宅 甲辰 / 曹景烈 乙巳 / 鄭殷成 丙午 / 徐聖佑 丁未 / 曹運宅 戊申 / 李弘燁 庚戌 / 李夢吉 辛亥 / 羅宗燁 壬子 / 朴以源 癸丑 / 曹衡直 癸丑 / 孫得宗 甲寅 / 吳弼運 丙辰 / 孫倬茂 丁巳 / 奇有民 己未 / 李尙殷 庚申 / 孫永祐 辛酉 / 孫得悅 壬戌 / 金準鎰 甲子 / 鄭保安 乙丑 / 羅宗臣 丙寅 戊辰 / 吳在寅 己巳 / 金佑宅 庚午 / 曹鳳彧 辛未 壬申 癸酉 / 鄭啓憲 甲戌 / 羅寅樞 乙亥 丙子 / 河世潤 丁丑 / 金洛義 戊寅 / 吳在南 己卯 / 梁之漢 庚辰 / 羅日樞 辛巳 / 安俊憲 壬午 / 孫膺一 癸未 乙酉 / 張齊燁 甲申 丁亥 / 金殷國 己丑 / 羅尙坤 甲寅

鄉校都色兼養齋色

金得麗 / 吳尙權 / 鄭蘊三 / 孫思旭 / 崔啓弘 / 孫濟福 / 孫思默 / 金光一 / 孫永百 / 孫宗哲 / 崔華宅 / 曹琡振 己酉 / 李思宗 庚戌 / 崔器宅 辛亥 / 金準鎰

壬子 / 孫膺煥 癸丑 / 崔相宅 甲寅 / 孫啓喆 丙辰 / 曹景鐸 丁巳 / 趙有采 戊午 / 崔啓遠 己未 / 李思安 辛酉 / 鄭健夏 壬戌 / 奇有民 癸亥 丙寅 / 崔啓安 甲子 / 善一弘 丁卯 / 河世七 戊辰 / 鄭謙夏 己巳 / 崔龍宅 庚午 / 昇寅煥 辛未 / 曹在河 壬申 / 曹秉武 癸酉 / 羅斗翼 甲戌 / 張萬枰 乙亥 / 鄭泰煥 丙子 / 朴思協 丁丑 / 孫膺淳 戊寅 / 鄭謙夏 己卯 / 吳匡斗 庚辰 / 金漢弼 辛巳 / 吳永宅 壬午 / 金志九 癸未 / 李學範 甲申 / 崔享宅 乙酉 / 崔斗華 丙戌 / 孫瀷彪 己丑 / 金光旭 丁亥 / 高宗錫 丁酉 / 吳匡斗 戊戌

倉都色

曹時憲 / 羅時采 / 吳思德 / 梁德五 辛未 / 吳思義 / 羅處祥 / 曹潤采 / 羅宗杜 / 梁建國 / 曹建順 / 孫命福 癸巳 / 吳小巖 甲午 乙未 庚戌 壬子 / 孫喆俊 丙申 / 孫後榮 丁酉 / 羅宗燁 戊戌 / 孫處敏 戊戌 戊申 子膺裕 癸丑 / 孫命達 丙申 / 吳處祿 庚子 / 羅弘祿 辛丑 / 曹景烈 壬寅 / 鄭甲夏 甲辰 / 金得麗 辛卯 / 李弘燁 甲辰 / 曹運宅 丁未 / 羅漢樞 乙巳 / 孫膺福 戊申 / 曹景澤 己酉 / 孫思旭 癸丑 / 孫永祜 乙卯 / 孫伯後 丙辰 / 曹衡采 甲寅 / 金得鍊 甲寅 / 吳快俊 丁巳 貢生 / 孫光益 戊午 / 羅興瑞 庚申 / 河大昆 辛酉 / 李景立 壬戌 / 孫膺裕 癸亥 / 羅膺龜 乙丑 / 吳天玉 丙寅 / 金昌鎰 丁卯 / 曹喜春 戊辰 / 盧德行 庚午 / 曹景鐸 辛未 / 徐天日 壬申 / 曹斗升 癸酉 甲戌 / 河寅浩 乙亥 / 李守憲 丙子 / 孫得淳 丁丑 / 孫倫彪 戊寅 / 鄭啓郁 己卯 / 李孝國 庚辰 / 羅殷杓 辛巳 / 徐壽容 壬午 / 高大忠 癸未 / 孫明殷 甲申 / 崔斗桓 乙酉 / 金光旭 丙戌 / 孫瀷彪 丁亥 / 金貴宗 己丑 / 鄭鶴壽 辛卯

所 吏

孫仁宅 / 吳思義 / 梁德厚 / 鄭德東 甲申 / 孫培昌 辛巳 / 孫命旭 庚辰 / 孫命佑 丙戌 / 孫命福 戊子 / 羅弘織 己丑 / 孫喆俊 壬辰 癸巳 / 孫命達 丙申 丁酉 / 曹潤采 戊戌 辛丑 / 梁聖翼 癸卯 / 羅弘祚 甲辰 / 曹景高 甲辰 / 曹景澤 乙巳 乙卯 丙辰 / 曹琡振 丁未 戊申 / 羅漢樞 / 曹運吉 己酉 癸亥 / 曹運

澤 己酉 / 孫處皓 庚戌 壬子 / 吳尙權 辛亥 / 梁致溲 癸丑 丁巳 / 吳重權 癸丑 甲寅 / 孫卓茂 戊午 / 梁達行 己未 / 梁達漢 庚申 / 鄭甲夏 辛酉 戊辰 / 孫得華 壬戌 / 朴良佑 甲子 / 羅璣樞 乙丑 / 高應奎 丙寅 / 金弼九 丁卯 / 金宗鎰 己巳 / 孫得宗 庚午 / 金志宅 辛未 / 吳在楠 壬申 辛巳 / 梁之漢 癸酉 / 張萬平 甲戌 / 張天心 乙亥 / 孫南彪 丙子 / 孫相俊 丁丑 / 河之淵 戊寅 / 曹允吉 己卯 / 昇寅煥 庚辰 / 奇有章 壬午 / 孫顔彪 癸未 / 安聖斅 甲申 / 朴思行 乙酉 / 孫南彪 丙戌 / 羅時樞 丁亥 / 孫羽彪 戊子 / 曹在河 己丑 / 曹昌植 庚寅 / 高在旭 辛卯 / 李鼎範 壬辰 / 羅成紝 癸巳 / 梁俊松 甲午 / 金明赫 丙申 / 崔永五 乙未 / 李權範 戊戌 / 金漢英 己亥

軍器色

金致權 / 曹時憲 / 李宜春 / 李逢春 / 徐漢直 / 吳致源 / 曹建德 / 孫啓運 己巳 / 梁德孝 / 金仁厚 / 吳思德 / 安宇洪 / 梁德五 / 李恒春 / 林德運 / 李常培 / 崔宗裕 / 金光鎰 / 李陽采 / 金成甲 壬辰 / 吳致源 癸巳 / 金尙璉 甲午 / 崔擎圓 甲午 乙卯 / 金聖民 乙未 / 金致弘 乙未 / 奇後幹 丙申 / 李東燁 丁酉 / 羅宗憲 戊戌 / 孫後榮 戊戌 / 羅弘祿 己亥 / 鄭夏龍 庚子 / 羅聖勳 辛丑 / 金得麗 癸卯 / 羅宗榮 甲辰 / 鄭初馨 乙巳 / 羅達臣 丙午 / 金聖民 丁未 / 曹衡直 戊申 / 金銀祿 己酉 / 金光民 庚戌 / 趙永禧 辛亥 / 孫永祐 壬寅 / 羅敬履 壬寅 / 崔相宅 壬子 丙寅 / 孫濟福 癸丑 / 曹孝直 / 金光麟 甲寅 / 羅弘綸 丙辰 / 崔啓彦 丁巳 / 李景曄 戊午 / 鄭武夏 己未 / 孫得哲 庚申 甲子 / 曹享權 壬戌 / 孫膺一 辛酉 / 金佑宅 癸亥 己巳 / 盧德臣 乙丑 / 崔安宅 丙寅 / 陳虎錫 丁卯 / 朴思禧 戊辰 / 孫振彪 庚午 / 羅斗衡 辛未 / 朴東潤 壬申 / 鄭宗夏 壬申 / 崔完宅 癸酉 / 金吉浩 甲戌 / 吳齊斗 乙亥 / 昇寅煥 丙子 / 曹孝采 丁丑 / 張志運 戊寅 / 崔鎬宅 庚辰 / 昇斗煥 辛巳 / 吳一弘 壬午 / 朴思協 癸未 / 安福憲 己卯 / 金洛義 / 鄭謙夏 丙戌 / 曹華振 / 朴思行 己丑 / 李碩敦 丁酉 / 金光旭 戊戌 / 張志運 己亥

陪牌色

金就九 / 李逢春 / 徐漢直 甲寅 / 盧敏彦 癸酉 / 吳致源 / 金成甲 / 安宇洪 / 盧永采 / 李東采 / 李恒春 己卯 / 孫永百 孫光益 / 羅弘奎 / 崔宗裕 丁酉 戊戌 / 孫啓運 庚午 / 梁聖翼 辛卯 / 李東根 壬辰 / 朴衍源 癸巳 / 李宜春 甲午 甲辰 / 李東培 乙未 / 崔致極 丙申 / 張啓純 / 孫永祐 / 鄭殷成 癸卯 / 曹運復 丙午 / 鄭甲夏 丁未 己未 / 李弘燁 戊申 / 梁達行 己酉 / 河聖潾 庚戌 / 吳泰運 辛亥 / 金光訥 壬子 / 金萬鎰 己酉 戊辰 / 朴思允 癸丑 / 金命儉 甲寅 / 奇有民 乙卯 丁巳 / 金銀祿 丙辰 / 奇致寬 戊午 / 鄭保安 庚申 / 吳益纘 辛酉 / 梁致烈 壬戌 癸亥 / 金景祚 甲子 / 金懿祚 乙丑 / 孫光益 丙寅 / 金佑臣 丁卯 / 金覆權 己巳 / 朴民祐 庚午 / 金百鍊 辛未 / 金履九 壬申 / 孫馨直 癸酉 / 盧德讚 甲戌 乙亥 / 昇龜煥 丙子 辛巳 / 金賢基 丁丑 / 羅龍彬 戊寅 / 孫得謨 己卯 / 曹日仁 庚辰 / 梁鳳敏 壬午 / 奇孝一 癸未 / 孫基福 / 金學烈 / 奇俊崑 / 河俊杓 丁亥 / 曹應琮 己丑 / 李尙敦 壬辰

水軍色

曹時憲 / 金生麗 / 李遇松 / 李逢春 / 盧敏彦 甲子 / 孫啓運 辛未 / 鄭德東 / 李東采 / 崔致淵 己卯 壬辰 / 曹命允 庚辰 / 李尙彦 癸未 / 李彦喆 乙亥 / 金仁厚 甲申 / 孫處仁 壬午 / 安宇洪 / 梁德厚 丙子 / 鄭楚彦 乙酉 / 李尙培 丙戌 / 昇楚成 丁亥 / 崔致勳 戊子 / 朴衍源 己丑 / 吳尙權 庚寅 / 梁聖熙 辛卯 / 孫永百 壬辰 孫光益 / 梁聖翼 癸巳 / 吳石巖 甲午 / 吳致源 乙未 / 安聖權 丙申 / 盧遇臣 丁酉 辛亥 壬午 / 孫思默 戊戌 / 曹景高 己亥 / 孫福崙 庚子 / 河有黃 辛丑 / 鄭健夏 癸卯 / 孫翼彪 甲辰 / 羅弘織 壬寅 / 高應台 丙午 / 張鳳祿 丁未 / 金殷祿 戊申 / 吳應祿 己酉 / 吳處祿 庚戌 / 梁建煥 庚寅 / 羅虎臣 壬子 / 曹孝直 甲寅 / 曹興一 / 朴敏瑞 乙卯 / 吳相熙 丙辰 / 高應老 丁巳 / 孫膺一 戊午 / 徐聖和 己未 / 孫喆俊 戊午 / 梁範龜 庚申 辛酉 / 金履九 甲子 / 吳益華 乙丑 / 金聖民 庚子 / 吳益煥 丙寅 / 安大圭 丁卯 / 金震益 戊辰 / 吳啓祿 乙卯 / 朴道一 乙丑 / 孫光益 庚午 / 羅燦文 壬申 / 尹福夏

辛未 / 吳炯祚 癸酉 / 金致龜 壬申 / 吳永宅 甲戌 / 孫晏彪 丙子 丁丑 / 吳在攡 戊寅 / 崔啓武 己卯 庚辰 / 河世潤 辛巳 / 曹澤範 癸未 / 徐壽容 / 奇孝一 丙戌 / 崔明煥 丙戌

正兵色

金生麗 / 曹時憲 / 黃應濂 / 金就九 / 李逢春 / 李宜春 / 李恒春 / 崔致章 / 吳致源 / 曹建德 庚午 / 李德松 己巳 庚寅 / 孫啓運 乙亥 / 羅處新 / 金宅熈 壬午 / 李東采 丙子 / 孫處仁 戊寅 / 李建春 己卯 / 林德運 庚辰 / 崔致淵 乙酉 / 崔啓良 丙戌 己亥 / 崔啓祐 / 曹景殷 / 安聖權 辛卯 / 曹景達 壬辰 / 孫命旭 甲午 / 李陽采 乙未 / 羅弘奎 乙酉 / 梁聖翼 丙申 / 曹運復 戊戌 / 羅宗憲 己亥 / 崔揆宅 庚子 / 朴衍源 辛丑 癸丑 / 羅宗榮 癸卯 / 朴以源 甲辰 / 鄭健夏 乙巳 / 鄭武夏 丙午 / 河聖潾 丁未 / 鄭殷成 戊申 / 曹孝直 庚戌 / 羅帝臣 己酉 / 吳相熈 辛亥 / 安聖楷 壬子 / 朴道采 癸丑 / 金斗鎰 甲寅 丙辰 / 崔啓彦 乙卯 / 吳致祿 癸丑 朴道采代 / 鄭鍾夏 戊午 / 崔拱宅 己未 / 孫膺烈 庚申 / 曹享權 辛酉 / 金文瀚 甲子 / 金鍾翊 壬戌 改名 宗希 / 曹景潾 乙丑 / 吳益華 丙寅 / 高膺相 丁卯 / 金鼎九 丁巳 / 吳楨祿 戊辰 / 朴道一 庚午 / 朴良殷 壬申 / 羅啓臣 癸酉 / 吳光斗 辛未 / 孫晏彩 乙亥 / 李景燁 丙子 / 朴弘根 丁丑 / 徐壽龍 戊寅 / 吳齊斗 己卯 / 曹應琮 庚辰 / 吳在南 辛巳 / 孫勉祖 壬午 / 曹澤範 癸未 / 崔明煥 甲申 / 金洛義 乙酉 / 金致行 丙戌 / 李潤植 戊戌

京砲色

吳思德 / 李宜春 / 金致源 / 徐漢直 / 崔致勳 / 羅福采 / 梁德孝 / 金宅熈 戊寅 / 李尙彦 / 金致泓 / 曹景殷 / 金仁厚 / 尹得衡 丁酉 / 安宇洪 丁巳 / 李尙培 / 李恒春 戊辰 / 梁建煥 乙酉 戊子 / 林德運 丙戌 己丑 / 曹啓宇 / 南八億 / 曹景高 / 曹建德 辛卯 / 李陽采 辛卯 / 崔擎圓 壬辰 / 李東根 癸巳 / 李德松 / 崔宗裕 甲午 丙申 / 羅宗憲 乙未 / 鄭殷成 戊戌 / 徐孟玉 己亥 / 羅宗

榮 庚子 / 李永培 辛丑 / 張啓純 壬寅 / 孫喆俊 癸卯 / 金宅潤 甲辰 / 高快三 丙午 / 李弘燁 丁未 / 金命儉 戊申 / 徐聖佑 己酉 / 崔陽甲 庚戌 / 曹瑞宅 辛亥 癸丑 / 羅尙綸 壬子 / 李雲翼 甲辰 / 金佑鉉 甲寅 / 金宗希 乙卯 丙辰 / 許燮 丁巳 / 金浩彦 己未 / 李景大 庚申 / 朴民瑞 辛酉 / 曹孝采 壬戌 / 盧德臣 癸亥 / 崔龍宅 乙丑 / 孫啓或 甲子 / 吳民基 丙寅 改名 在楠 / 張天心 戊辰 高世煥行 / 高世煥 戊辰 / 李夏益 己巳 庚午 / 羅斗翼 辛未 / 金定鎰 癸酉 / 梁淳行 甲戌 / 孫膺烈 壬申 / 崔啓武 乙亥 / 曹熈潭 丙子 / 金洛義 丁丑 / 昇龜煥 戊寅 / 羅元默 己卯 癸未 / 孫㰁彪 庚辰 / 孫顔彪 丙子 / 崔斗華 辛巳 / 金龍翰 壬午 / 羅吉杓 甲申 / 高應翊 乙酉 / 孫勉祖 丙戌 / 金萬鎰 丁亥 / 徐潤煥 己丑 / 羅吉杓 庚寅 / 金漢旭 丙申 / 高在旭 丁酉 / 奇孝一 戊戌 / 孫基福 己亥

漕軍色

羅時采 / 梁德五 壬午 / 盧敏彦 戊午 / 孫啓運 癸未 / 梁德孝 / 金仁厚 丁丑 / 朴伯源 甲申 / 崔致章 / 崔致勳 / 梁德厚 庚辰 / 李恒春 乙卯 / 朴九哲 乙酉 / 崔鎭恒 丙戌 / 吳后巖 丁亥 戊子 / 崔鎭衡 庚寅 癸巳 / 崔揆宅 辛卯 / 梁建國 己丑 / 李陽采 壬辰 / 孫命福 甲午 / 曹建順 乙未 / 李雲翼 丙申 / 高孟三 丁酉 / 張鳳祿 戊戌 / 曹孟燁 己亥 / 李志儉 庚子 / 曹衡直 壬寅 / 趙恭良 辛丑 / 羅虎臣 甲辰 / 盧遇慶 丁未 / 曹孟直 戊申 / 崔鎭岳 / 曹瑞澤 庚戌 / 吳啓祿 辛亥 己未 / 金浩彦 壬子 / 金宗希 癸丑 / 曹瑞澤 甲寅 / 羅尙綸 / 曹興一 乙卯 / 吳民星 丙辰 乙丑 丁卯 / 金時夏 丁巳 癸酉 / 朴道文 戊午 / 昇敬旻 庚申 甲子 丙寅 / 吳廷日 己巳 / 吳益祐 庚午 乙亥 / 金宗希 癸丑 / 曹瑞澤 甲寅 / 羅尙綸 / 曹興一 乙卯 / 吳民星 丙辰 乙丑 丁卯 / 金時夏 丁巳 癸酉 / 朴道文 戊午 / 昇敬旻 庚申 甲子 丙寅 / 吳廷日 己巳 / 吳益祐 庚午 乙亥 / 鄭啓範 辛未 / 昇龜煥 甲戌 / 金恭弘 丙子 / 吳在復 丁丑 / 安俊憲 戊寅 / 徐震煥 己卯 / 李基孝 壬申 / 尹萬衡 庚辰 / 奇俊崑 辛巳 / 李孝國 壬午 / 曹澤範 癸未 / 朴志默 乙酉 / 高弼華 丙戌 / 鄭啓産 己丑 / 鄭大采 戊子

歲抄色

金生麗 / 黃應濂 / 李遇松 / 曹後臣 甲戌 / 李逢春 / 梁德五 癸未 乙酉 / 李恒春 / 孫慶來 戊午 子後殷 丁亥 / 金致權 / 徐漢直 / 曹昌義 / 高萬崙 丙戌 丁亥 / 曹胤弼 辛巳 壬寅 / 崔致淵 戊寅 / 曹命允 / 崔啓祥 辛巳 / 李彦喆 / 鄭德東 / 安宇洪 / 鄭時復 乙酉 / 崔致勳 丙戌 / 孫仁宅 / 孫後殷 丁亥 / 鄭楚彦 戊子 / 曹潤采 戊子 / 孫培昌 己丑 / 孫命佑 己丑 / 李彦采 庚寅 / 河聖良 庚寅 / 鄭時復 辛卯 / 鄭楚彦 辛卯 子匡夏 / 高快三 壬辰 子應台 癸卯 / 孫喆俊 壬辰 / 吳尙權 癸巳 甲午 / 孫命旭 甲午 / 金彦得 乙未 辛亥 壬子 / 金得鍊 乙未 / 李陽采 丁酉 / 羅達臣 丁酉 / 孫命達 己亥 / 李彦喆 己亥 / 羅宗燁 庚子 癸卯 甲辰 / 崔鎭恒 庚子 / 曹景高 辛丑 / 李東佑 / 李良鎭 甲辰 / 曹運享 丙午 / 吳處祿 丁未 / 孫思默 / 高應台 癸卯 / 河聖璘 戊申 / 梁達行 戊申 / 奇有民 己酉 / 吳啓祿 己酉 / 孫得和 庚戌 / 孫得悅 庚戌 / 金佑臣 辛亥 / 尹時夏 壬子 / 安聖權 癸丑 乙卯 / 金光鎰 癸丑 / 昇東旻 癸丑 / 崔崙齊 / 鄭甲夏 癸丑 / 金萬鎰 甲寅 / 徐聖和 丙辰 丁巳 / 吳載星 丙辰 丁巳 / 金光訥 戊午 / 金光民 戊午 癸亥 / 羅爀臣 戊午 / 吳應祿 己未 / 許　燮 己未 / 李弘燁 庚申 / 羅贊文 庚申 / 梁達行 辛酉 / 吳民基 改名 在楠 / 金履純 壬戌 / 河大昆 甲子 / 孫得謨 甲子 / 孫得純 乙丑 / 奇有弘 乙丑 辛未 / 鄭保安 丙寅 / 曹龍澤 丙寅 / 金文圭 丁卯 / 李世得 丁卯 / 河世潤 戊辰 上竝 / 鄭匡夏 己巳 / 吳益纘 / 金震益 戊辰 丁丑 戊寅 / 安白圭 庚午 / 羅時樞 辛未 癸酉 甲戌 / 金準鎰 壬申 癸酉 乙亥 / 曹日璘 癸酉 / 金萬鎰 丙子 / 曹禧春 丙子 / 孫翰彪 丁丑 / 尹萬衡 戊寅 / 梁履行 戊寅 / 安俊憲 / 吳齊斗 庚辰 / 李守憲 庚辰 / 孫得謨 辛巳 / 羅龍湜 辛巳 / 鄭啓郁 壬午 / 崔斗桓 癸未 / 鄭啓桓 癸未 / 金致機 甲申 乙酉 / 吳在南 丙戌 / 高應翊 丙戌 / 羅鼎任 丁亥 / 曹應琮 丁亥 / 羅尙坤 癸丑

箋文書寫

金生麗 / 曹命德 / 崔致章 庚申 子啓弘 啓祐 孫麟宅 龍宅 / 曹啓采 / 安鎭

宅 子佑民 孫北圭 辛酉 大圭 壬戌 孫後憲 / 崔啓祥 甲戌 / 李彦喆 / 孫處仁 / 金得麗 / 崔啓佑 癸未 / 崔啓弘 / 崔啓良 己卯 子鎬宅 辛酉 / 崔啓祐 甲申 / 曹景達 甲申 / 吳尙權 乙酉 / 孫命福 甲申 / 羅宗憲 戊子 / 崔揆宅 戊子 / 安佑民 / 鄭蘊三 戊子 / 曹景高 戊子 / 孫翼彪 壬辰 / 孫宗喆 丙申 / 羅達臣 丁酉 / 河有觀 丁酉 / 金履良 己亥 / 孫福崙 庚子 / 李思安 乙巳 / 吳相熈 丙午 / 孫得模 丙午 / 高應奎 子啓孝 丙寅 / 陳五錫 戊申 / 崔哭宅 己酉 / 李景麗 戊申 / 金準鎰 癸丑 / 朴道采 癸丑 / 崔仁默 乙卯 / 陳帝錫 丙辰 / 鄭鍾夏 丁巳 / 金景祚 丁巳 / 高應翼 己未 / 曹龜振 己未 / 李景立 庚申 / 鄭章夏 庚申 / 安北圭 辛酉 / 崔龍宅 辛酉 / 崔鎬宅 辛酉 / 河富一 壬戌 / 安大圭 壬戌 / 金履權 乙丑 / 孫啓或 癸亥 / 高啓孝 丙寅 / 張天心 丙寅 / 曹秉武 己巳 / 朴良祐 戊辰 癸酉 / 金賢枰 己巳 甲戌 / 曹川振 己巳 / 安俊憲 壬申 / 孫鳳甲 癸酉 / 吳永宅 癸酉 / 曹禧春 甲戌 / 孫倫彪 乙亥 丁丑 / 安俊憲 己卯 / 陳聖律 己卯 / 崔斗桓 庚辰 / 曹錫敏 庚辰 / 金紀夏 壬午 / 金漢機 壬午 / 高大孝 壬午 / 張齊燁 壬午 / 羅吉杓 癸未 甲申 己丑 庚寅 / 鄭啓郁 癸未 甲申 / 鄭啓俊 辛巳 / 金光旭 乙酉 丙戌 丁亥 戊子 己丑 / 金致行 乙酉 丙戌 / 河聖旭 乙酉 丙戌 丁亥 / 高大忠 乙酉 / 李學範 丁亥 / 李學敦 丁亥 / 金晋龜 己丑 / 李尙敦 戊戌

式年戶籍色

曹後臣 己卯 / 崔啓祥 己卯 癸卯 / 曹啓采 / 曹命允 壬午 / 鄭楚新 / 鄭楚彦 壬午 子匡夏 / 安鎭宅 / 鄭楚明 / 孫培昌 / 徐漢直 / 崔致章 / 曹澤宗 丙寅 / 朴處益 丙寅 / 吳重權 己巳 / 金震益 己巳 / 朴良義 壬申 / 奇有章 壬申 / 李景燁 丙子 / 金文欽 丙子 / 孫南彪 己卯 / 張齊燁 己卯 / 梁啓行 辛巳 / 金洛義 辛巳 / 梁浩達 甲申 / 孫穗彪 甲申 / 梁啓行 戊子 / 崔仁默 戊子 / 李潤植 乙巳

改案色

黃應濂 / 曹時憲 / 吳思德 / 李恒春 / 金就九 / 孫慶來 庚午 / 曹命德 / 金宅熙 丁丑 / 孫永百 / 李彦喆 / 曹允弼 癸卯 / 李建春 / 金得麗 / 梁德厚 / 崔致勳 / 高快三 乙酉 / 金光鎰 戊子 / 鄭楚彦 子觀夏 / 徐漢直 庚午 / 鄭時復 / 昇楚星 甲午 / 孫處敏 甲午 / 李常培 丁酉 / 孫喆俊 丁酉 / 李完實 庚子 / 李雲翼 庚子 / 梁建熙 癸卯 / 孫福崙 癸卯 / 曹潤民 丙午 / 李建春 丙午 / 吳尙熙 戊申 / 崔華宅 壬子 / 李志儉 壬子 / 金景祚 乙卯 / 許 燮 乙卯 / 鄭甲夏 壬子 大都 / 曹享振 壬子 大都 / 河世潤 戊午 / 曹衡權 戊午 / 鄭觀夏 辛酉 / 崔啓斗 辛酉 / 張天心 壬戌十年大案 / 孫膺裕 / 吳重權 癸亥 / 朴以源 癸亥 / 孫得悅 丙寅 / 孫有獜 丙寅 / 梁聖翼 癸卯 大都 / 金鼎九 / 奇有弘 己巳 / 曹秉武 己巳 / 梁達濂 己巳十年 / 孫福吾 / 羅啓臣 癸酉 / 孫晏彪 癸酉 / 奇孝一 丙子 / 徐震煥 丙子 / 孫殷彪 己卯 / 吳建弘 己卯 / 曹孝采 己未 / 鄭啓俊 辛巳 / 鄭鶴壽 壬午

濟民倉色

鄭楚新 甲申 / 曹後臣 乙酉 / 李宜春 丙戌 / 金成甲 丁亥 / 安鎭宅 戊子 / 孫永百 己丑 / 崔致淵 庚寅 / 河聖良 辛卯 / 鄭蘊三 壬辰 / 李東采 癸巳 / 朴衙源 甲午 / 曹景殷 乙未 / 梁建煥 丙申 / 金光鎰 丁酉 / 孫永祐 戊戌 甲子 / 羅宗榮 己亥 / 吳后巖 丁酉 未擧行 / 孫永百 庚子 / 金宅裕 辛丑 / 崔鎭恒 壬寅 / 鄭達滇 癸卯 / 奇有宗 癸卯 / 曹景烈 甲辰 / 朴以源 丙午 / 崔啓祥 丁未 / 李思安 戊申 癸丑 / 羅宗憲 己酉 / 孫喆俊 庚戌 己未 癸亥 / 金履良 辛亥 / 鄭殷成 辛亥 / 李志儉 辛亥 / 羅宗臣 乙巳 / 孫齊煥 壬子 / 鄭武夏 癸丑 / 李思宗 甲寅 / 金文玉 乙卯 / 曹景益 丙辰 / 李雲翼 丁巳 / 崔崙齊 戊午 / 吳致祿 庚申 / 李景曄 壬戌 / 羅弘奎 乙丑 / 吳民宅 丙寅 / 金萬益 丁卯 / 梁儒漢 戊辰 / 奇在一 己巳 貢生 / 曹琡振 己巳 / 羅寅樞 戊辰 / 曹洪采 庚午 / 吳在裕 辛未 / 河有黃 壬申 / 河之淵 癸酉 / 金景祚 甲戌 / 梁浩達 乙亥 / 孫殷彪 丙子 / 曹日麟 丁丑 / 徐壽容 戊寅 癸未 / 羅寅樞 己卯 / 曹應琮

庚辰 / 金文佑 庚辰 / 吳永基 甲申 / 盧德讚 乙酉 / 尹萬衡 丙戌 / 曹昌敏 丁亥

奴婢色

金就九 / 黃應濂 / 李遇松 / 李宜春 / 李逢春 / 李恒春 / 徐漢直 / 崔致章 / 盧敏彦 庚午 / 吳致源 / 曹建德 / 李德松 / 崔宗裕 / 安鎭宅 / 李東采 / 金仁厚 / 安宇洪 / 羅福采 / 李常培 乙酉 / 吳相臣 丙戌 / 金成甲 戊子 / 金光鎰 丁亥 / 李陽采 己丑 / 李東燁 庚寅 / 李建春 癸巳 / 金致弘 乙未 / 朴伯源 丙申 / 崔鎭恒 甲午 / 金彦得 丁酉 / 河聖良 丙申 / 高快三 戊戌 / 李彦采 己亥 / 崔致極 庚子 / 金宅裕 辛丑 / 曹景高 壬辰 / 河有觀 癸卯 / 李東榮 甲辰 / 崔擎圓 癸卯 / 崔揆宅 / 吳處祿 丁未 / 李永培 丁未 / 李弘燁 戊申 / 盧遇慶 己酉 / 金宅潤 丙午 / 吳光祿 庚戌 / 河德一 辛亥 / 金光默 壬子 / 徐享祚 壬子 / 林萬夏 癸丑 / 奇有民 甲寅 / 趙有采 乙卯 / 鄭甲夏 乙卯 / 鄭武夏 乙卯 / 吳載星 丙辰 / 崔啓斗 丙辰 / 朴處孝 丁巳 / 金萬鎰 丁巳 / 朴處賢 戊午 / 李尙殷 己未 / 鄭鍾夏 辛酉 / 金命倫 庚申 / 李良晉 己未 / 陳虎錫 己未 / 金銀祿 / 羅虎臣 / 金義祚 / 朴敏祐 乙丑 / 安聖楷 丙寅 / 金履九 / 金斗鎰 丁卯 / 金鼎九 癸亥 / 張天心 辛酉 / 河富一 戊辰 / 河世潤 己巳 / 吳在健 丁卯 / 李夏益 己巳 / 崔相宅 庚申 / 金文瀚 庚午 / 金志宅 辛未 / 安白圭 壬申 / 吳炯祚 癸酉 / 奇有章 甲戌 / 李扶享 丙子 / 金致龜 丁丑 / 金洛龜 庚辰 / 崔斗華 辛巳 / 昇寅煥 癸未 / 鄭啓基 乙酉 / 昇龜煥 丙戌 / 徐閏煥 丁亥 / 鄭大采 己亥

大同都色

李遇松 / 李德松 甲子 / 孫永百 / 朴文宇 / 崔啓祥 / 鄭楚明 / 金得麗 戊寅 / 鄭楚彦 丙戌 子匡夏 / 曹命允 丁亥 / 曹胤弼 乙酉 / 李宜春 / 孫慶采 / 李恒春 / 梁建煥 癸未 / 盧敏彦 己未 / 徐漢直 戊子 / 崔致勳 己丑 / 孫啓運 丁卯 / 崔鎭恒 壬辰 / 梁聖獜 壬辰 / 李喜培 乙酉 / 李東培 癸巳 / 金仁厚 庚辰 / 羅宗憲 甲午 戊申 / 李景燁 乙未 / 吳處祿 丙申 / 吳尙權 丁酉 / 孫處敏 丁酉 / 孫宗喆 戊戌 己亥 / 李完實 戊戌 / 曹運宅 己亥 / 羅宗臣 庚子 / 曹景

高 庚子 辛丑 / 李雲翼 辛丑 / 羅達臣 壬寅 / 曹景鐸 癸卯 / 崔華宅 癸卯 / 李思宅 甲辰 / 曹運復 乙巳 / 河有黃 丙午 / 曹孝直 丁未 / 李思定 丁未 / 高快三 辛未 / 吳扶鳳 戊申 / 崔相宅 己酉 / 金萬鎰 辛亥 / 金千直 壬子 / 鄭建夏 癸丑 / 崔淇宅 丙辰 / 朴處賢 丙辰 / 金文玉 丁巳 己未 / 陳帝錫 戊午 乙丑 / 孫得宗 庚申 / 朴道天 庚戌 / 吳錫熈 辛酉 辛巳 / 金仁墳 壬戌 / 朴良僖 癸亥 / 張壽聃 乙卯 / 鄭匡夏 甲子 丁丑 / 張天心 丙寅 / 崔麟老 丁卯 / 奇致寬 戊辰 / 金文奎 己巳 / 林致夏 庚午 / 崔啓安 辛未 / 羅寅樞 壬申 / 吳景斗 癸酉 / 昇寅煥 甲戌 / 崔鎬宅 丁丑 乙亥 / 孫膺淳 / 鄭觀夏 丙子 / 金洛奎 丙子 / 李行範 戊寅 / 李態允 己卯 / 吳一弘 庚辰 / 張齊燁 壬午 / 羅日樞 癸未 / 崔仁默 甲申 / 孫熈彪 乙酉 / 崔宗華 丁亥 / 李鼎範 辛卯 / 金相恂 己亥

田稅都色

金就九 / 曹時憲 / 吳思德 庚戌 / 孫培昌 乙卯 / 崔致淵 甲午 / 曹胤弼 / 梁德孝 / 孫永百 / 鄭德東 / 李恒春 / 曹景殷 / 徐漢直 / 李陽采 辛巳 / 曹建德 / 曹潤采 / 李東燁 / 崔鎭恒 / 吳泰元 / 吳致源 己丑 / 李雲翼 己丑 / 金得麗 乙酉 / 曹景達 丙戌 / 金光鎰 丙戌 / 吳尙權 丁亥 / 曹建德 丁亥 / 羅處祥 乙亥 / 金致弘 丁丑 / 金成甲 甲辰 / 孫啓運 壬申 / 羅弘織 辛卯 / 羅宗憲 辛卯 / 鄭時復 壬辰 / 羅達臣 壬辰 / 曹景復 癸巳 / 孫永祐 癸巳 / 吳后巖 庚寅 / 吳相臣 甲午 / 曹運宅 乙未 / 孫宗喆 丙申 / 鄭楚彦 己亥 / 朴衔源 丁酉 己酉 / 朴伯源 戊戌 戊申 / 李彦采 癸卯 丁未 / 高快三 甲辰 子應翼 丙寅 / 李景燁 庚戌 / 李弘燁 壬子 / 鄭殷成 辛亥 / 盧永權 癸丑 / 朴道純 甲寅 丁巳 / 金浩彦 甲寅 / 崔啓遠 乙卯 / 吳濟祿 乙卯 丙辰 / 崔麟宅 乙卯 / 金宗潤 丙辰 / 梁聖翼 乙巳 / 李斗定 丁巳 / 金銀祿 戊午 / 金鍾煥 戊午 改名 宗希 / 趙有采 辛酉 / 朴道天 辛酉 / 李尙殷 癸丑 / 吳民星 庚申 / 羅纘紋 癸亥 / 吳益華 壬戌 / 金時夏 甲子 / 吳扶龍 乙丑 / 高應翼 丙寅 / 尹福享 丙寅 / 金懿奎 丁卯 / 昇大嫌 丁卯 / 曹澤宗 辛未 / 吳在裕 辛未 / 昇寅煥 庚午 / 孫膺一 乙丑 / 崔啓斗 甲子 / 吳建日 戊辰 / 朴宗吉 壬申 / 李命安 壬

申 / 金斗鎰 癸酉 / 鄭啓範 癸酉 / 高應奎 甲戌 / 曹澤淳 甲戌 / 崔鎬宅 / 孫膺淳 / 鄭觀夏 丙子 / 金洛奎 丙子 / 鄭匡夏 丁丑 / 吳在郁 己卯 / 徐震煥 庚辰 / 金之秋 辛巳 / 奇峻炯 壬午 / 李孝國 癸未 / 梁翊祖 丙戌 / 金晉九 / 徐壽容 丁亥 / 曹澤範 丁亥 / 鄭大采 甲午 / 金光旭 乙未 / 李潤植 庚戌

庖宰色

鄭時復 辛卯 / 曹景復 壬辰 / 崔致淵 癸巳 / 孫啓運 甲午 / 羅復采 乙未 / 朴衍源 丙申 / 朴伯源 丁酉 / 金光鎰 戊戌 / 鄭初馨 戊戌 / 羅宗憲 乙巳 / 李彦采 丙午 / 梁聖翼 甲辰 / 金聖民 辛丑 / 高快三 癸卯 子應翼 乙丑 / 吳處祿 / 李景曄 己酉 / 鄭殷成 庚戌 / 李弘燁 辛亥 / 盧遇慶 壬子 / 盧永權 壬子 / 朴道衡 癸丑 丙辰 / 吳重權 戊申 / 崔啓祐 甲寅 / 金宗鎰 乙卯 / 金殷祿 丁巳 丁卯 / 金佑宅 戊午 / 曹有采 庚申 辛酉 / 崔啓安 癸亥 / 孫膺一 甲子 / 高應翼 乙丑 / 金義祚 丙寅 / 梁奎漢 戊辰 / 陳虎錫 己巳 / 曹澤宗 庚午 / 朴宗吉 辛未 / 金斗鎰 壬申 / 高應奎 癸酉 / 崔鴻宅 甲戌 / 鄭觀夏 乙亥 / 盧德臣 丙子 / 鄭殷夏 丁丑 / 孫勉祖 戊寅 / 羅寅樞 庚辰 / 羅斗翼 辛巳 / 金志宅 壬午 / 徐潤煥 癸未 甲申 / 梁翊祖 乙酉 / 徐壽容 丙戌 / 吳匡斗 丁亥 / 金光旭 甲午

普興寺紙所色

鄭蘊三 甲辰 乙巳 / 吳尙權 丙午 / 金光默 丁未 / 崔嵛齊 戊申 / 羅宗臣 己酉 / 金時敏 庚戌 / 孫宗哲 辛亥 / 鄭世宅 壬子 / 金萬鎰 癸丑 / 金佑宅 甲寅 / 朴思協 乙卯 / 李景曄 丙辰 / 金光益 丁巳 / 盧德臣 戊午 / 金佑臣 己未 壬申 / 金準鎰 庚申 / 金百鍊 辛酉 / 河有黃 壬戌 / 金宗鎰 癸亥 / 李景曄 甲子 / 鄭甲夏 乙丑 / 金賢枰 丙寅 / 金光文 丁卯 / 孫膺碩 戊辰 / 朴良禧 己巳 辛巳 / 金履九 庚午 / 曹命健 辛未 / 羅斗翼 癸酉 / 鄭匡夏 甲戌 / 鄭普安 乙亥 / 金光孝 丙子 / 曹澤淳 丁丑 / 崔宗華 戊寅 / 李行範 己卯 / 昇龜煥 庚辰 / 崔仁默 壬午 / 昇寅煥 癸未 / 崔斗桓 乙酉 / 鄭啓瑞 丙戌 / 崔享宅 丁

亥 / 李尙敦 乙酉 / 羅致坤 丙午

首律生

曹後臣 丙寅 / 高萬崙 / 曹昌儀 / 鄭楚新 / 曹允弼 / 鄭楚彦 癸未 / 羅福采 / 鄭楚明 / 鄭時復 / 曹相祿 乙未 / 李雲翼 辛丑 辛亥 壬子 / 李志儉 / 羅宗臣 / 鄭殷成 / 趙永禧 / 金浩彦 / 金宗希 / 曹孝采 / 曹衡采 / 吳潁祿 / 羅纘緖 庚午 / 羅啓臣 甲戌 / 吳在德 乙亥 / 曹禧淳 丙子 丁丑 / 金應海 丁丑 辛巳 / 昇東旻 己卯 / 盧德圭 庚辰 / 李孝國 丁亥 己亥 / 奇峻崑 癸巳

統記色

曹後臣 辛亥 / 羅福采 / 曹昌儀 / 鄭時復 乙丑 / 鄭楚新 / 曹相祿 / 李尙培 壬午 / 鄭楚明 / 曹允弼 壬申 / 鄭楚彦 孫大采 / 李陽采 / 方宇采 / 尹得享 / 昇楚星 甲申 / 河聖良 丙戌 / 高達三 / 趙元采 / 高快三 / 羅達臣 / 羅宗臣 / 高盟三 / 趙永旭 / 金得麗 / 金宅裕 / 鄭健夏 / 曹衡直 / 曹興一 辛亥 / 吳啓祿 辛亥 / 金宗祿 壬子 / 曹衡直 壬子 / 羅虎臣 / 金浩彦 / 李雲翼 / 曹瑞澤 / 李斗定 戊午 / 吳民星 / 昇東旻 / 金宗希 / 羅贊文 戊午 / 鄭殷星 / 吳益佑 辛酉 / 尹福享 辛酉 / 昇寅煥 丁卯 / 安俊憲 壬申 / 吳建日 丁卯 / 金時夏 壬申 / 昇龜煥 癸酉 / 河之潤 甲戌 乙亥 / 吳在郁 丁丑 / 金泰弘 丙子 / 奇俊炯 庚辰 / 金寶貴 庚辰 / 曹澤邦 / 朴思翊 / 昇斗煥 / 金志完 / 朴志默 / 高弼華 丁亥 / 鄭大采 戊子

紙所色

曹後臣 癸丑 / 金就九 / 羅福采 / 曹昌儀 / 鄭時復 壬戌 / 鄭楚新 / 曹相祿 / 鄭楚明 / 曹允弼 甲申 / 昇楚星 癸未 / 河聖良 / 方宇采 / 鄭楚彦 孫大采 / 吳相臣 / 羅達臣 / 高孟三 / 曹永旭 / 鄭健夏 / 曹衡直 / 崔鎭華 庚戌 辛亥 / 羅虎臣 / 昇東旻 / 羅尙倫 / 李雲翼 / 曹瑞澤 / 金宗希 癸丑 / 曹興一 甲寅 / 鄭殷星 / 吳民星 / 吳潁祿 / 曹敬武 / 吳益佑 / 金時夏 / 安俊憲 甲戌 / 吳

在郁 / 吳在考 / 金泰弘 庚辰 / 奇俊炯 辛巳 / 曹澤範 壬午 / 鄭啓基 癸未 / 鄭啓郁 甲申 / 昇斗煥 乙酉 / 崔斗華 己丑 / 鄭大采 戊子

常年戶籍色

曹後臣 甲寅 / 羅福采 / 曹昌儀 / 鄭時復 丁卯 / 鄭楚新 / 曹相祿 / 曹潤弼 壬申 / 曹命允 / 尹得享 /鄭楚彦 孫大采 / 高快三 / 河聖良 / 崔致章 / 徐漢直 / 孫培昌 / 鄭楚明 / 高萬崙 / 吳相臣 / 羅達臣 / 高盟三 / 羅宗臣 / 趙永旭 / 鄭健夏 / 曹衡直 / 曹孟純 辛亥 / 昇東旻 辛亥 / 羅虎臣 / 曹興一 / 李斗永 / 金宗希 / 鄭殷成 / 羅尙綸 / 昇寅煥 戊辰 / 安俊憲 丙子 / 吳在復 戊寅 / 吳在郁 庚辰 / 吳在基 辛巳 / 梁啓行 癸未 / 金志宅 癸未 / 曹澤邦 壬午 / 朴志默 / 鄭啓璘 丁亥 改名 大采

醫 生

曹後臣 戊午 / 羅福采 / 曹昌儀 / 鄭時復 戊辰 / 曹相祿 / 鄭楚明 / 曹潤弼 辛巳 / 昇楚星 / 金宅凞 壬午 / 安鎭宅 / 曹啓采 / 鄭楚彦 / 李雲翼 / 河聖良 庚寅 / 高快三 / 羅達臣 / 羅宗臣 / 曹孝直 / 趙永禧 / 昇東旻 / 吳啓祿 / 曹孝采 / 曹孟純 / 羅虎臣 / 曹興一 癸丑 / 曹瑞宅 甲寅 / 朴道純 乙卯 / 金浩彦 / 鄭殷星 / 吳民星 / 吳命星 / 吳穎祿 / 羅良臣 / 羅贊文 / 李世聃 丁卯 戊辰 / 吳穎祿 / 尹福夏 壬申 / 吳在考 丙寅 / 昇龜煥 甲戌 / 曹澤淳 / 吳在郁 / 河之潤 / 安俊憲 甲戌 / 奇埈炯 己卯 / 金泰弘 庚辰 / 曹澤潭 辛巳 / 鄭啓郁 壬午

氷丁色

曹後臣 戊午 / 羅福采 / 李德松 辛巳 / 曹相祿 / 曹潤弼 丙子 / 高快三 / 李雲翼 / 鄭楚明 / 河聖良 / 鄭時復 / 昇楚星 丙申 / 高孟三 / 鄭健夏 / 曹衡直 / 李之儉 / 曹興一 / 金達祿 / 羅虎臣 / 朴道純 乙卯 / 鄭殷星 / 羅良臣

進上醫生

曹後臣　戊寅 / 曹昌儀 / 鄭時復　己巳 / 鄭楚明 / 羅福采 / 曹建德 / 曹相祿 / 高快三 / 吳景源 / 趙永旭 / 曹衡直 / 羅尙綸 / 朴道淳 / 李雲翼 / 吳濟祿 / 曹享權 / 昇仁煥　己巳　辛未 / 吳在裕　乙卯 / 安俊憲　癸酉 / 昇龜煥 / 徐震煥 / 金泰弘 / 吳在基 / 昇斗煥　丁亥

Ⅳ. 朝鮮末 羅州邑 鄕吏社會의 持續性과 變化

1. 머리말

조선 후기의 사회변동 과정에서 향촌사회는 크게 변모하였다. 새로운 사회세력들이 각지에서 조선 말 이후의 정치·사회적 격변과 국권상실과정에서 어떻게 적응 변신하며 한국근대사의 한 主役으로 성장해 갔는가를 해명하는 일은 중요한 과제가 아닐 수 없다. 그중에서도 조선 말 이후 향리층의 정치사회적 진출과정을 밝히는 일은 연구사적으로 특히 중요한 과제였다. 이들이 일제하는 물론 해방 후에도 정치 경제 사회 학술 각 방면에서 뛰어난 활약상을 보여 주며 주요 정치사회세력의 하나로 성장한 때문이다. 이런 이유로 향리집단에 대한 연구는 그간 여러 방향에서 추구되어 상당한 성과를 거두어 왔다.

향리층에 대한 지금까지의 연구는 조선 초기 향리가 향촌사회에서 점했던 위상과 그 영향력을 규명하려는 것에서부터, 조선 후기 향리들의 신분이동과 조직구성, 지방행정과 관련한 이들의 역할이 무엇이었는가에 대해 중점적으로 진행되어 왔다.[136] 대체로 지방세력의 존재는 각 시기별로 위상과 성격이 다르지만, 그 주도권을 장악했던 지방세력의 실체를 밝히는 일은 지역사

136) 향리층에 대한 연구사 정리는, 김준형, 「조선시대 향리층 연구의 동향과 문제점」, 『한국의 전통사회와 신분구조』, 한국사회사연구회, 1991 참조.

연구에 있어서 매우 중요한 연구대상이다. 그렇지만 그간의 연구는 대개 朝鮮中後期의 존재상 추구에 집중되어 이 집단의 朝鮮末 이후 동향을 면밀하게 추적하지는 못하였다.

본 연구는 이러한 연구사를 염두에 두면서, 조선 말 나주지역 향리사회의 실체를 파악함으로써 신분구조의 변동에 대한 종래의 해석을 재검토하고, 근대 이후 향리집단의 진출양상과 관련하여 향리집단의 존재양식과 특성을 밝히고자 한다. 이를 위해 우선 사례연구의 하나로서 朴氏家를 연구하였으나,[137] 이를 여러 鄕吏家로 더욱 확대 발전시켜야만 조선 말 이후 향리층의 정치사회적 진출과정과 변동양상을 정확히 파악할 수 있을 것이다. 그러므로 이번 연구에서 박씨가 연구에 이어 羅州 邑內의 有力 鄕吏家의 존재형태와 변동양상의 일단에 접근해 보고자 한다. 여기서는 가능한 한 나주지역에서 발굴된 古文書를 적극 활용하여 향리직으로의 진출문제, 향리가의 세습문제, 주요 향역의 독점현상, 그리고 조선 말 사회변동에 대한 향리층

137) 朴眞哲, 「韓末 日帝下 羅州地域 鄕吏家門의 動向-密陽 朴氏家를 中心으로」, 『大東文化硏究』 제44집, 2003.

의 대응과 이에 따른 내부변화 등을 밝혀보고자 한다. 이를 통해 향리사회의 지속성과 변화 사이의 상관관계를 추구하는 작업에도 일조하고자 한다. 이 같은 분석은 전통 향리가의 근대적 지주로의 전환과정, 나아가 근대전환기 사회계층 변동에 대한 중요한 실마리를 제공할 것으로 기대한다.

2. 羅州 邑內의 傳統的 鄕吏家와 新興 鄕吏家

전통적 향리가라 함은 戶長과 吏房職을 거의 독점하고 꾸준히 향리직역을 맡는 가문을 의미한다.138) 기존의 연구를 통해 나주지역의 전통적 향리가에 대해서는 어느 정도 파악되었다. 우선 조선시대 나주의 戶長層의 경우 조선 전기에는 鄭, 羅, 金, 朴, 曹, 陳씨 등이 맡고 있었음을 알 수 있었다.139) 또한 17세기 말경에는 孫氏, 梁氏가 호장으로 확인된다.140) 1754~1873년까지는 孫, 羅, 梁, 吳, 鄭, 曹氏가 戶長職을 담당했던 것으로 보인다.141) 이 밖에 19세기 후반의 자료에 의하면 李氏와 朴氏도 戶長으로 나타난다.142)

---

138) 김준형, 「조선 후기 울산지역 향리층 변동」, 『한국사연구』56, 1987, 44면 참조.

139) 박진철, 「조선시대 향직운영체계의 변화와 나주의 호장층」, 『이화사학연구』 제31집, 2004, 83면.

140) 박진철, 「한말 일제하 나주지역 향리가문의 동향」, 『대동문화연구』 제44집, 2003, 86~87면.

141) 박진철, 앞의 논문, 2004, 83면 참조.

142) 박진철, 앞의 논문, 2004, 84면; 나선하, 「19세기 초 나주 향리층의 계 조직과 읍권의 동향」, 한국사연구회 제244차 연구발표회 발표자료집, 2005에 의하면 19세기 후반에 가면 나주의 공형 자리에 지금까지는 참여할 수 없었던 李·高·朴과 같은 성씨들이 진출했다고 한다.; 나주 관련자료에 나타나는 호장담당 성씨에 대한 구체적 내용은 박진철, 「조선시대 나주지방이서의 조직과 담당가계」, 『담론 201』, 7권 2호, 2005, 참조.

특히 『先生四喪賻儀錄』에 등재된 인물들을 분석해 보면 나, 손, 양, 오, 정, 조씨가 호장과 이방 등 주요 향역을 맡고 있었던 것으로 나타난다.143) 하지만 이를 좀더 살펴보면 이들 중에서도 孫氏가 戶長에서는 46%, 吏房은 45.7%, 副戶長 35.4%, 副吏房 41%로 다른 다섯 성씨보다 압도적으로 주요 향역을 차지하고 있음을 알 수 있다. 이는 『各房掌先生案』의 분석에서도 확인된다.144) 여기서도 孫氏는 호장에서 42.8%, 이방은 54.5%, 부호장 31.8%, 부이방 24.1%로 주요 향역, 특히 호장과 이방은 거의 과반이거나 그 이상의 비중을 차지하고 있었던 것이다. 또한 『作廳先生案』을 분석해 보면 등재되어 있는 인물 총 432명 중 가장 많은 성씨는 金氏 60명으로 13.8%, 두 번째로는 孫氏 59명으로 13.6%, 세 번째는 曹氏 45명으로 10.4%, 네 번째는 李氏 38명 8.8%, 다섯 번째는 羅氏와 崔氏로 각각 36명 8.3% 순이다. 그 다음으로 吳, 鄭, 梁, 朴, 高씨가 그 뒤를 잇고 있다.145) 이와 함께 뒤의 〈표 4〉을 통해 호장과 이방과 같은 주요 향역은 특정가계가 세습하고 있음도 확인할 수 있다.146) 결국 나주읍내 지역은 羅, 孫, 吳, 梁, 鄭, 曹의 여섯 성씨가 현재 羅州 지역 향리 관련자료로 확인되는 거의 全 時代를 거쳐 호장과 이방과 같은 주요 향역을 독점 세습하고, 육방과 색리도 담당하는 전통적 향리가라는 것을 알 수 있다.

한편 호장과 이방 등 주요 향역을 독차지했던 주요 성씨(전통적 향리가)를 제외하면 金, 李, 崔氏가 주목된다. 이는 『班首契案』에 房首 성씨로 나

143) 〈표 1〉 참조: 『선생사상부의록』은 癸未年(1883)에 작성된 자료로 대체로 18세기 중엽에서 19세기 후반까지 향역을 담당했던 인물들이 기재되어 있다. 이 자료는 『各房掌先生案』보다는 조금 뒤에 작성된 것으로 보인다. 그러나 등재 인원은 3790명으로 가장 많다. 이에 대해서는 박진철, 앞의 논문, 2004, 84면 참조.

144) 〈표 2〉 참조; 『각방장선생안』은 정확한 작성시기는 알 수 없으나 검토해 본 결과 1754년~1873년 사이에 향역을 담당했던 인물들이 등재되어 있다. 이에 대해서는 박진철, 앞의 논문, 2004, 83면 참조.

145) 〈표 3〉 참조; 『작청선생안』은 1705년 乙酉生에 인물을 시작으로 1835년 乙未生 인물까지 거의 출생순으로 총 432명의 人名과 出生年 干支만 적혀 있다. 이에 대해서는 박진철, 앞의 논문, 2004, 84면과 박진철, 앞의 논문, 2005 참조.

146) 이에 대한 보다 자세한 내용은 권말의 〈부록 1〉 참조.

타나는 崔·李·金·高씨와 비교할 때 이들이 호장과 이방을 맡을 수 있는 전통적 향리가는 아니었더라도 상당히 비중 있는 향리가였을 가능성을 시사해 준다.147)

〈표 1〉『선생사상부의록』에 나타난 주요 향역 담당 성씨와 인원수

	羅	孫	梁	吳	鄭	曹
호장	10	23	5	3	1	7
이방	8	17	4	2	1	5
부호장	13	22	8	8	1	11
부이방	9	23	7	9		9

〈표 2〉『각방장선생안』에 나타난 주요 향역 담당 성씨와 인원수

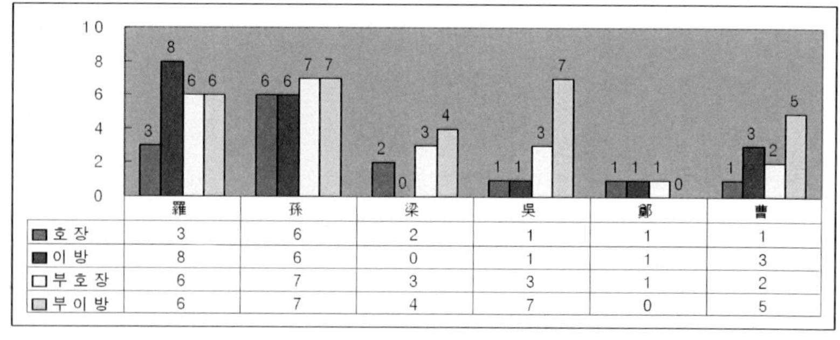

	羅	孫	梁	吳	鄭	曹
호장	3	6	2	1	1	1
이방	8	6	0	1	1	3
부호장	6	7	3	3	1	2
부이방	6	7	4	7	0	5

147) 나주지방 향리집단은 1804년(순조 4) 班首契를 조직하였다. 『班首契案』의 서문에 계원의 자격은 '鄕班으로서 이미 公兄을 지냈거나, 西班으로서 이미 房首를 지냈으면 모두 들어오고, 아직 공형을 지내지 못했거나, 방수를 거치지 못한 자는 함부로 참여할 수 없다'고 명시하고 있다. 여기에서 公兄은 戶長과 吏房을, 房首는 六房의 首任을 의미한다. 이에 대해서는 나선하, 「조선 후기 나주 읍치사회의 연망에 관한 일고찰」, 역사문화학회 2003년도 전국학술대회 발표자료집, 2003과 나선하, 「19세기 초 나주 향리층의 계 조직과 읍권의 동향」, 한국사연구회 제244차 연구발표회 발표자료집, 2005 글 참조.

〈표 3〉『작청선생안』에 입록된 성씨와 인원수

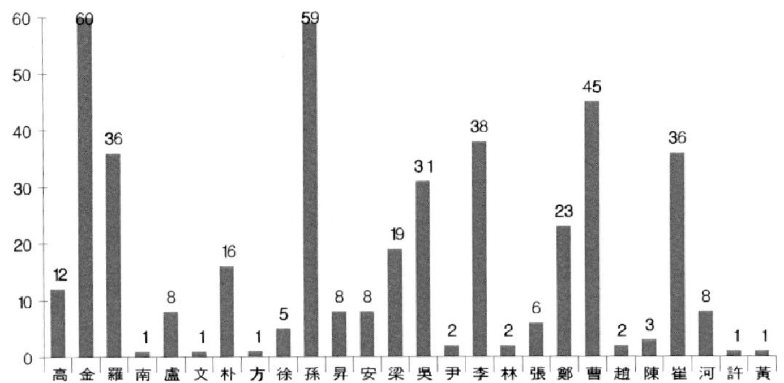

〈표 4〉 主要 吏任(戶長·吏房·副戶長·副吏房) 擔當 世襲 家系의 例

羅斗樞(戶長)－孫 致坤(戶長)
羅弘奎(戶長/吏房/副吏房)－子 斗樞(戶長)－曾孫 致坤(戶長)
羅弘織(戶長/吏房/副戶長/副吏房)－子 時樞(戶長)
孫慶來(戶長/吏房/副戶長/副吏房)－子後殷(戶長/副戶長/副吏房)－孫濟福(戶長/吏房/副吏房)
孫永百(吏房)－孫 光益(副吏房)－曾孫 信成(吏房)
孫永祐(戶長)－子 熙彪(戶長/副吏房)
孫仁宅(戶長/副吏房)－子命旭(戶長/副吏房) 思默(副戶長) 命達(戶長)－孫 得悅(戶長/副吏房)
孫處敏(副戶長)－子 膺崙(副戶長) 子 膺聖(副吏房)
孫喆俊(戶長/副戶長)－子 羽彪(吏房/副吏房)
孫後殷(戶長/副戶長)－子 濟福(戶長)－孫 馨胃
梁建煥(戶長/副吏房)－孫 俊松(戶長)
梁德孝(副戶長)－子 建國(副戶長)
梁德厚(副吏房)－子 建熙(副吏房)
梁聖翼(戶長/吏房/副吏房)－子 有行－孫 錫魯(戶長)－曾孫 軫永
吳相熙(吏房)－子 民宅(副戶長)
吳致源(副吏房)－子 重權(副戶長/副吏房)
曹時憲(戶長/副戶長/副吏房)－子 運澤(戶長) 運復(副戶長)－孫 弘麟(戶長)

*참고자료: 『선생사상부의록』, 『각방장선생안』

〈표 5〉 六房과 기타 色吏 擔當 世襲 家系의 例

高快三－子應台 子應奎 子應翼－孫 尙孝 啓孝
金德呂－子 宅凞 宅裕－孫 覆良－曾孫 漢機
金致權－子得麗 得鹿
金宅凞－子 覆良
盧永采－子 遇慶
安鎭宅－子 聖權 聖楷 佑民－孫 北圭 大圭 麟圭－孫 後憲
李景立－子 尙敦
李彦采－子思宅
張壽聃－子 齊熚
鄭世宅－子 鶴壽
鄭彦淑－子 匡夏 謙夏
鄭楚明－子 蘊三
鄭楚新－子 健夏 武夏－孫 啓珍
鄭楚彦－子 匡夏 觀夏 章夏 鍾夏 碩夏－孫 啓俊 大采
崔擎圓－子 仁默
崔啓良－子華宅 安宅 鎬宅
崔啓祥－子 揆宅
崔致章－子啓弘 啓祐－孫 麟宅 龍宅
崔致勣－子 啓遠

*참고자료: 『선생사상부의록』, 『각방장선생안』

그런데 호장과 이방과 같은 주요 향역을 맡지 못한 가계라 할지라도 이들을 假吏로 볼 수 있는지에 대해서는 좀더 연구가 필요하다. 흔히 가문의 배경 없이 향역에 차정되는 자들을 직역계층으로 '假吏層'이라 했을 때[148], 김씨, 이씨, 최씨는 가리 성씨라고 할 수 없다. 왜냐하면 그들은 가리층에 비해 세습에 성공하는 사례가 많았기 때문이다. 이처럼 〈표 5〉에서 볼 수 있는 바와 같이 나주읍내에는 전통적 향리가가 아니면서도 향역을 세습하는 경향을 보여 주는 가계들이 나타난다.[149] 물론 〈표 5〉는 자료의 한계로 인해 2대 이상의 세습이 많이 보이지는 않는다. 세습이라고 한다면 최소한 4대 이상이 되어야 하지 않는가 하는 반론이 있을 수 있다.[150] 그러나 이들

148) 권기중, 「18세기 丹城縣 假吏層의 階層構造」, 『史林』 제20호, 2003, 6면.
149) 이에 대한 보다 자세한 내용은 권말의 〈부록 2〉 참조.

향리가의 향역 세습 경향은 〈표 6-1〉, 〈표 6-2〉, 〈표 7-1〉, 〈표 7-2〉를 통해 보다 구체적으로 확인할 수 있다. 이 표를 통해 보면 慶州 崔氏나 密陽 朴氏家는 公兄職과 같은 주요 향역을 독점 세습하는 향리가는 아니었다 하더라도 누대에 걸쳐 향리직을 이어오고 있었던 것이다.

〈표 6-1〉 慶州崔氏 鄕役 擔當 家系圖 (* 표시는 향역 담당인물)

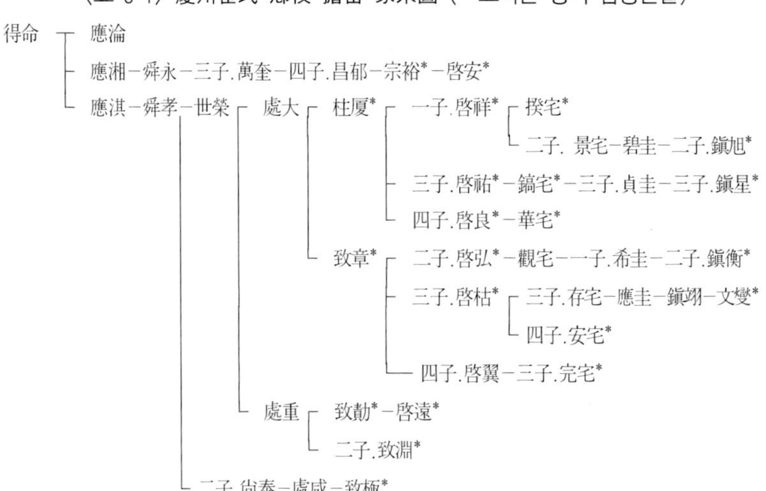

〈표 6-2〉 慶州 崔氏 中 鄕吏로 確認되는 人物과 擔當 鄕役

宗裕 초휘 致一 字 民慶 景宗2년 1722년생 1792년 壬子卒 贈通政大夫工曹參議 配錦城吳氏贈淑夫人 父 大彦: *각창색, #도훈도, *영창색, *산성색, *보역색, *수군병방, 군기색, 배패색, 경포색, *노비색.
啓安 초휘 小甲 贈 兵曹參議 配 漢陽趙氏: 도서원, 보역색, 육색, 고마색, 공색, 향교도색겸양재색, 대동도색, 포재색.
啓祥 초휘 賣三 英祖8年 1732년생－1790년졸 通德郎蔭加: *수호방, *지호방, *형방, *내공방, *도서원, *각창색, *대동색, *관청미색, *고마색, *세초색, *전문서사, *식년호적색, 제민창색, *대동도색.

150) 권기중, 「조선 후기 단성현의 향리층의 분화현상」, 『대동문화연구』47, 2004, 48면 〈표 6〉.

揆宅 초휘 守宅 字約叟 英祖25년 1749년생-1792년졸 通德郎錄用勳裔 配密陽孫氏恭人 父命顯 祖世彦: *형방, *각창색, *대동색, 산성색, *보역색, 관청미색, *관장무, *공색, *정병색, *조군색, *전문서사, 노비색.

鎭旭 초휘 泰旭 字君植 純祖16년 1816년생-1882년졸 配錦城鄭氏 父啓珍 祖甲夏(예방, 병방, 각창색, 도훈도, 고마색, 전관색, 수선색, 관장무, 승발, 수군병방, 창도색, 소리, 배패색, 세초색, 개안색, 노비색, 보흥사지소색): 형방 〈鄭啓珍→父 健夏→祖父 楚新〉

啓祐(佑) 초휘 賁突 字子瞻 英祖15년 1739년생-1825년졸 通德郎蔭加 配錦城吳氏恭人 父益漢祖成龜: *병방, *전문서사.

鎬宅 초휘 煥 字姬京 正祖7년 1783년생-1847년졸 通德郎錄用勳裔 繼子生父啓良 配利安朴氏恭人 父致蕃 配漢陽趙氏恭人 配金海金氏: 형방, 도서원, 각창색, 영창색, 산성색, 보역색, 전관색, 관장무, 공색, 승발, 군기색, 전문서사, 대동도색, 전세도색.

鎭星 초휘 星鎰 字順明 高宗12년 1875년생-1915년졸 配金海金氏: *관장무

啓良 초휘 賁岩 字子明 英祖17년 1741년생-1793년졸 嘉善大夫同知中樞府事兼五衛將 正祖朝敎旨 配光山金氏貞夫人 父副護軍致瑛 祖副護軍盟振: *수호방, *지호방, *형방, *내공방, *도서원, *각창색, *산성색, 보역색, *고마색, *정병색, *전문서사.

華宅 초휘 煜 字秀五 號止奄居士 英祖38년 1762년생-1834졸 贈通政大夫護軍正祖朝錄用勳裔 配平山申氏贈淑夫人 父嘉善大夫命羲祖進士德載: *형방, 내공방, 도서원, 각창색, 보역색, 관청미색, *관장무, 공색, 향교도색겸양재색, 개안색, 대동동색.

致章 초휘 成章 字君采 肅宗40년 1714년생-1769년졸 純祖朝贈嘉善大夫 戶曹參判 配文化柳氏 贈貞夫人 父重輝祖萬葉: *형방, *내공방, *도서원, *각창색, *진휼색, *보역색, *진상예방, *정병색, *조군색, *전문서사, *식년호적색, *노비색, *상년호적색.

啓弘 字 子浩 英祖16년 1749년 庚申生 1799년 己未卒 贈嘉善大夫 司僕寺正 配新平宋氏 贈貞夫人 父時熙 祖萬爀: 지호방, 형방, *도서원, 각창색, *진휼색, *보역색, #수선고색, #식년호적색.

鎭衡 초휘 鍊瀅 字禮之 號裕齋 純祖27년 1827년생-1901년졸 配密陽朴氏 父老烈: *조군색.

啓枯 字 子佑 英祖18년 1742년생-1814년졸 贈嘉善大夫同知中樞府事純祖朝贈職 配咸平李氏贈貞夫人 父榮春祖東根: *수호방, 지호방, *형방, *도서원, *대동색, 산성색, *보역색, 육색, *고마색, *정병색, *전문서사, 포재색.

安宅 초휘 馨振 字正平 正祖9년 1785년생-1860년졸 贈嘉善大夫戶曹參判純祖朝贈職 配鐵原周氏 贈貞夫人 父巡將啓義 祖聖德: 형방, 내공방, 도서원, 보역색, 군기색.

文燮 高宗 5년 甲辰生 丁巳卒 配錦城丁氏: 나주수성

完宅 초휘 冀東 正宗14년 1790년생 贈嘉善大夫同知中樞府事 純祖朝贈職: 내공방, 군기색.

致勣 초휘 樑厦 字士勤 肅宗43년 1717년생-1778년졸 配咸平李氏 父東根祖國培: *예방, *병방, *형방, *도서원, *각창색, *대동색, *영창색, *산성색, *관청미색, *고마색, *관장무, *공색, *승발, *진상예방, *수군색, *경포색, *조군색, *세초색, *개안색, *대동도색.

啓遠 초휘 啓和 字子華 又字子仲 英祖40년 1764년생 繼子生父致恒 配光山金氏 父尙 祖世興: 지호방, 병방, 형방, 각창색, 육색, 관장무, 향교도색겸양재색, 전세도색, 포재색.

致淵 초휘 貴彦 字仁讓 英祖6년 1730년생-1775졸 配錦城鄭氏 父德采: 내공방, 각창색, 대동색, 보역색, 육색, 관장무, 공색, 승발, 진상예방, *수군색, 정병색, 세초색, 제민창색, *전세도색, *포재색.

致極 초휘 喆夢致 字而叔 英祖19년 1743년생-1809년졸 贈嘉善大夫 配豊川任氏 贈貞夫人 父嘉善大夫致善: *병방, *수군병방, *진상예방, *배패색, *노비색.

참고자료
『慶州崔氏文密公派世譜』全, 『선생사상부의록』, 『각방장선생안』
담당향역은 『선생사상부의록』을 기준으로 함.
*는 『각방장선생안』
#는 『각방장선생안』에만 있는 향역.

〈표 7-1〉 密陽 朴氏 鄕役 擔當 家系圖(* 표시는 향역 담당인물)

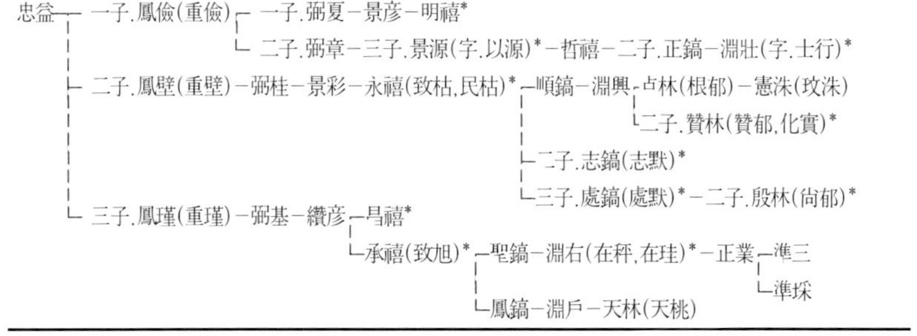

〈표 7-2〉 密陽 朴氏 中 鄕吏로 確認되는 人物과 擔當 鄕役

朴明禧 丁亥(1767) 字 仲賢 丁亥生, 戊子卒 贈工叅 配貞夫人幸州奇氏父達弘/父 景彦(1734)→祖父 弼夏(1705)→曾祖 鳳儉(1674): 閑良

朴致旭〈各房掌先生案〉甲戌(1814)=朴承禧(가승, 一名 良五, 字 致旭, 甲戌生, 乙未卒 配金海金氏父紀夏: 산성색, 전문서사): 地戶房*

朴致枯〈作廳先生案〉丁亥(1767)~庚辰(1820)=民枯=永禧(가승, 字 致枯 民枯, 丁亥生 庚辰卒 配 咸攘尹氏父縉得): 修繕色, 奴婢色, 倍牌色

朴志默〈작청선생안〉壬子(1792)=志鎬(民枯 次子, 가승, 字 志默 號 熙範 壬子生 配 光山金氏父時權): 官掌務, 統記色, 常年戶籍色, 漕軍色

朴處默〈작청선생안〉己未(1799)~癸未(1823)=處鎬(民枯 三子, 가승, 字 處默 號 俊漢 乃容, 己未生 癸未卒 配 利川徐氏父宗洽 再配 錦城金氏父永珍 三配 咸陽盧氏父相旭)

朴以源, 壬寅(1782), 가승에는=景源(가승, 字 以源 乙丑(1745)生, 癸酉卒, 配 羅州林氏父世源): 병방#, 內工房*, 肉色#, 進上禮房,正兵色, 改案色, 濟民倉色, 전세도색#

朴思行(가승, 淵壯, 字 士行, 戊戌(1838)生 配金海金氏), 戊子: 內工房, 所吏, 軍器色

朴昌禧, 戊戌 (가승, 辛未(1811)생, 戊戌卒, 配密陽孫氏父南虎): 都訓導

참고자료
『密陽朴氏淸齋公派家乘譜』, 『선생사상부의록』, 『각방장선생안』, 『작대장관선생안』
담당향역은 『선생사상부의록』을 기준으로 함.
*는 『각방장선생안』
#는 『각방장선생안』에만 있는 향역.
&는 『作隊掌官先生案』에만 나타나는 향역.

이들은 세습되지 않는 임시직 향리라는 일반적 의미의 假吏와는 구별된다.[151] 이런 의미에서 본 연구에서는 이들을 '新興 鄕吏家'라고 부르고자 한다.[152] 그렇다면 이제 이 신흥향리가의 구체적 실체에 접근해 보기로 하자.

나주의 경우 『선생사상부의록』을 살펴보면 가장 많은 賻儀를 내는 향역

151) 가리에 관련해서는 권기중, 앞의 논문, 2003과 권기중, 「17세기 假吏層의 형성 배경과 존재양태-단성현을 중심으로-」, 『역사와 현실』28, 1998 참조.

152) 이들을 어떻게 불러야 할지에 대해서는 많은 고민이 있었으나, 이들을 명확히 설명할 용어가 마땅치 않았다. 다만 전통적 향리가는 아니면서 호장과 이방을 제외한 거의 모든 향역을 담당하고 세습하는 유력 향리가로서 일반적 의미의 가리와는 구별되는 향리가를 지칭하는 용어로 사용하고자 한다.

이 各倉色, 都書員, 戶長, 吏房, 式年戶籍色, 改案色 순이다.[153] 이는 나주에서 각창색과 도서원 등이 실질적 이익이 많은 향역이 아니었나 추측하게 한다. 이는 부세수취의 양이 커지거나 그 사회적 의미가 커지는 변화에 따른 당연한 결과였다고 할 수 있다. 이들이 부세수취에 실질적인 권한을 행사할 수 있는 자리였기 때문이다. 그렇다면 나주에서 각창색과 도서원 그리고 식년호적색과 개안색과 같이 실질적 이익이 많았을 것으로 생각되는 향역은 어떤 성씨들이 주로 담당했던 것일까?

우선 『각방장선생안』을 살펴보면, 각창색을 담당했던 인물은 총 95명이 보인다. 이 중 金씨가 15명, 李씨가 13명, 曹씨가 11명, 崔씨가 8명, 孫씨와 羅씨가 각 7명, 梁씨가 6명, 吳씨가 5명 순으로 나타난다. 도서원은 총 17명이 맡았는데 이 중 崔씨가 6명, 金씨가 5명, 曹씨가 3명, 李씨가 2명, 安씨가 1명이다. 식년호적색은 총 19명 가운데 曹씨가 4명, 鄭씨와 崔씨가 3명, 金씨가 2명, 그리고 羅·徐·孫·昇·安·吳·李씨가 각 1명으로 나타난다. 개안색은 총 23명 중 金씨와 李씨가 각 4명, 孫씨와 鄭씨가 각 3명, 曹씨가 2명 그리고 高·徐·昇·梁·吳·崔·黃씨가 각 1명이 맡고 있다.

『선생사상부의록』을 살펴보면, 각창색을 담당했던 인물은 총 246명이 나타난다. 이에 대한 자세한 내용은 〈표 8〉에 나타난 바와 같이 金씨가 38명으로 가장 많고, 이어 孫씨가 30명, 李씨와 曹씨가 각 25명, 羅씨가 19명, 崔씨가 18명, 吳씨와 鄭씨가 16명, 朴씨가 7명 순으로 나타난다. 도서원은 총 50명 중 崔씨가 13명, 金씨가 10명, 李씨가 9명, 鄭씨가 6명, 曹씨가

153) 보다 자세한 내용은 〈별표1〉 '『선생사상부의록』의 각 향역별 부의품목' 참조.; 선물교환은 인간관계를 형성하고 유지할 목적으로 행해지는 재화나 서비스의 수수를 의미하는 것이므로, 선물교환 속에는 그것을 밑받침하고 있는 인간관계 즉 결속과 지배로 맺어진 다양한 인간관계가 반영되어 있다고 생각된다. 賻儀費와 接待費가 인간관계를 형성·유지하기 위해 지불되는 선물임은 명백하다: 박이택, 「농촌사회에서의 선물교환:1834~1956)」, 『맛질의 농민들』, 일조각, 2001, 332~335면 참조.

4명, 安씨·張씨·河씨가 각 2명, 朴씨와 高씨가 1명으로 나타난다. 식년호적색은 총 28명 중 曹씨가 4명, 金·孫·梁·鄭·崔 각 3명, 朴·李 각 2명, 奇·徐·安·吳·張 각 1명으로 나타난다. 개안색은 총 62명으로 孫씨가 11명, 李·曹씨 각 8명, 金·鄭 각 6명, 梁·吳 각 4명, 崔씨 3명, 奇·徐씨 각 2명, 高·羅·朴·昇·張·河·許·黃 각 1명씩이다.

이와 같은 내용을 종합해 보면 다음과 같다. 우선 나주에서 都書員을 담당했던 성씨는 『각방장선생안』에 의하면, 崔·金·曹·李·安씨이다. 『선생사상부의록』에는 10개 성씨가 맡고 있는데 崔·金·李·鄭·曹·安·張·河·朴·高씨이다. 이들 중 전통적 향리가라고 할 수 있는 성씨는 曹씨와 鄭씨뿐이다. 부세제도 운영에서 차지하는 몫이 컸기 때문에 都吏라고도 하며 首吏와 병칭되는 경우가 많아지는 등 중요한 이임이었던 것이 도서원이다.[154] 이 도서원을 나주에서는 전통적 향리가가 아니었던 崔씨와 金씨가 가장 많이 맡았던 것이다.

각창색도 『각방장선생안』에서는 金·李·曹·崔·孫·梁·吳 등의 순으로 맡고 있고, 『선생사상부의록』에는 金·孫·李·曹·羅·崔·吳·鄭·朴 등의 순으로 나타난다.

식년호적색은 『각방장선생안』은 曹·鄭·崔·金·羅·徐·孫·昇 등의 순으로, 『선생사상부의록』에는 曹·金·孫·梁·鄭·朴·李·高 등의 순으로 나온다.

개안색은 『각방장선생안』은 金·李·孫·鄭·曹·高·徐 등의 순이고, 『선생사상부의록』에는 孫·李·曹·金·鄭·梁·吳·崔 등의 순이다.

이상의 결과를 놓고 볼 때 나주에서 현실적인 힘을 갖고 있었다고 여겨지는 직임에는 金·崔·李·朴씨와 같은 성씨들이 전통적 향리가 못지않게 참여하고 있었음을 확인할 수 있다.

---

154) 고석규, 앞의 책, 1998, 148면.

〈표 8〉『선생사상부의록』 중 각창색, 도서원, 식년호적색, 개안색 담당성씨와 인원

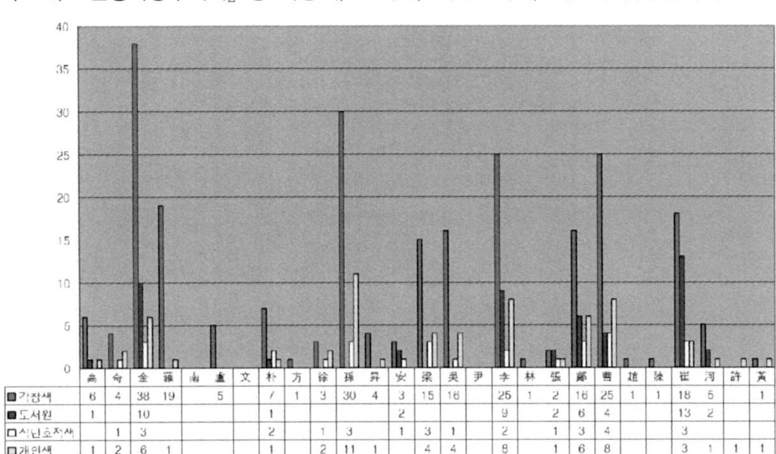

	高	俞	金	羅	南	盧	文	朴	方	徐	孫	昇	安	梁	吳	尹	李	林	張	鄭	曹	趙	陳	崔	河	許	黃
가장색	6	4	38	19		5		7	1	3	30	4	3	15	16		25	1	2	16	25	1	1	18	5		1
도서원	1		10					1					2				9		2	6	4			13	2		
시난호적색		1	3					2		1	3		1	3	1		2		1	3	4			3			
개인색	1	2	6	1				1		2	11	1		4	4		8		1	6	8			3	1	1	1

『각방장선생안』에 나타나는 총 1406명의 향역 담당인물 중에 가장 많이 나타나는 성씨는 李씨 190명, 曹씨 185명, 金씨와 孫씨 각 155명, 崔씨가 149명, 羅씨 103명, 吳씨 90명, 鄭씨 83명, 梁씨 69명, 安씨 38명, 朴씨 30명의 순이다.155)

『선생사상부의록』에는 총 3790명의 향역 담당인물이 보이는데 이 중 金씨가 515명, 孫씨가 453명, 曹씨가 409명, 李씨가 374명, 崔씨가 303명, 吳씨가 287명, 羅씨가 286명, 鄭씨가 259명, 梁씨가 151명, 朴씨가 130명 순이다.156)

이 같은 결과를 종합해 보면 나주의 향직은 전통적 향리가(孫·曹·吳·羅·鄭·梁)와 함께 金·李·崔·朴씨 등이 거의 도맡고 있었음을 알 수 있다.157) 이는 『班首契案』과 『刑房契案』을 통해서도 확인할 수 있다.158)

155) 〈별표2〉 '각방장선생안의 각 향역별 담당성씨와 인원' 참조.

156) 〈별표3〉 '『선생사상부의록』 중 향역 담당 성씨와 인원' 참조.

157) 이들 金·李·崔·朴씨가 호장·이방·부호장·부이방과 같은 향직은 전혀 맡고 있지 못하다는 것은 감안할 때 기타 향직에서 이들이 차지하는 비중은 더욱 크다고 할 수 있다.

158) 班首契와 將官契에 대해서는 나선하, 「조선 후기 나주 읍치사회의 연망에 관한

〈표 9〉에서 볼 수 있는 것과 같이 반수계원으로서 향반이 아닌 성씨는 崔·李·金·高씨의 순으로 나타난다. 『형방계안』에서 향반이 아닌 성씨로 가장 많이 나타나는 성씨는 金·崔·高·李씨 순이다. 『반수계안』 서문에 명시된 계원의 자격은 鄕班으로서 이미 公兄을 지낸 자와 西班으로서 이미 房首를 지낸 자이다. 이는 반수계원 중 향반과 서반을 구분하고자 하였음을 보여 주는 것이다.[159] 하지만 반수계를 향반들만이 아닌 방수 출신들과 함께 했다는 것은 이들의 존재가 결코 무시할 수 없었다는 것을 보여 주는 것이라고 생각한다. 또한 〈표 10〉에서 보는 바와 같이 『각방장선생안』에서 이방을 제외한 육방임을 가장 많이 맡고 있는 성씨는 金, 崔, 曹, 李, 孫, 梁, 吳, 鄭, 朴씨의 순으로 나타난다. 『선생사상부의록』 중 이방을 제외한 육방임을 많이 맡았던 성씨는 〈표 11〉과 같이 金, 孫, 李, 曹, 崔, 吳, 鄭, 羅, 朴, 梁의 순서이다. 여기에서도 확인되는 것은 전통적 향리가 외에 육방임을 도맡고 있는 성씨는 金, 崔, 李, 朴씨라는 사실이다. 이를 통해 다시 한번 확인할 수 있는 것은 이들 성씨가 전통적 향리가는 아니지만 이에 버금가는 유력 향리가라는 것이다.

〈표 9〉 『班首契案』·『刑房契案』·『作隊將官先生案』에 등재된 성씨와 인원수

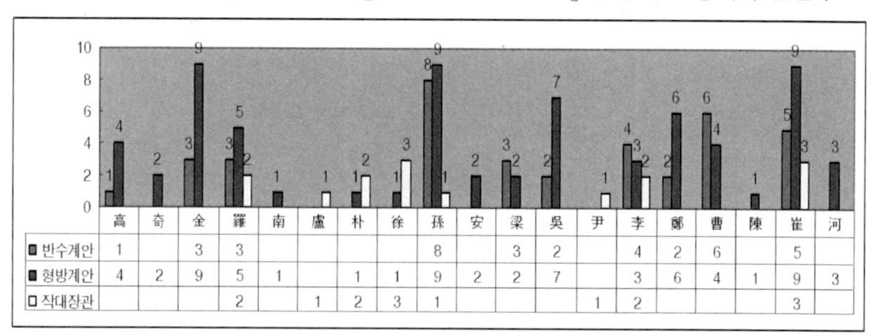

	高	奇	金	羅	南	盧	朴	徐	孫	安	梁	吳	尹	李	鄭	曹	陳	崔	河
반수계안	1		3	3					8		3	2		4	2	6		5	
형방계안	4	2	9	5	1		1	1	9	2	2	7		3	6	4	1	9	3
작대장관				2		1	2	3	1				1	2				3	

일고찰」, 역사문화학회 2003년도 전국학술대회 발표자료집, 2003 글, 49~55면 참조.

159) 나선하, 앞의 글, 2003, 50면.

〈표 10〉『각방장선생안』 중 이방을 제외한 六房담당 성씨와 인원

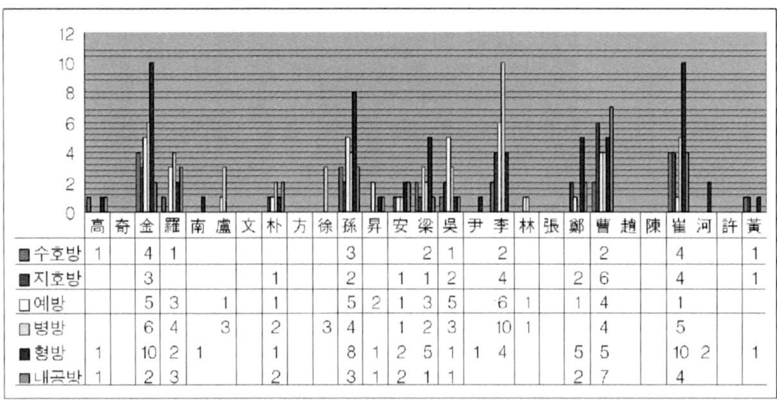

	高	奇	金	羅	南	盧	文	朴	方	徐	孫	昇	安	梁	吳	尹	李	林	張	鄭	曺	趙	陳	崔	河	許	黃
수호방	1		4	1							3			2	1		2				2			4			1
지호방			3					1			2		1	1	2		4			2	6			4			1
예방			5	3		1		1			5	2	1	3	5		6	1		1	4			1			
병방			6	4		3		2		3	4		1	2	3		10	1			4			5			
형방	1		10	2	1			1			8	1	2	5	1	1	4			5	5			10	2		1
내공방	1		2	3				2			3	1	2	1	1					2	7			4			

〈표 11〉『선생사상부의록』 중 이방을 제외한 육방담당 성씨와 인원

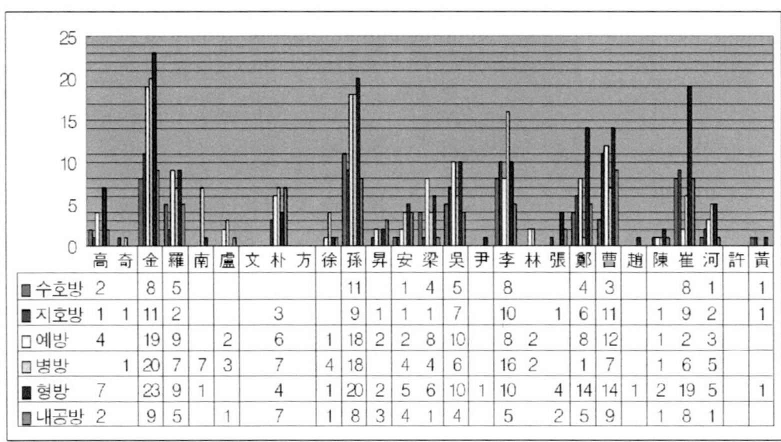

	高	奇	金	羅	南	盧	文	朴	方	徐	孫	昇	安	梁	吳	尹	李	林	張	鄭	曺	趙	陳	崔	河	許	黃
수호방	2		8	5							11		1	4	5		8			4	3			8	1		1
지호방	1	1	11	2				3			9	1	1	1	7		10		1	6	11		1	9	2		1
예방	4		19	9		2		6		1	18	2	2	8	10		8	2		8	12		1	2	3		
병방		1	20	7	7	3		7		4	18		4	4	6		16	2		1	7		1	6	5		
형방	7		23	9	1			4		1	20	2	5	6	10	1	10		4	14	14	1	2	19	5		1
내공방	2		9	5		1		7		1	8	3	4	1	4		5		2	5	9		1	8	1		

3. 朝鮮末 社會變動과 鄕吏層의 對應

1) 조선말 지방제도 및 재정제도의 근대적 개혁160)

地方制度란 국가의 鄕村支配方式이 구체화되어 나타나는 것으로서, 행정·재정·군사·재판·경찰·교육·위생 등 향촌사회의 모든 면을 포함하고 있는 것이라고 할 수 있다.161)

지방제도의 개혁과정은 중세국가의 향촌지배방식으로부터 근대적인 것으로의 변화를 추구한 것으로서, 여기에서 향촌사회의 다양한 변화가 일어나고 있었을 것이다. 또한 갑오농민전쟁의 직접적 원인이 향촌사회의 諸矛盾관계에서 찾아질 수 있고, 이러한 모순을 심화시키는 요인이 조선시기 이래 地方制度의 운영구조 자체 내에 포함되어 있었으므로 아직 自主的 改革을 할 수 있었던 甲午·光武期 지방제도의 개혁은 바로 이 향촌사회의 모순을 스스로 해결해 보려는 중앙정부의 개혁의지의 발현인 동시에 향촌사회의 안정을 꾀하려는 위로부터의 대응책인 성격을 지니고 있었다.162)

우선 지방행정체제를 살펴보면, 우선 道의 監營에는 中央과 유사한 六房을 두어 吏胥들이 배치되었고, 각 府·牧·郡·縣에도 郡衙에 六房을 두어 吏胥들이 배치되어 있었다.

이들 吏胥들은 土着民으로서, 鄕吏·衙前 등으로 불렸고 地方官의 지휘·감독하에 지방행정실무를 담당하고 있었다. 地方官은 중앙권력과의 一體性과 단기간의 재임·相避制 등으로 인해 그 土着化가 어려웠으므로 在

160) 이하 조선 말 지방제도와 재정제도의 개혁에 관해서는 윤정해, 「한말 지방제도개혁의 연구」, 『역사학보』 제105집, 1985; 유정현, 「1894~1904년 지방재정제도의 개혁과 이서층 동향」, 『진단학보』 73, 1992; 이윤상, 「갑오개혁기 근대적 조세제도 수립 시도와 지방사회의 대응」, 『한국문화』29, 2002 참조.

161) 윤정애, 앞의 논문, 1985, 68면.

162) 윤정애, 앞의 논문, 1985, 69면.

地勢力의 기반이 필요하였으며, 이에서 지방행정상 吏胥層들이 차지하는 비중이 매우 컸음을 알 수 있다. 그런데 조선 후기에는 이들의 숫자가 法典 규정이 무시된 채 계속 증대하고,[163] 또한 이들이 맡은 地方行政實務權·보수규정이 없다는 사실 등을 배경으로 吏弊가 더욱 더 현저해지고 있었다.[164]

조선사회의 지배구조가 民에 대한 在地勢力의 어느 정도 자율적인 지배와 독자적인 재정구조를 용인하고 있었음은 주지의 사실이다. 그것은 吏胥조직, 儒鄕조직, 面里조직 등의 복잡한 구조를 이루면서, 국가와 民과의 사이에서 한편으로는 중간수탈을 통하여 사회모순을 심화시키기도 하고 한편으로는 충돌의 완충역할을 하는, 양면적으로 기능하는 존재였던 것으로 생각된다. 그런데 특히 19세기에 들어서 이러한 지방지배조직은 지방관, 勢家와 연결되어 거대한 수탈구조를 이룸으로써, 전국적인 民의 저항을 불러일으킬 뿐 아니라 근대적 개혁과정에 있어서도 집권적 국가권력과 물질적 기반을 마련하는 데에 큰 장애가 되고 있었다.

따라서 甲午, 光武정권 모두에게 있어서 이 중간지배기구를 어떻게 해체하는가는 매우 중요한 문제였다고 생각된다. 이에 대해 그들이 마련한 대책은 우선 모든 조세를 중앙에서 일원적으로 징수하고 지방재정원을 모두 중앙정부가 흡수함으로써, 중간수탈의 여지를 박탈하는 것이었다. 지방행정제도의 개혁과 이서층의 정리를 골자로 하는 국가의 지방지배방식의 전면적인 수술도 이제 당연히 수반되지 않으면 안 되는 부분이었다. 이것은 국가, 종래의 중간수탈에 기생하던 제반 봉건지배세력, 그리고 民의 사이에 첨예한 이해관계의 대립을 낳는 것이기도 했다.[165]

地方行政體制에 대해서는 먼저 조선 후기 성행했던 地方官 임용의 부정과 문란상태를 막기 위해 갑오개혁기에는 吏曹의 人事權을 議政府會議로

163) 조선 후기 吏胥의 수적 증대에 대해서는 김필동, 「조선 후기 지방이서집단의 조직구조」, 서울대 석사논문, 1982 참조.

164) 윤정해, 앞의 논문, 1985, 72~73면.

165) 유정현, 「1894~1904년 지방재정제도의 개혁과 이서층 동향」, 『진단학보』 73, 1992, 64면.

바꾸어 지방관 인사행정의 공정을 꾀하고 중앙정치세력의 지방세력화를 견제하고 있었다. 그리고 광무개혁기에는 다시 內部로 人事權이 옮겨지며, 그에 대한 폐단을 막기 위한 여러 가지 보조 조치를 취하고 있었다. 조선시기에는 중앙정부가 간여하고 있었던 지방관 임용은 郡縣까지였으나, 갑오·광무개혁기에는 각 道·府·牧과 郡 等에 따라 吏胥層의 定員과 보수지급을 달리하며 中央政府에서 그 규모를 규정하게 되었다. 이는 종래 과다했던 地方吏胥層의 대폭적인 減員으로서도 나타나고 있는데, 이러한 조치는 地方財政의 운영을 개선하고자 하는 의도와도 관련되어 추진되었다. 즉, 甲午·光武개혁기에는 吏胥·鄕廳·面里制에 의해 행해지고 있었던 조선시기 이래이 地方行政體制를 개혁하여 중앙정부의 통제하에 一元的이고도 통일적인 地方行政을 시행하고자 하였던 것이다. 이를 위해 종래 거의 全權을 행사하고 있었던 地方官의 權限도 크게 축소되었으며, 교통·통신시설의 정비도 이루어지고 있었다.

갑오·광무개혁기 지방제도의 개혁은 근대적 중앙집권국가의 실현을 위한 근대적 관료제도·재정제도의 확립을 추구한 것이었으며, 여기에서 중세국가의 향촌지배방식에서 근대국가의 그것으로 바뀌는 양상을 알 수 있을 것이다. 그리고 이 시기의 지방제도의 개혁은 농민전쟁으로 폭발했던 당시 향촌사회의 모순을 해결하고 그 安定을 도모하기 위한 중앙정부의 대응책이기도 하였다. 이러한 지방제도의 개혁은 여러 방면에서 향촌사회의 변화를 더욱 가속시키고 있었을 것이다. 즉 새로운 지방관리 임용에서 오게 되는 人的構成의 변화(鄕村 주도세력의 변화), 吏胥層의 減員으로 인해 失職한 前吏胥層들의 향방,[166] 地方民의 부담관계의 변화 등등이 문제시될 것이다.[167]

조세제도와 조세수취제도의 개혁은 국가체제의 유지를 위해서도, 민생의 안정을 위해서도, 그리고 개혁사업에 필요한 재원의 마련을 위해서도 반드

166) 생활 수단을 잃은 吏胥輩들이 驛屯土의 小作農이 되거나 中畓主가 되어 생계를 꾸려나가는 실태도 한 例가 되겠다 (김용섭, 앞의 논문, 1978, 참조).

167) 윤정해, 앞의 논문, 1985, 105~109면.

시 요구되는 것이었다.

조세 부문의 개혁에서 개화파정권이 추구하였던 목표는 근대적 조세제도의 도입을 통해서 근대국가 수립에 필요한 재원을 확보하는 것이었다. 그런데 재원의 확보를 위해서 가장 중요한 것은 사실상 조세 수입의 대부분을 차지하는 지세를 어떻게 안정적으로 확보할 것인가 하는 문제였다.

결국 개화파정권은 이미 확산되고 있던 조세의 지세화와 금납화를 제도적으로 확인하고 결가를 책정하는 절차를 통해 조세제도를 개편하는 한편, 조세의 부과와 징수를 분리하고 새로운 조세수취기구를 설치하여 중간수탈을 배제함으로써 지세 수입의 안정화를 꾀한다는 방침을 채택할 수밖에 없었던 것이다.

조세수취제도의 개혁과 관련해서는 군국기무처 단계에 '결호전봉납장정'을 마련하여 지세의 수취를 향회의 향원에게 맡기려 했고, '연립내각' 단계에 징세서라는 별도의 조세수취기구를 설치하려 했던 것과 같이 조세의 부과와 수취과정을 분리하여 군수와 서리층의 수취업무 참여를 배제함으로써 중간수탈과 횡령을 방지하고 조세수취업무의 투명성을 높이려는 것이 개화파정권의 방침이었다.

'각군세무장정'에 따르면 각군에 1명씩 두도록 한 세무주사는 '廉潔하고 聲望이 있는 자'를 군수가 추천하여 탁지부 대신이 임명하며, 각군에 세무과를 설치하여 세무주사가 그 과장을 맡도록 하였다. 이렇게 세무주사를 두도록 한 것은 이서층이 세무에 간여차 못하게 하여 종래 이서가 조세의 부과·수취업무를 집행할 때 나타났던 각종 부정행위를 근절시키려는 것이었다. 그러나 초기에 세무 주사로 추천된 사람들 가운데는 이서층이 상당수 포함되어 있었다.

이서들은 전부터 세무를 담당해 와서 업무에 밝았고 각종 세무 기록도 그들 이외에는 잘 이해할 수 없었으므로, 세무주사로 이서층이 많이 추천된 것은 당연한 일이기도 했다. 그러나 이는 이서층을 배제시킴으로써 종래의 중간수탈을 방지하고 조세수취의 투명성을 높이려는 정부의 의도와는 크게 어긋나는 것이었다.

이처럼 세무주사의 추천이 어려웠던 것은 전부터 실제의 조세 부과・수취 업무는 각 지방의 관례에 따라 鄕任, 吏胥, 戶首 등에 의해 수행되고 있었으므로 새로이 부과・수취업무를 담당하게 될 세무주사의 선정에 많은 사람들의 이해가 걸려 있었기 때문이다. 따라서 세무주사를 추천하면서 군수・향임・이서・민인이 서로 자신의 이익을 지키려고 하였다.[168]

어쨌든 이러한 지방제도의 실시와 조세제도의 개혁은 적어도 중간지배층으로서의 吏胥層의 위치를 위태롭게 하고 있었다. 적어도 1895년 9월의 지방제도개정 이후로는 대부분의 지역에서 '新式'에 의거한 조세 및 재정운영이 행해진 것으로 보인다. 그것은 이서계층 자체를 해체하는 데에는 이르지 못하였더라도 일시적이나마 지방의 중간수탈을 억제하는 효과와 더불어 이서들의 실직과 몰락을 가져온 것으로 생각된다.

본래 이서들 중에서 가장 요직은 수령 밑의 우두머리 자격인 吏房과 戶長이었지만, 이들 외에 갑오개혁 이전에 要職으로 인정되던 것은 조세운영에 많은 권한과 그에 따른 利權을 쥐고 있던 田稅色, 大同色, 均役色, 軍木色, 民庫色, 邑倉色 등이었다. 이들은 조선 후기 조세운영이 多岐化되고 수탈적 성격이 강화됨에 따라, 조세운영을 담당하는 직임도 세분화되면서 신설된 직임이었다. 이들은 직접 조세를 징수하면서 民으로부터 징수부분과 위로의 상납부분의 차액을 차지함으로써 이익을 얻고 있었다. 따라서 이러한 직임을 둘러싼 경쟁이 치열하게 전개되었고, 여기에는 본래 향리신분이 아니었던 새로운 계층으로서의 '假吏' 계층도 참여하고 있었다. 그런데 조세제도개혁의 결과 부세가 金納의 結戶稅로 단일화되고, 환곡제가 사창제로 전화함에 따라 이러한 중간이익이 사라져버렸을 뿐 아니라, 이 직임들이 아예 소멸하게 되었다. 이것은 이서층에게는 커다란 타격이었고, 이서층의 구조와 계통질서에 큰 변화가 온 것을 의미한다.

---

168) 이윤상, 「갑오개혁기 근대적 조세제도 수립 시도와 지방사회의 대응」, 『한국문화』 29, 2002, 229~245면.

이러한 상황은 이서층에게는 커다란 위협이었고 이에 대한 반발이 이어졌다. 따라서 각지에서 새로운 제도가 시행되지 못하고 여전히 가렴의 폐단이 문제가 되었다.

그러나 많은 이서들이 실직, 몰락했음에도 불구하고, 지방행정은 종래의 이서층이 여전히 담당하고 있었다. 이서 직임을 둘러싼 경쟁이 치열해지는 중에서도 기존에 실세를 가지고 있던 이서들은 여전히 지방사회의 영향력을 행사하고 있었던 것으로 보인다. 나아가, 조세의 징수에서 이서층을 배제함으로써 지방재정의 자율성을 제거하고 이서층을 단순한 행정관료로 재편하고자 했던 정책들도 그리 성공적인 것은 아니었다. 그렇지만 조세상납을 담당할 새로운 직임을 두고 지방사회 내에서 다양한 계층 간의 경쟁이 격렬해지고, 그것은 이서층의 지위를 흔들고 있었다.

이상에서 볼 때, 새로운 지방제도의 실시와 조세제도개혁은 이서층 구성의 변화와 다수 이서들의 실직, 몰락을 가져왔고, 또한 그들이 조세징수와 지방재정의 운영에 행사하던 절대적인 영향력을 박탈하는 것이었다. 그러나 그것이 중간지배층으로서의 이서층의 성격을 근본적으로 변화시킨 것은 아니었다. 이들은 여전히 지방행정을 맡고 있었으며, 제도의 변화에 저항하고 때로는 적극적으로 대응함으로써 여전히 수취구조의 말단에 기생하면서 이득을 취하고 있었다. 따라서 조세징수와 지방재정부분을 이서층으로부터 완전히 분리시키고, 이서층은 배정된 경비에 따라서 일반행정만을 담당하게 하고자 하는 정부의 의도는 제대로 실현되기 어려웠던 것으로 보인다.[169)]

2) 地方 鄕吏層의 對應

이제 이러한 개혁정책을 굴절시키는 요인으로서 이서층의 대응[170)]을 살

169) 유정현, 앞의 논문, 1992, 95~101면.

펴볼 필요가 있다.

이서층은 중간수탈의 기본적인 중간고리이며, 따라서 정부에서는 이러한 수탈의 메커니즘을 파괴하기 위하여 우선적으로 이서층을 제거하거나 혹은 그 역할을 축소하는 데에 힘을 기울였으며, 이에 대한 즉각적인 반발도 이들에게서 나왔기 때문이다. 사실 이들의 대응 역시 광범한 봉건지배층의 이해관계를 바탕에 깔고 있었으며, 이러한 연관관계가 명확히 밝혀져야 한다. 이것은 앞으로의 좀더 깊이 있는 연구를 통하여 보충되어야 할 부분이다.[171]

지방제도개혁과 징세기구개혁에 대해 이서층은 대체로 다음과 같은 세 가지 방식으로 대응한 것으로 생각된다. 첫째는 새로운 제도 아래서 계속해서 살아남기 위해 개인적으로 노력하는 것, 둘째는 포군이나 농민과 결합하여 '民擾'형태의 변란을 일으키는 것, 셋째는 의병부대에 들어가 개혁정책의 시행을 저지시키는 것 등이다.[172]

1896년에 일어난 거의 모든 의병에 이서층이 주도적으로 참여하고 있었다. 나주, 경주, 안동, 예천, 함흥, 평강, 철원 등과 같은 지역은 이서층이 중심이 되어 의병을 일으켰고, 유림층이 주도하는 의병부대에도 이서층이 유림과 마찬가지로 의병부대의 상층 간부를 맡고 있는 경우도 있었다. 1896년 의병활동의 양상 중 주목되는 것은 거의 모든 의병부대가 결호전을 비롯한 세금 탈취에 나서고 있었다는 것이다. 군자금을 충당하기 위한 결전이나 호전을 세무주사 등으로부터 탈취하는 것은 흔히 있는 일이지만 동리마다 의병들이 다니면서 호전을 걷고 어떤 증거를 남겼다는 것은 결국 새로운 징세제도 실시에 따라 징세과정에서 배제된 이서층들이 의병에 들어가게 되었고, 이들이 종전의 징세권을 다시 회복하려 하였다는 사실을 보여 주고

170) 이서층의 대응에 관해서는 유정현, 앞의 논문, 1992,; 이윤상, 앞의 논문, 2002; 이상찬, 「위정척사운동과 의병사 연구의 새로운 모색-1896년 의병의 이서층 참여를 중심으로-」, 『동양학』, 단국대 동양학 연구소, 1998; 이상찬, 「갑오개혁과 1896년 의병의 관계」, 『역사연구』, 역사학연구소, 1997, 참조.

171) 유정현, 앞의 논문, 1992, 65면.

172) 이상찬, 앞의 논문, 1997, 89면.

있는 것이었다.

지방제도개정으로 인한 실직 때문에 의병에 들어간 이서층들은 우선 옛날 제도를 복구하려는 생각을 하게 되었다. 지방제도와 조세제도의 개편은 이서층의 실직을 가져왔을 뿐만 아니라 구 이서층으로부터 징세권을 박탈하였다. 220군으로의 분합은 전체의 약 1/3에 해당하는 군이 없어지게 되므로 그만큼 군수와 이서층의 실직과 동시에 조세징수권을 잃게 된다. 따라서 당사자들의 심각한 반발을 불러일으킬 것으로 예상되었고, 행정구역 개편은 잠시 유보되었고, 다만 1895년 1월부터 7월까지 積城, 陰竹, 풍덕, 咸陽, 玄風, 평택, 崑陽, 벽동, 漆谷, 장진, 가평 등 일부 군이 인근 군으로 합쳐졌고 1896년 2월 莞島郡, 智島郡, 突山郡 등 3개 군을 신설하는 정도였다.[173] 그런데 지도군의 신설은 나주의병의 봉기 동기가 되고 있었다. 나주의병이 지도의 세금을 독촉하였다고 하는데[174] 智島는 원래 나주군 소속이었다가 군수와 세무주사를 별도로 둔 신설군으로 독립하였으므로 조세의 부과와 징수가 나주의 이서층으로부터 떨어져 나갔고, 나주의병을 주도한 이서층들은 원래대로 자신들이 지도의 조세징수를 맡으려는 것이었다. 이렇게 징세권을 박탈당한 이서층은 거둔 세금의 상납 지연, 조세장부 인계 거부, 새로운 징세기구 공격, 징세권의 행사 등 온갖 노력을 다하였고, 그 결과 중앙정부의 정책을 변화시키기에 이르렀다.[175]

1896년 의병은 각지에서 세무시찰단과 세무주사 등 새로운 징세기구를 공격하고 있었다. 나주에서는 3월 22일 김창균 등이 세무시찰관 朴準成을 감금했으나 3월 27일 기우만이 풀어주었다.[176] 특히 나주의병은 나주수성에 참여했던 나주의 향리들이 거의 동참하고 있다는 사실이다. 이는 수성활동으로 강화된 사회적 네트워크가 나주의병으로 이어지고 있다는 것을 보여

173) 『議奏』 2책, 422, 447면; 『議奏』 4책, 155면; 『高宗實錄』의 해당날짜.
174) 『錦城正義錄』 87~88면.
175) 이상찬, 앞의 논문, 1998, 408~409면.
176) 『錦城正義錄』 丙編, 89~90면.

주고 있다.

조선 말의 의병운동은 개별 향촌사회의 수준에서 볼 때, 향촌 내 지식인 사회를 결정적으로 분화시킨 사건이었다. 그렇지만 의병운동의 참여여부는 개인차원에서 결정될 일이 아니었다. 門中의 운명이 걸린 결단이자 지역의 집단적 운명이 걸린 일이었다. 이러한 중요한 사건에 나주의 향리가가 적극 나섰다는 사실은 이후 나주지역에서 향리가가 차지하는 사회적 비중을 짐작하게 한다. 이렇듯 나주지역의 향리가는 지방제도 및 재정제도의 근대적 개혁에 저항함과 동시에 항일운동에 적극 나섬으로써 다른 지역과는 달리 도덕적 권위를 확보하게 되었던 것으로 보인다. 이러한 도덕적 권위는 향리가가 나주지역의 사회적 주도층으로 존재할 수 있게 하는 원동력이 되었던 것이다.[177]

4. 朝鮮末 羅州邑 鄕吏層의 社會的 變化

조선 말 사회변동은 향촌사회의 변화를 가속시키고 이는 나주지역 향리층에 커다란 변화를 가져왔을 것이다.

특히 나주읍내 향리사회는 조선 말 나주수성과 의병활동 등을 거치면서 사회 주도층에도 변화가 생겼던 것으로 보인다. 전통적인 鄕吏家를 제치고 나주읍내 사회의 주도권을 행사하는 새로운 사회세력이 등장했던 것이다.

기존 연구에 의하면 조선 말 성안에 거주하던 나주지역의 주요 가문으로 羅州 鄭氏, 慶州 崔氏, 金海 金氏, 密陽 朴氏를 들 수 있다고 한다.[178]

177) 박진철, 앞의 논문, 2003, 95~97면.

178) 박찬승, 「일제하 나주지역의 민족운동과 사회운동」, 『한국근현대 지역운동사』2, 여강출판사, 1993, 211면.; 이는 나주지역 답사를 통한 현지인들과의 면담에서

이는 앞서 살펴본 바와 같이 『반수계안』에 나타나는 방수 성씨와의 비교를 통해서도 어느 정도 유추할 수 있다.[179] 특히 이는 『羅州頤老會案』[180]을 통해 조선 말 이후 일제시기에 나주읍내의 유력세력이 이들이었다는 것을 추측할 수 있게 한다. 이 『나주이로회안』에는 〈표 12〉에서 보이는 바와 같이 향리로 확인되는 인물이 다수 포함되어 있다. 뿐만 아니라 해남군수였던 김용규, 장흥군수였던 박재규, 그리고 나주지역 대지주로 박정업을 비롯하여 김병두·이계선·정안민·최승환·하동수·허국향·허영규 같은 인물이 들어 있다.[181] 또한 나주 사회운동의 중심인물이었던 박준삼을 비롯하여 박공근·최남구 같은 인물도 보인다.[182] 이를 통해 보면 이 『나주이로회안』에는 조선 말·일제시대의 나주읍내 주요 인물이 거의 망라되어 있음을 알 수 있다.[183]

실제로 이 『나주이로회안』에 등재된 전체 인물 741명 중 가장 많은 성씨가 金海 金氏로 81명, 두 번째가 密陽 朴氏 62명, 세 번째가 慶州 崔氏 46명, 네 번째가 錦城 羅氏 36명, 羅州 羅氏 32명, 濟州 梁氏 25명, 密陽 孫氏 23명, 羅州 鄭氏 20명 순이다.[184] 이들 중 金, 朴, 崔氏를 제외한 나머지 성씨는 전통적으로 나주의 戶長과 吏房 등 주요 향역을 도맡아 왔던 전통적 향리가들이다. 그런데 이들을 제치고 김, 박, 최씨가 나주의

도 확인된다.

179) 『반수계안』과 나주의 방수 성씨에 대해서는 나선하, 앞의 글, 2003과 앞의 글, 2005 참조.

180) 1925년 나주의 주요 향리가문과 유지인사들이 조직한 노인회의 취지 및 목적, 제반 규약, 회장단 및 회원 명단이 기록되어 있다. 이 회원 명단에는 본관이 명기되어 있다. 조선 말 이후 나주읍내의 주요 인물들을 확인할 수 있다. 이들 중 상당수는 향리가문 출신으로 추정된다.

181) 박찬승, 앞의 논문, 1993; 김건태, 앞의 논문, 2003 참조.

182) 박찬승, 앞의 논문, 1993; 박진철, 앞의 논문, 2003 참조.

183) 나주이로회에 나주지역 양반들은 참여하지 않았는지, 더 나아가 나주의 양반세력은 어떠했는지에 대해서는 검토하지 못하였다. 나주지역사회 주도층으로서 향리가와 양반가와의 관계에 대해서는 앞으로 좀더 진전된 연구를 통해 밝힐 수 있기를 기대한다.

184) 이상은 등재인물이 20명 이상인 본관들이다. 보다 자세한 내용은 〈표 13〉 참조.

새로운 주요 세력이 되었다는 것을 보여 준다. 물론 이들도 조선 후기 이래의 나주의 대표적인 향리가들이다.[185] 하지만 이들은 나주 정씨를 제외하면 호장과 이방 등 주요 향역을 맡았던 전통적 향리가는 아니었다.[186] 그런데 이들이 앞선 연구들에서 밝혀진 바와 같이 조선 말·일제시대를 거쳐 나주지역의 사회 주도층으로 활약하고 있는 것이다.[187]

〈표 12〉『나주이로회안』 등재인물 중 향리로 확인되는 인물

성 명	본 관	출 처
기동열	행 주	인리공생안하
김근환	김 해	인리공생안하, 인리공생안
김기옥	김 해	수 성
김길호	김 해	작청선생안, 선생사상부의록
김성진	김 해	수 성
김영균	김 해	인리공생안하
김양주	김 해	수 성
김주환	김 해	인리공생안하, 인리공생안
김홍재	김 해	수 성
나금만	금 성	인리공생안, 수성
박기채	밀 양	인리공생안하, 인리공생안
박문일	밀 양	인리공생안하, 인리공생안

185) 이들이 호장과 이방과 같은 주요 향역을 담당하지는 않았지만 17세기 이후로 꾸준히 향리직을 담당해 왔다. 이에 대한 자세한 내용은 앞장에서 살펴본 바와 같다. 이와 함께 경주 최씨와 밀양 박씨가의 향역 담당 계보와 구체적 내용에 대해서는 〈표 6-1〉, 〈표 6-2〉, 〈표 7-1〉, 〈표 7-2〉 참조.; 박경중 씨의 증언에 의하면 김해 김씨와 밀양 박씨는 읍내에서 15대를 거주했다고 한다. 실제 박씨가 족보를 살펴본 바에 의하면 박씨가의 입향조가 나주에 들어온 것이 16세기 중엽이다.: 박진철, 앞의 논문, 2003, 88면 참조.

186) 본 논문 제2장 참조.

187) 박찬승, 앞의 논문, 1993과 박진철, 앞의 논문, 2003 참조.

성 명	본 관	출 처
박상기	밀 양	인리공생안하
박상욱	밀 양	수 성
박재규	밀 양	인리공생안하
박찬욱	밀 양	수성, 의병
서연권	이 천	수 성
손상문	밀 양	의 병
양화영	제 주	인리공생안하, 수성
오윤후	금 성	인리공생안하
오채후	금 성	인리공생안하
장봉헌	인 동	인리공생안하, 인리공생안

이것은 조선 말 근대화 과정 속에서 나주의 향리층에도 변화가 생겼다는 것을 의미한다. 전통적인 향리가와 더불어 신흥향리가가 사회 주도세력으로 등장하게 되었던 것이다. 특히 경주 최씨, 김해 김씨, 밀양 박씨가 등이 새로운 사회 주도계층으로 성장하며 근대 이후 눈에 띄는 사회적 진출을 하고 있다. 이미 밝혀져 있는 바와 같이 나주 정씨 鄭錫珍은 동학농민군을 막아낸 공으로 1895년 海南郡守로 발령받았다. 김해 김씨 金容圭(초명 金龍均)는 1895년 을미개혁 당시 羅州觀察府 主事에 임명되었으며, 1899년 海南郡守에 임명되었다가 같은 해 울진군수로 이임되었다고 한다. 밀양 박씨 朴在珪는 1903년 진휼미 2백석 등을 내어 빈민을 구제하였는데, 이 사실이 관찰사에게 상신되어 그 포상으로 장흥군수에 임명되었다고 한다.[188] 이들 중 정석진은 의병과 관련되어 죽임을 당한 데 반해, 김용규와 박재규는 『나주이로회안』에도 올라 있는 것처럼 일제시대에도 건재했던 것이다.

188) 박찬승, 앞의 논문, 1993 참조.

〈표 13〉『羅州頤老會案』에 등재된 인물의 본관별 인원수

晋州 姜 7 명	密陽 朴 62 명	錦城 吳 12 명	東萊 鄭 1 명
姜 1 명	忠州 朴 1 명	吳 1 명	羅州 鄭 20 명
濟州 高 10 명	務安 朴 3 명	丹陽 禹 1 명	河東 鄭 4 명
長興 高 4 명	潘南 朴 5 명	江陵 劉 2 명	慶州 鄭 2 명
曲阜 孔 2 명	順天 朴 1 명	文化 柳 3 명	瑞山 鄭 1 명
綾城 具 1 명	朴 3 명	高興 柳 3 명	錦城 丁 4 명
安東 權 1 명	南平 潘 1 명	柳 1 명	羅州 丁 4 명
幸州 奇 8 명	達城 裵 2 명	坡平 尹 11 명	靈光 丁 1 명
金海 金 81 명	水原 白 1 명	尹 1 명	昌寧 曺 16 명
慶州 金 4 명	黃州 邊 1 명	陽城 李 12 명	曺 1 명
善山 金 1 명	利川 徐 16 명	全州 李 19 명	漢陽 趙 5 명
光山 金 18 명	達城 徐 3 명	星州 李 2 명	趙 1 명
錦城 金 2 명	大卯 徐 2 명	咸平 李 4 명	驪陽 陳 1 명
豊山 金 3 명	昌寧 成 1 명	慶州 李 8 명	海州 崔 2 명
全州 金 1 명	密陽 孫 23 명	咸豊 李 8 명	全州 崔 1 명
彦陽 金 1 명	孫 1 명	固城 李 1 명	慶州 崔 46 명
瑞興 金 1 명	恩津 宋 2 명	驪州 李 1 명	水原 崔 2 명
清道 金 1 명	洪州 宋 2 명	韓山 李 2 명	朔寧 崔 1 명
金 4 명	新平 宋 1 명	昌寧 李 1 명	耽津 崔 7 명
錦城 羅 36 명	宋 1 명	李 5 명	隋城 崔 1 명
羅州 羅 32 명	羅州 昇 3 명	羅州 林 16명	郎州 崔 1 명
羅 2 명	居昌 愼 1 명	平澤 林 3 명	崔 2 명
宜寧 南 17 명	申 2 명	慶州 林 1 명	晋州 河 9 명
南 1 명	順興 安 8 명	林 1 명	清州 韓 5 명
豊川 盧 6 명	慶州 安 1 명	仁同 張 11 명	陽川 許 9 명
光州 盧 1 명	南原 梁 1 명	興城 張 3 명	許 1 명
咸平 魯 1 명	濟州 梁 25 명	興德 張 1 명	豊山 洪 9 명
南平 文 4 명	梁 1 명	張 1 명	洪 1 명
文 1 명	坡州 廉 2 명	天安 全 4 명	昌元 黃 2 명
鑣興 閔 1 명	羅州 吳 6 명	全 1 명	長水 黃 1 명
驪興 閔 2 명	同福 吳 2 명	晋州 鄭 6 명	
			총 741 명

그렇다면 이들 신흥향리가가 기존의 전통적 향리가를 제치고 나주읍내 지역의 새로운 사회 주도세력이 된 가장 주요한 이유는 무엇일까? 크게 세 가

지 측면이 있었던 것으로 생각한다.

그 첫 번째는 이들의 적극적인 경제활동에 있었던 것으로 보인다. 즉 이들 모두가 개항 이후 대지주가로 성장하고 있었다는 것은 중요한 시사점을 준다.189) 일제 강점기 나주지방의 가장 큰 조선인 지주는 허영규·박정업·정안민·박봉일·허국향·하동수·김병두·백남선·홍병희·정성면·양연호·양기평·최승환 순이었다.190) 이들 가운데 박정업과 김병두, 최승환은 밀양 박씨, 김해 김씨, 경주 최씨로써 나주읍내의 신흥향리가였다.191) 이를 통해서도 박, 김, 최씨 등 신흥향리가들의 경제적 성장을 확인할 수 있다. 특히 박씨가는 조선 후기 사회경제의 발달과 나주의 농업적·상업적 입지조건을 바탕으로 콩과 팥 등 상품작물 재배를 통한 상업적 농업과 향촌장시(5일장)를 이용한 상업활동을 통하여 부를 축적하고 지주가로 성장했던 것이 확인되고 있다.192) 이들의 이러한 경제력은 이들이 사회 주도층으로 성장하는데 대단히 중요한 기반이 되었을 것이다.

두 번째는 새로운 체제에 대한 적응력을 들 수 있다. 이들 나주 향리가의 郡守職 진출은 근대적 관료체제에 대한 적극적 대응으로 볼 수 있을 것이다. 다시 말하면 조선 말 사회변동을 거치면서 羅, 孫, 吳, 梁, 曹 씨 등 전통적 향리가는 근대적 적응에 소극적이었던 것으로 보이며, 이에 반해

189) 『農地改革時 被分配地主 및 日帝下 大地主 名簿』 참조: 김건태, 「韓末 日帝下 羅州 朴氏家의 農業經營」, 『大東文化硏究』 제44집, 2003, 121면 〈표 1〉에서 재인용.

190) 『농지개혁 시 피분배지주 및 일제하 대지주명부』, 「전라북도, 전라남도 지주조」(1930), 207~208면: 박찬승, 「일제하 나주지역의 민족운동과 사회운동」, 『한국근현대지역운동사』, 1993, 215면에서 재인용.

191) 박찬승, 앞의 논문, 1993, 216면; 박진철, 앞의 논문, 2003, 98~101면 참조.

192) 박천우, 「일제하의 대지주 연구」, 『장안논총』제14집,1994, 113~114면; 박씨가의 재산형성과 축소과정에 대해서는 김건태, 「韓末 日帝下 羅州 朴氏家의 農業經營」, 『大東文化硏究』 제44집, 2003 참조; 한편 박씨가의 『추수기』와 『용하기』 자료에 의하면 박씨가는 일찍부터 지방 장시를 이용해서 쌀을 상품화했다고 한다: 하원호, 「한말 영산강 유역의 시장권 변동」, 『한국 농촌사회의 근대적 변동과 '전통적' 요소의 영향-전남 나주지역의 사례』, 성균관대 대동문화연구원 동양학 학술회의 발표회, 2004, 129면.

金, 崔, 朴씨와 같은 새로운 세력은 보다 적극적 대응을 함으로써 주도세력으로 등장하게 되는 것이다.[193] 이들은 근대 체제에 적극적으로 적응하고자 했으며 근대 교육 수용에도 적극적이었다.[194]

마지막으로 수성과 의병활동을 거치면서 강화된 사회적 네트워크가 중요한 역할을 했을 것이다.[195] 이미 앞선 연구에서 살펴본바 조선 말 羅州 守城과 의병활동에 가장 적극적으로 나섰던 인물들이 바로 이들이었다. 나주수성 당시 참여했던 인물들 중에는 朴씨가 15명, 金氏가 13명, 崔氏가 6명, 梁氏가 4명, 吳氏가 3명, 鄭氏가 3명, 孫氏가 3명 등 향리층이 적극 참여하고 있다.[196] 이를 통해서도 알 수 있듯이 朴·金·崔氏가 孫·梁·吳씨와 같은 전통적 향리가 못지않게 보다 적극적으로 나주수성에 나섰음을 알 수 있다. 이러한 이들의 적극적 노력이 사회적 신망을 획득하게 하였을 것이며, 이를 통해 사회적 영향력은 점차 전통적 향리가를 넘어서게 되었을 것으로 보인다.[197]

이와 같이 이들의 새로운 시대에 대한 적응과 적극적인 자기 변용, 그리고 이를 통한 경제력 확보는 이들이 기존의 전통적 향리가 못지않은 새로운 지역사회 중심 세력이 될 수 있게 하였다. 그렇다고 이들은 친일의 길로 들어서지는 않았다. 이것이 이들 역시 수성과 의병을 통해 항일의 길로 나갔다는 것을 통해 확인할 수 있다. 그러나 이들은 항일의 명분 속에 근대화에 역행하는 길을 걷지는 않았다는 것이 이들이 새로운 주도세력이 될 수 있었던 중요한 이유라고 할 수 있다. 또한 기존의 향리가로서 지역에서 가지고 있던 기득권과 사회적 네트워크를 계속적으로 유지했던 것도 이들의 성공요

193) 1987년부터 95년까지 나주문화원장을 지낸 박경중씨의 증언에 의하면 전통적 향리가, 예를 들어 나주수성을 통해 해남군수를 지낸 鄭碩珍家도 개화를 하지 않았다고 한다. 특히 근대 교육에 소극적이었다고 한다. 이를 통해 유추해 보건대 다른 전통적 향리가도 개화 즉, 근대적 적응에 소극적이었을 것으로 추측된다.

194) 박진철, 앞의 논문, 2003 참조.

195) 박진철, 앞의 논문, 2003, 92~97면 참조.

196) 『금성정의록』, 羅州牧鄕土文化研究會, 1991; 박진철, 앞의 논문, 2003, 92~93면.

197) 조선 말 나주지역 향리가의 守成과 義兵활동에 대해서는 박진철, 앞의논문, 2003, 92~97면 참조.

인이었던 것으로 보인다. 또한 적극적 사회운동을 통해 지역사회의 명망을 유지했던 것도 중요했을 것이다.

새로운 사회에 대한 기대, 변화에 대한 욕구가 기존의 전통적 향리층보다 그 아래에서 자신의 실력을 쌓고 있었던 신흥향리계층에게 더 강했던 것이 아닌가 추측하게 한다. 향리층 내부에서도 전통적 향리리가와 같은 상층 향리층은 기존 체제를 유지하려 하는 성향이 보다 강했을 것이다. 이들은 자신들의 기득권을 지키기 위해 적극적이었지만 새로운 시대에 적응하는 것에는 소극적이었던 것으로 보인다. 이에 비해 그 아래 계층은 일면 자신의 기득권을 지키고자 하면서도 자신이 주체가 되는 새로운 사회를 꿈꾸었던 것은 아닐까. 이것이 나주의 경우 조선 말 사회변동 속에서 密陽 朴氏나 金海 金氏, 慶州 崔氏와 같은 신흥향리가들이 지역의 새로운 사회 주도세력으로 성장한 이유였을 것이다.

5. 맺음말

본 연구는 조선 말 나주지역 향리가문의 실체와 그 변동을 파악함으로써 신분구조의 변동에 대한 종래의 해석을 재검토하고, 근대 이후 향리집단의 진출양상과 관련하여 향리집단의 존재양식과 특성을 밝히고자 하였다.

이를 위해 가능한 한 나주지역에서 발굴된 古文書를 적극 활용하여 향역담당 성씨의 구체적 실상, 향역의 세습문제, 주요 향역의 독점현상 등을 검토하였다. 또한 조선 말 사회변동에 대한 향리층의 대응과 이에 따른 향리층의 내부변화 등을 살펴보았다.

나주지역에서 戶長을 담당해 왔던 성씨로는 羅氏, 曹氏, 鄭氏로 이들은 조선 초기의 호장담당층으로서 조선 말에도 계속해서 호장담당 성씨로 존속해 왔었다. 그러나 17세기 이후 梁氏가 주요 호장담당층으로 등장하고, 19세기 이후에는 孫氏의 등장이 두드러졌다. 호장 못지않은 주요 향역인 吏房과 副戶長, 副吏房과 같은 職任은 戶長 담당 성씨인 羅, 孫, 梁, 吳, 鄭, 曹의 여섯 성씨가 차지하고 있음을 알 수 있었다. 나주에서는 특정가계 출신만이 호장이나 이방을 독점·배출하고 있었던 것이다. 또한 특정가계가 戶長 등 주요 향역을 세습하고 있었다. 또한 전라도 감영에 입번하였던 營吏도 이들 성씨가 도맡고 있었던 것이다. 나주 관련자료를 통해 살펴본 바에 의하면 호장과 이방을 독점했던 여섯 성씨는 육방과 기타 색리도 모두 담당하였다. 이들의 위세는 조선 말까지도 여전히 지속되고 있음도 확인할 수 있었다.

이와 함께 여러 성씨들이 육방임과 색리에 참여하고 있었다. 이들 중에서 호장과 이방과 같은 공형직에는 진출하지 못하지만 이들에 못지않은 유력 향리가가 존재하였다. 이들은 본 논문에서는 신흥향리가라 칭하였다. 김해 김씨, 경주 최씨, 밀양 박씨가가 대표적이다. 이들은 세습하지 않는 임시직 향리라는 일반적 의미의 가리와는 구별되는 존재들이었다. 이들은 향역을 세습하면서 공형 못지않은 실질적 힘을 가진 주요한 향직을 도맡고 있었던 것이다.

이러한 나주의 향리층은 조선 말의 사회변동 속에서 새로운 변화를 맞게 된다. 조선 후기에서 조선 말 일제하에 걸치는 이른바 근대이행기는 전통적 향촌사회에 커다란 변화를 초래했던 것이다. 1894년 갑오농민전쟁이 일어나 농민군은 전라도 전역을 거의 점령하다시피 하였지만 나주는 점령하지 못하였다. 이러한 나주수성의 중심이 바로 향리층이었다. 이들은 수성을 통해 지역사회에서 자신들의 위상을 더욱 강화할 수 있었다. 그러나 이후 추진된 지방행정제도 및 재정제도의 개혁은 향리층에게는 새로운 위기를 가져오게 되었다. 이러한 사회변화에 대응하는 과정 속에서 나주지역의 향리층은 변화를 겪게 된다. 이 과정에서 적극적 경제활동과 군수직 진출과 같은 근대적 관료체제에 대한 적극적 대응, 그리고 守成과 의병활동을 통해 사회적 네트워크를 형성했던 신흥향리가는 나주지역사회의 주도세력으로 성장하게 되었던 것이다.

〈별표 1〉『선생사상부의록』의 각 향역별 부의품목

직 임	賻錢(兩)	木 (疋)	白紙(束)	黃燭(雙)	
호 장	2	1	1	1	
이 방	2	1	1	1	
부호장			1	1	
부이방			1	1	
수호방	0.5		1	1	
지호방	0.5		1	1	
예 방	1		1	1	
병 방	1		1	1	
형 방			2	1	
내공방	1				草席4立, 松炯油紙3張, 細繩1巨里, 黃燭1雙
도서원	2	1	2	1	
각창색	3		2	2	空石50立
도훈도			1	1	
대동색	1		1	1	
영창색			1	1	
진휼색			1	1	
산성색	0.5		1	1	
보역색			1	1	壯紙1束, 眞油5合, 淸5合
관청미색	1		1	1	
육 색					生雉1首, 鷄1首, 炭2斗, 三色實果各2升
고마색	0.5		1	1	
전관색			1	1	
수선색			1	1	

직　임	賻錢(兩)	木 (疋)	白紙(束)	黃燭(雙)	
관장무			1	1	
공　색			1	1	
승　발			1	1	
수군병방			1	1	
진상예방			1	1	
향교도색겸 양재색			1	1	
창도색			1		空石50立
소　리			1	1	
군기색			1	1	
배패색			1	1	
수군색	1		1	1	
정병색	1		1	1	
경포색			1	1	
조군색			1	1	
세초색			1	1	
전문서사			1	1	
식년호적색	2		2	2	限三年擔當
개안색	2		2	2	限三年擔當
제민창색	0.5		1	1	
노비색			1	1	
대동도색	1		1	1	
전세도색	1		1	1	
포재색			1	1	黃肉2斤 加乙非2竹
보흥사지소색					六油芚1件, 搗鍊紙1張
수율생			1	1	
통기색			1	1	
지소색					淸紙2張, 紅紙2張
상년호적색			1	1	
의　생			1	1	
빙정색			1	1	
진상의생	0.5		1	1	

〈별표 2〉『각방장선생안』의 각 직임별 담당성씨와 인원

	직 임	高	奇	金	羅	南	盧	文	朴	方	徐	孫	昇	安	梁	吳	尹	李	林	張	鄭	曹	趙	陳	崔	河	許	黃	합계
1	호 장				3							6			2	1					1	1							14
2	이 방											6				1					1	3							11
3	부호장				6							7			3	3					1	2							22
4	부이방				6							7			4	7						5							29
5	수호방	1		4	1							3			2	1		2				2			4			1	21
6	지호방			3					1			2		1	1	2		4			2	6			4			1	27
7	예 방			5	3		1		1			5	2	1	3	5		6	1		1	4			1				39
8	병 방			6	4		3		2		3	4		1	2	3		10	1			4			5				48
9	형 방	1		10	2	1			1			8	1	2	5	1	1	4			5	5			10	2		1	60
10	내공방	1		2	3				2			3	1	2	1	1					2	7			4				29
11	도서원			5										1				2				3			6				17
12	각창색	2	1	15	7		3		2	1	1	7	1	2	6	5		13	1		6	11	1		8	1		1	95
13	도훈도			5			2		2		1			1		2		8			1				1				23
14	대동색			2	1				1			3		1		2		4	1		1	2			7	1			26
15	영창색	1		3	3		1			1	1	2		1		2		3		1		5			3	1			28
16	진휼색			4	1						1	1		1	4	2		4				4			3	1		1	27
17	산성색		1	1	2						1	3		1	2	2		2	1		2	4			4			1	27
18	보역색			7					2			1	1	2	1			6	1		2	4			7	1			35

	직 임	高	奇	金	羅	南	盧	文	朴	方	徐	孫	昇	安	梁	吳	尹	李	林	張	鄭	曺	趙	陳	崔	河	許	黃	합계
19	관청미색	1		1								4			1	2					2	7			3	1			22
20	육 색	1		3	2		3		2					1				2			3	2			1				20
21	고마색	1		4	4						1	4		1	3	1		6			1	3			4				33
22	전관색			1	3		2				1	4		1	2	3		6	1			5			1				30
23	수선고색			2	1							2			2		1					4			1				13
24	관장무			5												3		4			1	3			7	1			24
25	공 색			2	1				1					1		2		4	1		1	2			6	1			22
26	승 발			5			4				1	2		1	1	2		10				2			3				31
27	수군병방			4	4		1		2			5		1	1	1		3	1		1	3			4				31
28	진상예방			1	1		1				1	6		1	1	3		4				1			6				26
29	창도색				5							5			2	4						3							19
30	소 리				1							7			1	1					1	1							12
31	군기색		1	6	2						1	2		1	2	3		7	1		1	2			2				31
32	배패색			2	1		2		1		1	4		1	1	1	1	6		1			1		2				25
33	수군색			2			2		1			5	1	2	3	3		6			2	3			3	1			34
34	정병색			3	4							3		1	1	1		7	1			5			4			1	31
35	경포색			4	3	1	1				2			1	2	1	2	8	1		1	3			3				33
36	조군색	1		1	1		1		2			3			4	1		4		1		2			5				26

	직임	高	奇	金	羅	南	盧	文	朴	方	徐	孫	昇	安	梁	吳	尹	李	林	張	鄭	曹	趙	陳	崔	河	許	黃	합계
37	세초색	2		5	2						1	8		1	1	1		7			6	5			4	1		1	45
38	전문서사			4	2							4		2		1		1			1	4			7	1			27
39	식년호적색			2	1						1	1	1	1		1		1			3	4			3				19
40	개안색	1		4							1	3	1		1	1		4			3	2			1			1	23
41	제민창색			3	1				1			3		1	1	1		2			2	2			1	1			19
42	노비색	1		7	1		1		1		1			2		2		11				1			4	1		1	34
43	수율생	1			1								1					1			4	4							12
44	통기색	3		2	3					1			1				1	2			4	5	1			1			24
45	지소색	1		1	2					1			1			1					4	4	1			1			17
46	상년호적색	3			3						1	1				1	1				4	5	1		1	1			22
47	의 생	1		1	3								2	1				1			3	5				1			18
48	빙정색	2			1								1					2			2	3				1			12
49	진상의생	1			1											1					2	4							9
50	대동도색			2	2		1		1		1	5			2	2		8			2	4			3				33
51	전세도색			5	4				2		1	5			1	6		5			3	9			2				43
52	포재색			1	1				2			1									1	1			1				8
																													1406
	합 계	26	3	155	103	2	29	0	30	4	23	155	15	38	69	90	7	190	12	3	83	185	5	0	149	20	0	10	1406

〈별표 3〉 『선생사상부의록』의 각 직임별 담당성씨와 인원

	직 임	高	奇	金	羅	南	盧	文	朴	方	徐	孫	昇	安	梁	吳	尹	李	林	張	鄭	曹	趙	陳	崔	河	許	黃	합계
1	호 장				10							23			5	3					1	7							49
2	이 방				8							17			4	2					1	5							37
3	부호장				13							22			8	8					1	11							63
4	부이방				9							23			7	9						9							57
5	수호방	2		8	5							11		1	4	5		8			4	3			8	1		1	61
6	지호방	1	1	11	2				3			9	1	1	1	7		10		1	6	11		1	9	2		1	78
7	예 방	4		19	9		2		6		1	18	2	2	8	10		8	2		8	12		1	2	3			117
8	병 방		1	20	7		3		7		4	18		4	4	6		16	2		1	7		1	6	5			112
9	형 방	7	3	23	9	1			4		1	20	2	5	6	10	1	10		4	14	14	1	2	19	5		1	162
10	내공방	2		9	5		1		7		1	8	3	4	1	4		5		2	5	9		1	8	1			76
11	도서원	1		10					1					2				9		2	6	4			13	2			50
12	각창색	6	4	38	19		5		7	1	3	30	4	3	15	16		25	1	2	16	25	1	1	18	5		1	246
13	도훈도	1	1	9	3		3		5		3	8	1	4	2	3		11	1		5	4		1		3	1		69
14	대동색			12	4		1		4			8	2	2		5		9	1	1	5	10	1	1	10	2			78
15	영창색	1	1	8	6		1		1	1	1	9	1	1	2	7		7	1	4	3	9			5	4			73
16	진휼색	1		8	6		1		1		1	9	1	1	9	7		6			3	10		2	4	2		1	73

	직 임	高	奇	金	羅	南	盧	文	朴	方	徐	孫	昇	安	梁	吳	尹	李	林	張	鄭	曹	趙	陳	崔	河	許	黃	합계
17	산성색	1	2	5	5				2		2	7		2	2	4		4	1	1	5	11			8	2		1	65
18	보역색	1		7					2			1	1	4	1			13	1	2	7	5			14	1			60
19	관청미색	2	1	6	7				1			11	1	1	4	6		4		1	3	6			5	4			63
20	육 색	4		10	5		6		4		2	1		1	3	3		6			7	3	1	1	5				62
21	고마색	1	1	15	15		1		4		1	5	2	2	2	2		12			7	6			11	1			88
22	전관색	2		8	4		4	1	2		3	12		1	2	7		9	1		3	8			4	1			72
23	수선색		4	12	2		1		2			5	1		5	2	1	2			2	8			1	2			50
24	관장무	1		12					1				1	4		6		7		1	6	4			12	1			56
25	공 색		1	11	3				3		1	4	1	1		6		8	2	3	3	5		2	13	2			69
26	승 발	2		18	2		4	1	2		3	10		1	1	7		13		2	3	4			6	1			80
27	수군병방	3	2	14	9		2		3		1	9	1	2	2	3		8	1		4	4	1		5	2	1		77
28	진상예방		1	5	6		1		1		2	11		2	2	5		7		1	4	5			6	1			60
29	향도도색겸	1	1	6	1				1			9	1			5		3		1	5	4	1		9	1			49
30	창도색	1		5	9		1				2	15			2	6		4			3	10			1	2			61
31	소 리	2	1	5	6				2			16	1	1	7	4		2		2	2	9			1	1			62
32	군기색		1	16	8		1		4		1	7	2	2	2	5		8	1	2	5	7	1	1	7				81
33	배패색		4	14	2		3		3		1	7	1	1	4	3		8		1	3	3			2	2			62

	직 임	高	奇	金	羅	南	盧	文	朴	方	徐	孫	昇	安	梁	吳	尹	李	林	張	鄭	曹	趙	陳	崔	河	許	黃	합계
34	수군색	2	1	7	3		2		3		2	10	1	3	5	12	1	6		1	3	6			4	2			74
35	정병색	1		9	6				6		1	6		2	1	8		9	1		4	9			8	1		1	73
36	경포색	4	1	14	8	1	1		1		4	7	1	1	3	2	1	12	1	2	1	7			7		1		80
37	조군색	2	1	7	4		2		5		1	2	3	1	4	9	1	6		1	3	10	1		6				69
38	세초색	4	2	15	8						2	15	1	4	4	9	2	12			10	11			6	4	1	1	111
39	전문서사	5		12	3				2			9		6		3		7		2	5	9		3	12	3			81
40	식년호적색		1	3					2		1	3		1	3	1		2		1	3	4			3				28
41	개안색	1	2	6	1				1		2	11	1		4	4		8		1	6	8			3	1	1	1	62
42	제민창색		2	8	6		1		2		1	6		1	3	5	1	7			5	9			4	3			64
43	노비색	1	2	20	2		2		4		3		2	4		7		18	1	1	5	2	1	1	9	5		1	91
44	대동도색	1	1	9	5		1		4		1	8	1		2	6		14	1	3	5	7		1	11	1			82
45	전세도색	3	1	16	5		1		5		3	7	2		3	13	1	12			8	12	1		6				99
46	포재색	3		9	4		3		4		2	3			3	3		3			5	3		1	4				50
47	지소색			13	3		1		2			2	2			1		4			6	2			5	1			42
48	수율생	1	1	3	4		1						1			2		3			5	7	1						29
49	통기색	4	1	9	5				2	1			5	1		5	2	4			7	9	2			2			59
50	지소색	1	1	4	4					1			3	1		6		1			9	10			2	1			44

	직 임	高	奇	金	羅	南	盧	文	朴	方	徐	孫	昇	安	梁	吳	尹	李	林	張	鄭	曹	趙	陳	崔	河	許	黃	합계
51	상년호적색	3		2	5				1		1	1	2	1	1	4	1	1			7	9	1		1	1			42
52	의 생	1	1	3	6				1				3	2		7	1	2			5	12	1			2			47
53	빙정색	2		1	3				1				1				3				4	5				1			21
54	진상의생	1		1	2				1		1		3	1		4		1			2	6	1						24
																													3790
	합 계	87	48	515	286	2	56	2	130	4	59	453	62	84	151	287	16	374	19	45	259	409	16	21	303	87	5	10	3790

〈부 록1〉 羅州 主要 吏任(戶長・吏房・副戶長・副吏房) 세습 擔當 家系의 例

* 『선생사상부의록』과 『각방장선생안』 모두에 있는 향역.
\# 『각방장선생안』에만 있는 향역.
(아무 표시 없는 것은 『선생사상부의록에만 있는 향역.)

羅斗樞(戶長)－孫 致坤(戶長, 예방, 형방, 각창색, 영창색, 진휼색, 고마색, 보흥사지소색)

羅弘奎＝哲大(改名 弘奎)＝命緝(改名 弘奎) (戶長, 吏房, 副吏房, 내공방, 각창색, 대동색, 영창색*(哲大), 관청미색, 고마색*, 배패색*(命緝), 정병색, 제민창색)－子 斗樞(戶長)－曾孫 致坤(戶長)

羅弘織(戶長, 吏房, 副戶長, 副吏房*, 산성색*, 전관색, 진상예방, 소리, 수군색, 전세도색)－子 時樞(戶長, 이방, 예방, 각창색, 영창색, 육색, 소리, 세초색)

孫慶來(戶長*, 吏房*, 副戶長*, 副吏房*, 수호방*, 지호방*, 예방*, 병방*, 형방*, 각창색*, 대동색*, 관청미색*, 전관색, 진상예방*, 세초색*, 개안색*, 대동도색#)－子後殷(戶長*, 副戶長*, 副吏房*, 수호방*, 형방*, 관청미색#, 세초색*)－孫濟福(戶長, 吏房, 副吏房, 수호방, 지호방, 형방, 각창색, 진상예방, 향교도색겸양재색, 군기색)－曾孫 馨胃

孫永白(吏房*, 부호장*, 부이방, 지호방, 예방*, 병방, 각창색, 대동색*, 산성색*, 관청미색*, 승발, 향교도색겸양재색, 배패색*, 수군색*, 개안색, 제민창색*, 대동도색, 전세도색*)－孫 光益(副吏房, 병방, 도훈도, 영창색,

산성색, 수선색, 창도색, 배패색, 수군색) - 曾孫 信成(吏房)

孫永枯(戶長, 부이방, 내공방, 각창색*, 산성색, 고마색*, 진상예방, 창도색, 군기색, 배패색, 제민창색*, 전세도색) - 子 熙彪(戶長, 副吏房, 공색)

孫仁宅(戶長*, 吏房*, 副吏房*, 각창색*, 소리*, 세초색*) - 子命旭(戶長*, 吏房, 副吏房*, 지호방, 형방, 내공방, 관청미색, 소리, 정병색*, 세초색*) 思默(副戶長, 도훈도, 진휼색*, 창도색#, 수군병방, 향교도색겸양재색, 수군색*, 세초색) 命達(戶長, 창도색, 소리, 세초색*) - 孫 得悅(戶長, 副戶長, 副吏房, 형방, 각창색, 도훈도, 진상예방, 세초색, 개안색)

孫處敏(副戶長, 병방*, 각창색*, 영창색*, 산성색*, 전관색, 승발, 창도색*, 개안색, 대동도색*) - 子 膺崙(副戶長, 수군병방) 子 膺聖(副吏房) 子 膺裕(형방, 각창색, 도훈도, 전관색, 승발, 창도색, 개안색)

孫喆俊(戶長,副戶長, 副吏房, 예방*, 형방*, 내공방, 각창색, 영창색, 진휼색, 관청미색, 고마색*, 수군병방*, 창도색*, 소리*, 수군색, 경포색, 세초색*, 개안색*) - 子 羽彪(吏房, 副吏房, 형방, 진휼색, 소리)

梁建煥(戶長*, 副戶長*, 副吏房, 병방, 각창색, 진휼색, 수군병방, 수군색, 경포색, 제민창색, 대동도색) - 孫 俊松(戶長, 예방, 각창색, 진휼색, 관청미색, 소리)

梁德孝(副戶長, 부이방, 병방, 진휼색, 산성색, 수선색, 수선고색#, 군기색*, 경포색*, 조군색*, 전세도색*) - 子 建國(副戶長, 각창색, 전관색, 승발, 창도색, 조군색)

梁德厚(副吏房, 수호방*, 예방*, 형방*, 각창색, 진휼색*, 산성색*, 고마색*, 소리, 수군색*, 조군색*, 개안색*) - 子 建熈(副吏房, 형방, 각창색,

고마색, 개안색)

梁聖翼(戶長, 吏房, 副吏房, 수호방, 예방*, 형방, 내공방(逢休*), 각창색, 진휼색, 관청미색, 육색, 소리, 배패색, 수군색(*洪範 改名 逢休), 정병색(*逢休 改名 聖翼), 개안색, 전세도색, 포재색)－子 有行(형방)－孫 錫魯(戶長, 吏房)－曾孫 軫永(吏房)

吳相熙(吏房, 병방, 각창색, 관청미색, 전관색, 승발, 수군색, 정병색, 전문서사)－子 民宅(副戶長, 병방, 형방, 영창색, 제민창색)

吳致源(副吏房, 예방*, 병방, 도훈도*, 대동색*, 관장무*, 공색*, 수군병방*, 진상예방*, 군기색*, 배패색*, 수군색, 정병색*, 노비색*, 전세도색)－子 重權(副戶長, 副吏房, 예방, 각창색, 육색, 소리, 식년호적색, 개안색, 포재색)

曹時憲(戶長*, 副戶長*, 副吏房*, 병방*, 각창색*, 진휼색*, 산성색*, 관청미색*, 전관색*, 승발*, 수군병방*, 창도색*, 군기색*, 수군색*, 정병색*, 개안색*, 전세도색*)－子 運澤(戶長, 부호장, 예방, 병방, 승발, 소리, 대동도색#(運宅), 전세도색#(運宅)) 運復(副戶長*, 내공방*, 각창색*, 관청미색*, 전관색*, 수선색, 배패색, 정병색*, 대동도색)－孫 弘麟(戶長, 형방)

曹命德(지호방, 형방, 도서원, 각창색, 대동색, 진휼색, 보역색, 고마색, 전문서사, 개안색)－子 景殷(이방*, 부이방*, 지호방*, 도서원, 각창색*, 영창색, 산성색*, 보역색*, 전관색, 관장무, 공색, 정병색, 경포색, 제민창색*, 전세도색) 景達(호장, 이방*, 부이방*, 지호방*, 형방*, 내공방*, 도서원*, 각창색*, 관청미색*, 정병색*, 전문서사*, 전세도색*) 景禹(호장, 이방, 부이방, 수호방, 형방, 각창색, 대동색, 산성색, 관장무) 景益(이방, 부호장, 형방, 산성색, 제민창색)－孫 義振

〈부록 2〉 羅州의 六房과 色吏 世襲 擔當 家系의 例

高快三(수호방*, 예방, 형방*, 각창색, 영창색*, 육색, 경포색, 세초색*, 개안색*, 노비색*, 대동도색, 전세도색, 포재색, 통기색*, 상년호적색*, 의생*, 빙정색*, 진상의생*)-子 應台(예방, 형방, 진휼색, 수군병방, 수군색, 세초색) 子 應奎(수호방, 예방, 형방, 내공방, 도서원, 각창색, 도훈도, 산성색, 보역색, 육색, 전관색, 승발, 소리, 전문서사, 전세도색, 포재색) 子 應翼(형방, 각창색, 관청미색, 관장무, 전문서사, 전세도색, 포재색)-孫 尙孝(형방) 啓孝(형방, 전문서사)

金德呂(수호방#, 지호방*, 형방*, 도서원*, 각창색*, 진휼색*, 고마색*, 승발*)-子 宅涇(형방*, 내공방*, 도서원*, 각창색*, 대동색*, 보역색*, 공색*, 정병색*, 경포색*, 개안색*, 의생) 宅裕(형방*, 식년호적색#, 제민창색*, 노비색*, 통기색*)-孫 覆良(수호방, 형방, 도서원, 대동색, 진휼색, 보역색)-曾孫 漢機(형방, 도서원, 전문서사)

金致權(수호방*, 병방*, 형방*, 도서원*, 각창색*, 도훈도*, 진휼색*, 산성색*, 보역색*, 고마색*, 관장무*, 군기색*, 세초색*)-子 得麗(수호방#, 형방*, 도서원*, 각창색*, 대동색, 보역색*, 관청미색, 향교도색겸양재색, 창도색, 군기색, 세초색#, 전문서사*, 식년호적색#, 개안색*, 대동도색*, 전세도색*, 통기색*) 得鹿

盧永采(병방*, 각창색*, 육색, 전관색*, 승발*, 배패색*)-子 遇慶(각창색, 전관색, 승발, 수군병방, 조군색, 노비색, 포재색)

安鎭宅(지호방*, 예방*, 형방, 내공방*, 각창색*, 도훈도*, 대동색, 영창색, 진휼색*, 산성색*, 보역색*, 고마색*, 공색, 전문서사*, 식년호적색*, 제민창색*, 노비색*, 의생*) -子 聖權(도서원#, 고마색, 수군병방, 수군색*, 정병색, 세초색) 聖楷(병방, 도훈도, 정병색, 노비색) 佑民(형방*, 내공방, 도서원, 정병색#, 전문서사*) -孫 北圭(예방, 병방, 형방, 관장무, 전문서사) 大圭(병방, 형방, 수군색, 전문서사) 麟圭 -孫 後憲

李景立(형방, 창도색, 전문서사) -子 尙敦(형방, 각창색, 고마색, 수선색, 배패색, 전문서사, 보흥사지소색)

李彦采(수호방, 지호방*, 병방*, 도서원, 각창색*, 도훈도, 대동색*, 진휼색, 보역색, 관청미색, 육색, 고마색*, 공색*, 승발*, 세초색*, 노비색, 전세도색, 포재색) -子 思宅(형방, 대동도색)

張壽聃(형방, 도서원, 각창색, 공색, 대동도색) -子 齊燁(형방, 도서원, 각창색, 산성색, 보역색, 관청미색, 공색, 진상예방, 전문서사, 식년호적색, 대동도색)

鄭世宅(도훈도*, 수군병방, 진상예방, 보흥사지소색) -子 鶴壽(창도색, 개안색)

鄭彦淑(보역색, 육색#, 전세도색#) -子 匡夏(수호방, 형방, 도서원, 각창색, 보역색, 육색, 고마색, 공색, 세초색, 대동도색, 전세도색, 보흥사지소색) 謙夏(수호방, 지호방, 내공방, 도서원, 각창색, 보역색, 관청미색, 향교도색겸양재색, 군기색)

鄭初馨(내공방, 도서원, 대동색, 군기색, 포재색) -子 匡夏 謙夏

鄭楚明(형방*, 각창색*, 산성색*, 관청미색*, 식년호적색*, 대동도색, 수율생*, 통기색*, 지소색*, 상년호적색*, 의생*, 빙정색*, 진상의생*, 대동도색#)-子 蘊三(수호방, 지호방*, 형방*, 도서원, 각창색*, 대동색*, 보역색*, 고마색, 공색*, 향교도색겸양재색, 전문서사(* 壽良 改名 蘊三), 제민창색*, 보흥사지소색)

鄭楚新(형방*, 내공방*, 각창색*, 육색*, 관장무*, 식년호적색*, 제민창색*, 수율생*, 통기색*, 지소색*, 상년호적색)-子 健夏(수호방, 지호방, 예방, 형방, 내공방, 도서원, 대동색, 영창색, 보역색, 공색, 향교도색겸양재색, 수군색, 정병색, 통기색, 지소색, 상년호적색, 빙정색) 武夏(형방, 각창색, 진휼색, 산성색, 군기색, 정병색, 제민창색, 노비색)-孫 啓珍

鄭楚彦(예방*, 형방*, 각창색, 육색, 수군병방*, 수군색*, 세초색*, 식년호적색*, 개안색*, 대동도색, 전세도색, 수율생*, 통기색*, 지소색*, 상년호적색*, 의생*, 대동도색#)-子 匡夏 觀夏(각창색, 대동색, 진휼색, 육색, 고마색, 전관색, 승발, 개안색, 대동도색, 전세도색, 포재색) 章夏(전문서사) 鍾夏(형방, 관장무, 정병색, 전문서사, 노비색) 碩夏(형방)-孫 啓俊(형방, 도훈도, 전문서사, 개안색) 大采(형방, 조군색, 노비색, 전세도색, 통기색, 지소색, 상년호적색(啓璘 改名 大采)

崔擎圓(병방, 형방*, 대동색*, 전관색, 관장무*, 공색*, 승발, 수군병방*, 진상예방*, 군기색*, 경포색, 노비색)-子 仁默(수호방, 형방, 도서원, 각창색, 보역색, 고마색, 공색, 전문서사, 식년호적색, 대동도색, 보흥사지소색)

崔啓良(*수호방, *지호방, *형방, *내공방, *도서원, *각창색, *산성색, 보역색, *고마색, *정병색, *전문서사)-子 華宅(*형방, 내공방, 도서원, 각창색, 보역색, 관청미색, *관장무, 공색, 향교도색겸양재색, 개안색, 대동동색) 安宅(형방, 내공방, 도서원, 보역색, 군기색) 鎬宅(형방, 도서원, 각창색, 영창색, 산성색, 보역색, 전관색, 관장무, 공색, 승발, 군기색, 전문서사, 대동도색, 전세도색)

崔啓祥(*수호방, *지호방, *형방, *내공방, *도서원, *각창색, *대동색, *관청미색, *고마색, *세초색, *전문서사, *식년호적색, 제민창색, *대동도색)-子 揆宅(*형방, *각창색, *대동색, 산성색, *보역색, 관청미색, *관장무, *공색, *정병색, *조군색, *전문서사, 노비색)

崔致章(*형방, *내공방, *도서원, *각창색, *진휼색, *보역색, *진상예방, *정병색, *조군색, *전문서사, *식년호적색, *노비색, *상년호적색)-子 啓弘(지호방, 형방, 도서원*, 각창색, 진휼색*, 보역색, 수선색, 수선고색#, 식년호적색#, 관장무, 향교도색겸양재색, 전문서사) 啓祐(*병방, *전문서사)-孫 麟宅(지호방, 보역색, 공색, 전세도색) 龍宅(지호방, 관장무, 향교도색겸양재색, 경포색, 전문서사)

崔致勳(*예방, *병방, *형방, *도서원, *각창색, *대동색, *영창색, *산성색, *관청미색, *고마색, *관장무, *공색, *승발, *진상예방, *수군색, *경포색, *조군색, *세초색, *개안색, *대동도색)-子 啓遠(지호방, 병방, 형방, 각창색, 육색, 관장무, 향교도색겸양재색, 전세도색, 포재색)

Ⅴ장. 朝鮮末 日帝下 羅州地域 鄕吏家門의 動向

- 密陽 朴氏家를 中心으로 -

1. 머리말

신분제사회였던 조선시대의 각 계층은 조선 후기 이래 신분제의 동요와 향촌사회 변모과정에서 다양하게 분화하며 근대사회로 편입되어 갔다. 지방에서 통치와 행정의 실무를 담당했던 鄕吏層도 마찬가지였다. 일부는 갑오개혁 이후 지방제도 조세제도가 개편되는 가운데 크게 영락하였지만, 일부는 신분제가 해체되고 문명개화사상이 확산되면서 조선 말·일제하에 빠르게 성장하여 그 뒤에 한국의 주요 정치·경제·사회세력의 하나가 되었다.

이런 이유로 최근 학계는 조선시대의 향리층이 격동의 조선말·일제하 사회를 어떻게 적응 변신해 갔는가를 밝히는 데 큰 관심을 보여 상당한 연구를 축적하였다. 그러면서도 그간의 연구는 몇 가지 아쉬움도 남겼다. 우선 이들 향리층이 조선 말·일제하 시기를 어떻게 적응 변신해 갔는가를 다룬 글이 많지 않았고, 설사 이에 주목했어도 그 시야가 근현대사의 주역으로 성장해 간 몇몇 향리가문의 성공사례를 추적 제시하는 데 집중되어, 이들 특정 향리가문과 같은 시대 같은 공간을 살아가면서 때로는 서로 대립·경쟁하고 때로는 협조·연대했던 양반층이나 여타 향리가문의 동향까지 함께 시야에 넣어

검토하지 못했던 것이다.[198]

본고는 이러한 연구사를 염두에 두면서 나주지방의 향리가문들이 격동의 조선 말·일제시기에 어떻게 변모해 갔는가를 살펴보고자 한다. 조선 말·일제하 나주지역 향리층의 사회적 생애를 추적함으로써 이 시기 향리층의 일반적 동향에 접근하고 이를 통하여 한국 근·현대 사회변동의 한 측면을 조망해 보려는 것이다.

이와 같은 목적을 달성하기 위하여 우선 한 사례연구로서 羅州 朴氏家[199]의 혼맥과 공선관계 등을 살펴봄으로써 나주지역에 존재하는 향리가 간의 사회적 네트워크를 구체적으로 해명하려고 한다. 이 같은 분석을 통해 전통 향리가의 근대적 지주로의 전환과정, 나아가 근대전환기 사회계층 변

198) 홍성찬, 「한말-일제하의 사회변동과 향리층-전남 곡성의 사례를 중심으로-」, 『한국근대이행기 중인연구』, 서신원, 1999, 458면.

199) 羅州 朴氏家는 보다 정확히 말하면 密陽朴氏 淸齋公派를 가리킨다. 하지만 이들이 나주지역의 가장 대표적인 향리가로서 조선 말 일제하에 나주를 주도하는 집안이었으므로 일반적으로 이들을 가리킬 때 羅州 朴氏라고 한다. 이하 논문에서 나주지역의 밀양박씨가를 줄여서 나주 박씨가로 통칭하기로 한다.

동에 대한 중요한 실마리를 찾고자 한다. 또한 일제하에 들어 나주지역 향리층이 '有志 基盤'을 마련해 가는 과정 (① 財産, ② 學力, ③ 人望, ④ 信用의 형성 및 획득과정), 그리고 이를 위해 전개했던 다양한 '有志 政治'의 실상을 밝히고자 한다. 이는 최근 논의 중인 지방유지, 명망가층, 신흥유력자층의 사회적 존재형태의 해명에 도움이 될 것으로 생각한다.

2. 羅州地域의 鄕吏

1) 羅州의 鄕吏家

향리가문들은 일반 民의 수준에서는 엄연한 지배층이었고, 특히 그 영수급에 해당하는 戶長·吏房·都書員을 배출한 주요 가계들은 엄청난 학식과 富 그리고 정치·사회 연결망까지 가진 大家이자 거대한 존재였다. 단순한 향리 집안이 아닌 새로운 양반층으로 비쳐졌던 것이다. 따라서 향리들은 민란의 시대였던 19세기 내내 일반 민들과 대립하지 않을 수 없었고, 당연히 이들을 진압하는 體制守護에도 적극적으로 나섰다.[200]

한편 향리집단에 대한 편견이 조선시대뿐만 아니라 현재까지도 매우 일반화되어 있다는 점도 언급되어야 한다. 향리제도의 존속은 德治를 표방한 조선왕조에 있어서 매우 중요하였다. 그렇지만 조선시대의 治者집단만은 오히려 이 집단의 역할을 부정적으로 인식하는 이중적인 태도를 보여 주었다. 양반사회의 구조적 모순의 한 단면에 지나지 않는 향리집단의 불법이나 부

200) 나주의 사례는 홍영기, 「1896년 羅州義兵의 결성과 활동」, 『이기백선생고희기념 한국사논총(하)』, 일조각, 1994, 1661~1662면 참조. ;홍성찬, 앞의 논문, 1999, 476면.

정은 으레 그 요인에 대한 검토 없이 과장되어 왔고, 이러한 편견은 조선시대를 연구하는 학자들에게 그대로 답습되고 있다.

결국 향리제도와 집단에 대한 타당한 평가는 최근에 이루어진 지방사회나 조선 후기의 身分上昇에 대한 일련의 연구성과와 연관지어 이해할 때 가능하다고 생각된다. 이 중 조선 초기 土姓의 존재형태와 관련을 지운 지방사회에 대한 연구는 이러한 가능성을 열어준 중요한 작업이라 믿어진다.[201]

나주의 향리층들은 주로 나주 읍성 내에 거주하였다. 읍성 내의 가장 좋은 거주지는 객사의 서쪽과 북쪽이다. 이곳에는 나주 나씨와 나주 정씨 등 일찍이 자리잡은 향리층이 거주하고 있다.[202] 그 후 19세기 중엽에 이르러 몇 성씨들이 새로이 읍성 내로 들어와 살게 된다. 그 중 향리직을 경험한 김해 김씨와 밀양 박씨가 두드러졌다. 이들은 새로이 나주천의 남쪽과 남문 안에 거주지를 형성하여 살게 된다. 이미 터를 잡은 나주 나씨와 나주 정씨의 거주지와 떨어져 터를 잡는다. 경주 최씨[203]와 의령 남씨도 조선말기에 역시 향리직을 경험하면서, 객사의 북쪽, 그리고 남문 안에 살게 된다. 나주 나씨와 광산 김씨 등 소수의 양반들도 읍내에 살고 있었다.[204]

현재 나주의 향리를 확인할 수 있는 기록으로는 『羅州牧重記』1・2[205]와

201) 이훈상, 『조선 후기의 향리』, 일조각, 1990.

202) 거주지 분포에 대해서는 全根完, 「일제하 羅州面의 都市景觀變化」, 한국교원대 사회과교육학과 지리교육전공 석사학위논문, 1996, 31면 참조.

203) 고석규의 글에서는 밀양 최씨라고 되어 있으나 이는 경주 최씨의 오기인 듯하다. 나주지역의 대표적 향리가는 '慶州崔氏文密公派'이다.

204) 고석규, 「나주의 근대도시발달과 공간의 이중성-1929년 나주역 충돌사건과 관련하여-」, 『광주학생독립운동과 나주』, 경인문화사, 2001; 박경중씨의 증언; 이에 관련하여 이미 성 안에 들어가 살면 양반의 지위는 상실된 것으로 보아야 한다는 견해도 있다. 하지만 읍성 안에 거주한다는 것만으로 양반의 지위가 상실되는 것인지에 대해서는 논란의 여지가 있다고 본다.

205) 『重記』는 수령 교체 시 작성하는 일종의 인수인계서(재물조사서 또는 재고조사서)로서 지방관청의 기물・문서・재정의 내역을 기구별로 기록하고 있다. 때문에 『중기』는 지방관청의 기구와 재정의 운영을 살피는 데 참고가 된다. 또한 『중기』를 작성한 향리의 직임과 인명이 기록되어 있어 향리 가계를 알 수 있는 중요한 자료가 된다. 현재 나주의 『중기』로는 두 가지가 조사보고되어 있다. 『나주목중기』1・2로 명명된 이 자료는 1864년과 1873년에 작성된 것으로 추정되어 나주향

『湖南掾房先生案』206), 『人吏貢生案』207)과 『光緖十五年八月 日人吏貢生案下』208), 그리고 『營屬人吏貢生官案』209)과 『分司官案』210) 등이 있다. 그 밖에 참고할 수 있는 자료로는 李炳壽의 『錦城正義錄』211)과 鄭錫珍의 『蘭坡遺稿』가 있다. 이들 자료에 나타나는 나주의 향리 가계에 대해서는 추후에 보다 밀도 있는 연구를 하기로 하고, 우선 본 논문에서 사례연구의 대상

교에 보관되어 있는 것으로 보고되어 있다. (『전남의 향교』, 1987, 참조) 하지만 필자가 조사하여 본 바로는 현재 나주향교에는 보관되어 있지 않다. 분실 혹은 도난당한 것으로 추정된다. 다행히 1987년 조사 당시 복사본을 동아대학교 이훈상 교수께서 보관하고 계시다가 필자에게 제공하여 주셔서 확인할 수 있었다. 그런데 그 내용을 분석해 본 결과 이 『중기』는 1864년과 1873년에 작성된 것이 아니라 이보다 180년 전, 다시 말해 1684년(?)과 1693년에 작성된 문서임이 밝혀졌다. 이에 대해서는 별도의 보고서를 준비할 계획이다. 이 『중기』를 통해 17세기경의 나주의 향리 가계에 대해 알 수 있게 되었다.

이하 『중기』1, 『중기』2로 표기.

206) 이훈상, 「조선 후기 상급 지방 행정 체제에 있어서 신분 집단에 기초한 운영 구조와 행정 실무 집단의 출신 지역의 편재화」, 『호남문화연구』제26집, 1998, 참조.

『湖南掾房先生案』은 전라도 監營 營吏들의 명단으로, 여기에는 약 580명이 기재되어 있다. 대상 시기는 대략 1530년경부터 1817년 정도에 이르는 약 300년이다. 특히 여기에는 각 개인별로 출신지역과 入仕년도까지 기재되어 있어, 전라도 지역 향리들의 실태를 파악하는 데 획기적인 가치를 갖고 있다. 영단위의 인리안인 『湖南掾房先生案』은 각 군현별로 차출된 營吏의 파악을 통해 각 군현별 이서집단의 위상을 파악할 수 있고, 나아가 군현 내 이서층의 주도성씨를 가려낼 수 있다는 점에서 중요한 의미를 갖는다.

207) 나주 박씨가의 소장문서로 光緖十七年七月(고종 28년, 1891)에 작성된 人吏案이다.

인리안은 지방관아에서 營·邑別로 작성한 것으로 이서들의 이름 및 職任을 적은 일종의 人名錄이다. 인리안은 吏案 또는 官案이라고도 하며, 이것은 營단위의 것과 군현단위의 것으로 구별할 수 있다. 여기에 이서들 자신이 직접 작성한 각종 先生案 역시 인리안에 포함된다. 이 자료는 기재사항이 간략하지만, 이를 통해 직임의 종류 및 인원수, 성씨별 구성 등을 파악할 수 있다. 이하 『인리공생안』으로 표기함.

208) 이 또한 나주 박씨가의 소장문서이다. 이하 『인리공생안하』로 표기함.

209) 서울대 규장각 도서번호, 古4652-12로 1750년 전라감영의 人吏, 貢生을 확인할 수 있는 자료이다.

210) 서울대 규장각 도서번호 奎古文 146901로 人吏와 通引 명단이 들어 있다. 김필동의 논문에서 羅州牧 (1882년?) 자료라고 분류해 놓았으나, 확신할 수는 없다.

211) 李炳壽, 『謙山遺稿』(『(국역) 錦城正義錄』, 나주목향토문화연구회, 1991 참조. 이하 『금성정의록』으로 표기함.)

으로 삼고 있는 박씨가가 과연 향리가인가 하는 점을 살펴보도록 한다.

기존의 연구에서는 19세기 후반에 와서 박씨가의 일부 인물이 향리직에 참여한 정도로만 알려져 왔다. 그러나 앞서 제시한 나주지역 향리를 확인할 수 있는 자료를 통해 살펴보면 나주 박씨가는 17세기 이래 누대에 걸쳐 향리직을 수행해 온 것으로 파악된다. 보다 구체적으로 살펴보면 향리로 확인되는 나주 박씨가 인물로는 우선 『나주목중기』1에 보이는 朴德鵬(丙辰生, 1616)이 있다. 이는 『密陽朴氏家乘』[212]에 나주 입향조로 보이는 樅(字, 富東, 乙亥生,1515)의 5대손으로 현재 확인할 수 있는 나주 박씨가의 인물로는 최초의 향리이다. 두 번째로는 『나주목중기』2에 朴德鵬과 그의 아들 忠益(癸未生, 1643)이 鹽鐵色으로 나온다.

忠益은 『나주목중기』2가 작성되는 1693년에 50세가 되는 인물로 父親인 德鵬의 뒤를 이어 향리가 된 것 같다. 이를 통해 박씨가가 향리직을 세습하고 있음을 알 수 있다.

다음으로는 『人吏貢生案下』에 나오는 인물들을 살펴보면 다음과 같다. 여기에는 朴在秤 留倉이란 기록이 나오는데 朴在秤은 『密陽朴氏淸齋公派家乘譜』[213]에는 本名은 淵在(字 在秤, 丁巳生)으로 나타난다. 그가 나주의 대지주로 성장하는 朴在圭이다. 기존 연구[214]에 의하면 나주 박씨가는 박재규대에 지주가로 성장하였다. 박재규는 이러한 경제력을 바탕으로 1895년에 참봉벼슬을 받았고, 1897년에는 궁내부주사에 임명되었다. 그 후

---

212) 나주 박씨가 소장문서. 이하 『박씨가승』으로 표기함. 향리족보류는 향리층의 세전성을 밝히는 데 중요한 자료로서 족보·파보·가승 등이 있다. 조선 후기에는 향리층이 世傳鄕吏와 非世傳鄕吏로 나뉘는 등 자체분화가 이루어지고, 이와 함께 신분의식의 상승으로 인하여 향리파보가 간행 편찬되고 있었다. 가승은 족보나 파보에 누락되어 있는 行狀·遺事·家系記錄 등을 담고 있는데 이와 같은 가승류도 족보·파보와 함께 향리신분의식의 변화와 밀접한 관련을 지니고 있다.: 나선하, 「靈光·綾州지방 吏胥層의 자료에 대하여」, 『지방사와 지방문화』2집, 1999, 참조.

213) 『密陽朴氏淸齋公派家乘譜』, 호남문화사, 1988. 이하 『박씨가승보』로 표기.

214) 박찬승, 「일제하 나주지역의 민족운동과 사회운동」, 『한국근현대지역운동사』2, 여강출판사, 1993 참조.

1907년 나주부 지방위원, 1908년 장흥군수에 임명되어 부임하였다. 이후 이 집안은 '박장흥가' 혹은 속칭으로 '박장가'로 불리게 되었다. 여기서 주목할 것은 박재규가 대지주로 성장하는 뚜렷한 과정이 잘 드러나지 않는다는 것이다.[215] 하지만 그의 향리직 수행이 박씨가의 지주가로의 성장에 기여했을 것임을 미루어 짐작할 수 있다. 한편 『人吏貢生案下』에 등장하는 인물로 朴亮郁 있다. 기록에 故라고 기록되어 있는 것으로 보아 일찍 요절한 것으로 보인다. 그는 『密陽朴氏家乘』에 本名은 德殷(字 亮郁, 庚申生, 1860)으로 되어 있다. 그리고 朴尙紀가 있다. 박씨가 『박씨가승』에는 본명은 孝林字는 尙紀로 되어 있다. 甲子生(1864)이다. 마지막으로 朴琪采가 있다. 박씨가 『박씨가승』에는 본명이 皓林(癸酉生,1873), 字가 祺琛라고 되어 있는 인물이다.

한편 동학군 진압과 나주의병봉기에 참여한 吏族으로 『錦城正義錄』 등에 나타나는 인물로 朴根郁이 있다. 그는 『密陽朴氏世系』에 의하면 『나주목중기』2에 보이는 忠益의 7대손으로 동학군 진압 시에는 別將으로 나주의병봉기 때에는 右翼將으로 참여하였다.[216] 『박씨가승보』에는 본명은 点五(戊戌生, 1838), 字는 元實, 根郁으로 되어 있다. 함께 동학군 진압 시 吏族으로 참여한 朴化實은 『박씨가승보』에는 본명은 贊林(己亥生, 1839) 字는 二五, 號가 贊郁, 化實로 되어 있다. 『密陽朴氏世系』[217]에는 和實로 기록된 인물로 根郁의 친동생인 贊郁이다. 이들은 동학군 진압 시에 참여하였을 뿐 아니라 1896년 나주의병의 결성과 활동에도 적극 참여하고 있다.[218]

215) 후손인 박경중씨의 증언이나, 기타 기존의 연구를 종합해 보면 박씨가는 미곡뿐만 아니라 콩과 팥 등 상품작물을 재배하는 포전농사로 성공하였다고 한다. 그러나 그것이 향리직을 이용한 것일 가능성이 높아 보인다.

216) 홍영기, 「1896년 나주의병의 결성과 활동」, 『이기백선생 고희기념 한국사논총(하)』, 일조각, 1994, 참조.

217) 나주 박씨가 소장문서. 이하 『박씨세계』로 표기함.

218) 홍영기, 앞의 논문, 1994; 특히 申箕善, 「奉使日記」, 『陽園遺集』, 아세아문화사 312면에는 나주의진을 주도한 핵심인물로 金蒼均·金晳鉉·朴根郁·金錫均·朴化實·懲役徒 3인과 靈光 鄕吏 丁相燮 등 9명을 들고 있다.(梁東絢, 「제2절 전남

또 한 사람으로 朴尙郁이 있다. 이는 나주수성 시 별초군관으로 임명되었던 인물이다. 『박씨가승보』에는 본명이 殷林(壬戌生,1862), 字는 次殷, 號는 尙郁으로 되어 있다. 翼陵參奉, 中樞院 議官六等에 오른 것으로 되어 있다. 이는 朴戶長으로도 불렸던 인물이다.

이상이 나주 박씨가이면서 향리로서 그 이름이 기록에 나타나는 사람들이다. 그 이외에도 여러 인물이 있었을 것으로 보이나 현재로서는 찾을 수 없었다. 앞으로 계속적인 연구와 새로운 자료발굴을 통해 밝혀 나갈 생각이다.

이와 같은 기록을 통해 나주 박씨가가 누대에 걸쳐 나주에서 향리가로서 이어오고 있었다는 것은 의심의 여지가 없어 보인다. 이들은 기존의 체제를 수호하기 위하여 농민군 진압과 의병봉기에 나서기도 했고, 적극적으로 근대적 변용에 성공하여 대지주로서 성공하기도 하였다. 또한 일제 지배하에서는 적극적인 사회운동에 나서기도 하였다. 이는 같은 향리가에서도 근대적 전환기에 서로 다른 대응을 보여 주는 것으로 주목할 만한 것이라고 생각한다. 계속해서 이들의 이러한 대응이 그 후 그들의 삶의 궤적에 어떠한 영향을 미치는지 살펴보도록 하겠다.

지방의 제1차 의병운동」, 『전라남도지』제7권, 전라남도, 1993, 61면에서 재인용.)

〈표 1〉 조선말·일제하 나주 박씨가의 주요 인물

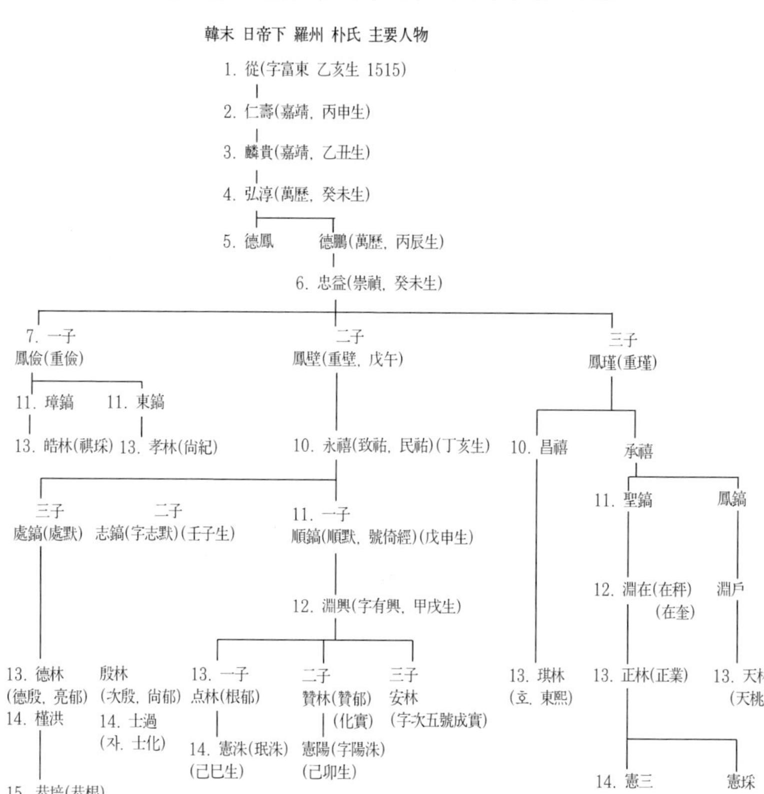

출전: 『密陽朴氏家乘』, 『密陽朴氏世系』, 『密陽朴氏淸齋公派家乘譜』

2) 朴氏家의 通婚關係

나주 박씨가가 통혼관계를 맺은 성씨는 慶州鄭氏, 慶州崔氏, 光山金氏, 錦城金氏, 錦城金氏, 錦城羅氏, 錦城吳氏, 錦城鄭氏, 金海金氏, 羅州羅氏, 羅州昇氏, 羅州林氏, 羅州鄭氏, 綾州朱氏, 達城裵氏, 潭陽鞠氏, 大邱

襄氏, 同福吳氏, 密山朴氏, 密陽孫氏, 南平裵氏, 白氏, 失蹟未祥女, 完山李氏, 宜寧南氏, 利川徐氏, 仁同張氏, 長城徐氏, 長興金氏, 全州李氏, 旌善金氏, 濟州梁氏, 兆陽林氏, 朱氏, 晋州姜氏, 昌寧曺氏, 天安全氏, 淸州韓氏, 淸州許氏, 坡平尹氏, 平山申氏, 平澤林氏, 咸陽盧氏, 咸陽尹氏, 咸從郭氏, 咸昌尹氏, 咸豊弁氏, 咸豊李氏, 海州崔氏, 幸州奇氏 등 이다.[219]

이들 중 통혼관계가 압도적으로 많았던 성씨는 金海 金이고, 이어서 昌寧曺氏, 錦城羅氏, 利川徐氏 등과 혼맥을 형성하였다.

특히 金海 金氏는 邑城 내에서 朴氏家와 경쟁관계에 있었던 대표적 鄕吏家였다. 증언[220]에 의하면 김씨와 너무 앙숙이어서 정략적으로 통혼을 하기도 하였다고 한다. 박씨가의 대표적 인물인 朴正業 (본명 正林 字 正業 號 雲石 甲申生(1884))은 김해 김씨의 대표적 인물이며 향리로서 1894년 羅州 守城에 나섰던 金根煥의 딸과 혼인한다. 이는 "향리들은 그들의 집단이익에 반하는 외부의 공격에 대해서는 즉각 단결하여 가차 없이 대처했지만, 평소에는 異族은 물론 同族끼리도 향촌사회의 주도권 장악을 놓고 끊임없이 긴장 대립하였다"는 지적을 생각나게 한다.[221]

또한 全南 和順의 대표적 향리가인 同福吳氏나 潭陽의 대표적 향리가인 潭陽鞠氏와 같은 타 지방의 대표적 향리가와도 통혼관계를 맺고 있었다.[222]

朴氏家는 주로 읍내의 吏族들과 통혼한 듯하지만 兩班士族과도 통혼관계를 맺었다.[223] 하지만 보다 구체적으로 언제부터 양반가와의 통혼이 성사되었는지는 앞으로 보다 깊이 있는 연구와 분석이 필요하리라고 생각한다.

박씨가의 통혼관계를 통해 형성된 사회적 네트워크는 조선 말 일제하 박

---

219) 『密陽朴氏淸齋公派家乘譜』, 『密陽朴氏家乘』, 『密陽朴氏世系』 등 참조.

220) 박경중씨 증언, 2003년 2월 10일.

221) 홍성찬, 「한말-일제하의 사회변동과 향리층」, 『한국근대이행기 중인연구』, 연세대 국학연구소, 1999, 465면 참조.

222) 박경중 증언, 2003년 2월 10일. 증언에 의하면 金海 金氏도 潭陽鞠氏와의 通婚關係를 가지고 있었다고 한다. 이를 통해 각 지역의 주요 鄕吏家 사이에는 通婚을 통한 네트워크가 형성되고 있었음을 추측할 수 있게 한다.

223) 대표적인 姓氏가 平澤 林氏이다. 평택 임씨는 나주의 대표적 士族이라 할 수 있다.

씨가가 나주지역의 사회 주도층으로 존재하는 데 대단히 중요한 역할을 하게 된다. 보다 구체적인 내용은 다음 장들에서 자세히 살펴보도록 하겠다.

3. 朝鮮末 守城과 義兵活動

1) 羅州 守城

1894년 東學農民軍이 羅州를 공격해왔을 때 羅州 守城에 나섰던 이들이 鄕吏들이다. 『錦城正義錄』에 보면 '鄭錫珍을 都統將을 삼고, 金在煥을 부통장으로 삼았으며, 孫商文을 都衛將으로 하고, 金聲振은 中軍으로 하였으며, 金蒼均을 統察로 하고, 朴根郁 別將에게는 西門을 맡도록 하고, 文洛三 별장에게는 북문을 맡도록 했으며, 朴允七 별장에게는 동문을 맡도록 하였다.'고 되어 있다.[224] 또한 '接應將 孫常文, 朴在九, 具有述, 金鶴述, 錢學權'[225], '守城別哨 朴琫年'[226] 그리고 '崔允用'[227] 등이 활약하고 있는 것으로 나타난다.

보다 구체적으로 나주수성에 참여했던 인물이 누구이며, 이들 중 향리로 확인되는 인물이 누구인지 표로 살펴보면 다음과 같다.

224) 『錦城正義錄』, 羅州牧鄕土文化硏究會, 1991, 40면 참조.
225) 『錦城正義錄』 60면.
226) 『錦城正義錄』 62면.
227) 『錦城正義錄』 68면.

〈표 2〉 羅州 守城에 參與한 人物과 鄕吏

羅州守城軍 參與人物	鄕吏로 確認되는 人物
姜春三 高德鳳 具有述	奇周鉉(인리-首律生)
金根煥 金基玉 金錫均,	金根煥(인리)
金聲振 金良文 金陽柱	金錫均(인리 都書員)
金日運 金在煥 金俊甫	金蒼均(인리 首律生)은 統察
金振海 金蒼均 金鶴述	羅錦滿(인리)
金洪在 羅錦滿 羅學坤	朴寬郁(인리 首戶長)
文寬厚 文洛三 文洛三	朴根郁(박씨가)
朴京郁 朴寬郁 朴根郁	朴斗英(인리 朴斗瑛)
朴斗英 朴琫年 朴尙郁	朴琫年(인리안에는 朴鳳年)
朴成老 朴守俠 朴時泓	朴尙郁(박씨가)
朴年珪 朴允七 朴允弘	朴允弘(인리)
朴在九 朴興淵 朴興柱	朴興柱(인리)
徐然權 孫東燮 孫有澤	孫有澤(인리 敎文通引)
孫致洪 昇龍奎 安東燦	梁華永(인리)
梁南中 梁相彦 梁仁煥	吳華準(인리 鎭營禮吏)
梁華永 吳得齋 吳得煥	李敦祺(인리)
吳華準 尹起文 尹龍成	張佶翰(인리 鎭營刑吏)
李敦祺 李春益 張佶翰	張鳳三(인리 張鳳參)
張鳳三 錢公瑞 錢鶴權	鄭錫完(인리)
鄭錫完 鄭錫珍 鄭日西	鄭錫珍(인리안에는 鄭台完)
丁漢卓 崔慶鳳 崔文燮	崔文燮(인리)
崔成純 崔鎔煥 崔允用	崔允用(인리)
崔一鳳 許致寬	崔一鳳(인리 書員)

출전: 『錦城正義錄』, 『人吏貢生案』, 『人吏貢生案下』

이를 통해 羅州 守城에 나주지역 鄕吏들이 적극 참여하고 있음을 확인할 수 있다. 이들 중 나주 박씨가 인물로는 朴根郁과 朴尙郁을 들 수 있다. 이들은 정석진 등 나주의 吏族들과 함께 동학농민군의 진압 시 돋보이는 활약을 전개한 핵심세력이었다. 따라서 이들은 농민군이 진압된 후 다른 어떤 세력이나 계층보다도 강력한 권한을 행사할 수 있었을 것이다.[228)]

228) 홍영기, 앞의 논문, 1994, 1662면, 참조.

2) 朝鮮末 義兵活動

『금성정의록』「丙篇」은 1896년 斷髮令에 抗拒하여 일어난 羅州義兵에 대한 記錄이다. 이 기록을 보면 '初九日 十一時경에 金蒼均, 張佶翰, 金錫均, 昇甲杓 등이 전 시중의 주민들과 같이 향교 교정으로 들어와서 마구 뛰며 서로 말하기를, 참서관 안종수와 총순검일당 등 역적의 무리들을 오늘 다 죽여 버렸다고 하며 본 고을에서 일어난 의거는 시작만 있고 끝이 없어서는 안 된다고 하였다.'고 되어 있다.[229] 또 '初十日에는 본 고을 椽廳을 倡義所로 만들고 군의 대오를 편성하면서 參謀에는 유생 羅秉斗와 전 현감 孫應契를 임명하고 중군장은 李承壽를 임명했으며, 좌익장은 金蒼均을 임명하고, 우익장은 朴根郁을 임명하였으며 대개 모든 군의 명령을 참서 있게 약정했다. 金在煥과 孫商文, 張佶翰(인리), 梁仁煥, 孫信興, 張鳳三(인리 張鳳參) 등에게 군의 사무를 맡기고 유생 李源緖와 廉孝鎭 등에게는 義穀을 맡으라고 하였다. 그리고 林泓圭, 宋鍾熙 등에게 書記를 맡기고, 柳畿永을 通將으로 임명하였으며 지역 내에 많은 분들도 무수히 동참해 왔다.'[230]고도 되어 있다. 여기서 주목할 것은 椽廳에 倡義所를 만들었다는 사실이다. 연청은 향리들이 집무처이므로, 이를 통해 나주의병이 향리들에 의해 주도되었음을 알 수 있다. '十一日에는 송사 기우만이 義儒 이백여 명을 거느리고 장성으로부터 왔으며 高光詢, 奇參衍, 金翼中, 李承鶴, 奇周鉉(인리-首律生), 高琦柱, 梁相泰, 奇東觀, 奇宰 進士 奇東準 등 모든 사람들도 같이 본 향교에 도착하였는데 거기에 소용되는 물자는 본 고을에서 몫을 지어주었다.'는 기록도 보인다.[231]

여기에 등장하는 인물들 중 나주의병의 주요 구성원 중 이족으로 밝혀진 사람들은 金蒼均, 朴根郁, 金在煥, 孫商文, 張佶翰, 梁仁煥, 孫信興, 張鳳三, 鄭

229) 『錦城正義錄』 125면.
230) 『錦城正義錄』, 126면.
231) 『錦城正義錄』 127면.

錫珍, 吳得煥, 朴祥壽, 昇甲杓, 金晳鉉, 朴化實, 金錫均, 丁相燮 등이다.232)

〈표 3〉 羅州義兵에 參加한 人物과 鄕吏

羅州義兵 參加人物		鄕吏로 밝혀진 人物
高光詢	高琦柱	金錫均
奇東觀	奇東準	金晳鉉
奇參衍	奇　宰	金在煥
奇周鉉	金錫均	金蒼均
金翼中	金在煥	朴根郁 (羅州 朴氏)
金蒼均	羅秉斗	朴祥壽
朴根郁	孫商文	朴化實 (羅州 朴氏)
孫信興	孫應契	孫商文
宋鍾熙	昇甲杓	孫信興
梁相泰	梁仁煥	昇甲杓
廉孝鎭	柳畿永	梁仁煥
李承壽	李承鶴	吳得煥
李源緖	林泓圭	張佶翰
張佶翰	張鳳三(張鳳參),	張鳳三
		丁相燮
		鄭錫珍

출전: 『錦城正義錄』, 『人吏貢生案』, 『人吏貢生案下』

이를 통해 알 수 있는 것은 나주 수성에 참여했던 나주의 향리들이 1896년 羅州義兵에도 동참하고 있다는 사실이다. 향리로 확인된 인물 중에서 守城軍과 羅州義兵에 모두 참여하고 있는 인물로는 奇周鉉, 金錫均, 金蒼均, 朴根郁, 張佶翰, 張鳳三 등이다. 실제로 나주 수성에 참여하고 있던 나주의 대표적 향리가가 나주의병에도 적극 동참하고 있음을 알 수 있다. 이렇듯 수성활동과 의병활동을 통해 맺어진 관계는 굳건했을 것이다. 뒤에 확인하겠지만 이들의 이러한 네트워크는 日帝下에서도 계속적으로 이어지는 것이다.

조선 말의 義兵운동은 개별 향촌사회의 수준에서 볼 때, 향촌 내 지식인

232) 홍영기, 앞의 논문, 1994, 참조.

사회를 결정적으로 분화시킨 분수령적 사건이었다.[233] 그렇지만 의병운동의 참여여부는 개인차원에서 결정될 일이 아니었다. 門中의 운명이 걸린 결단이자, 지역의 집단적 운명이 걸린 일이었다. 이러한 중요한 사건에 나주의 향리가가 적극 나섰다는 사실은 이후 나주지역에서 향리가가 차지하는 사회적 비중을 짐작하게 한다.[234]

특히 박씨가는 1894년의 守城과 1896년 羅州義兵에 참여하였을 뿐 아니라 1906~1909년 사이의 의병활동에서도 계속적으로 활약하고 있다. 그 대표적 인물로는 朴珉洪과 朴士化를 들 수 있다. 朴珉洪(朴珉洙, 朴敏秀)은 『朴氏家乘譜』에 의하면 본명은 憲洙, 字는 玟洙이다. 己巳生(1869)으로 조선 말 나주수성과 의병활동에 공이 큰 朴根郁의 系子이다. 前郡書記로 나주, 남평, 무안, 영암 본래 전해산 또는 심남일의 부하에 속하였다가 1908년 11월을 전후로 약 40~60명의 부하를 이끌고 독자적으로 활동을 전개하던 중 1909년 2월 27일 영암군 金山에서 전사한 것으로 되어 있다.[235]

朴士化는 『박씨가승』에 의하면 본명은 士過, 字는 士化, 號가 士果로 되어 있다. 庚辰生(1880)이다. 영암, 나주, 장흥, 남평 등지에서 1909년 1월경부터 약 백 명 내외의 부하를 이끌고 활동하다가 동년 7월 19일에 영산포 헌병분대에 귀순하였다. 그러나 같은 해 8월 10일 부하 40명을 이끌고 탈출하여 다시 의병투쟁을 재개하였다. 같은 해 10월 13일 영산포 헌병분대에 체포되었다.[236] 그 후 大邱刑務所에서 絞首刑당한 것으로 되어 있다.[237] 그의 從兄인 민수와 함께 활동하였다고도 하고, 沈南一의병의 中軍이었다고도 한다. 그리고 기록에서 찾지는 못했으나 박씨가의 증언[238]에

233) 홍성찬, 「한말·일제하의 사회변동과 향리층-전남 谷城의 사례를 중심으로」, 『한국근대이행기 중인연구』, 연세대 국학연구원, 1999, 491면.

234) 谷城의 향리가가 의병에 참여하지 않음으로써 그 뒤에 입게 된 도덕적 상처는 그들의 위상을 위협하였다는 것을 볼 때, 나주의 의병참여는 그 의의가 참으로 크다고 하겠다. 곡성의 예에 대해서는 홍성찬, 앞의 논문, 1999, 참조.

235) 홍순권, 『한말 호남지역 의병운동사 연구』, 서울대학교출판부, 1994, 128면 참조.

236) 홍순권, 『한말 호남지역 의병운동사 연구』, 서울대학교출판부, 1994, 148면 참조.

237) 『朴氏家乘譜』 참조.

의하면 민수의 동생인 朴陽洙도 의병에 참여했다고 한다. 양수의 本名은 憲陽이고, 己卯生(1879)이다. 박민수(민홍)의 동생이며 1896년 나주의병에 가담했던 朴化實의 次子이다.[239]

이렇듯 나주 박씨가와 나주지역의 향리가는 지방제도 및 재정제도의 근대적 개혁에 저항함과 동시에 항일운동에 적극 나섬으로써 다른 지역과는 달리 도덕적 권위를 확보하게 되었던 것으로 보인다. 이러한 도덕적 권위는 향리가가 나주지역의 사회 주도층으로서 존재할 수 있게 하는 원동력이 되었던 것이다.

4. 日帝下 '有志基盤' 形成 過程과 '有志政治'

나주지역 향리가, 특히 나주 박씨가는 앞에서 살펴본 바와 같이 근대적 제도개혁에 저항하는 모습을 보여 주면서도, 한편으로는 제도개편에 따른 능동적 자기변환에 성공하는 모습도 보여 준다. 일견 모순되게 보이는 이러한 동향이 나타나게 된 배경은 무엇일까? 이 章에서는 이러한 문제제기 속에서 일제하 나주지역 향리가, 특히 나주 박씨가의 사회 주도층으로서의 동향을 살펴보기로 한다.

본 장에서 사용하는 '有志'라는 개념은 地域의 有力者, 또는 社會主導層을 일컫는 의미로 폭넓게 사용하였다.[240] 이들이 '유지'로서 존재할 수 있었던 존재기반이 '有志基盤'이라고 할 수 있다. 이에는 '財產(특히 토지재

---

238) 박천도 옹 증언, 2003년 9월 27일.

239) 이들 중 朴珉洙는 1998년 8월 15일에 愛國章을 朴士化는 1998년 8월 15일에 國民章을 받았다.

240) 기존의 '有志'에 관련된 논의에 대해서는 지수걸, 「구한말~일제초기 유지집단의 형성과 향리」, 『한국근대이행기 중인연구』, 연세대학교 국학연구원, 1999, 참조. 이하 '유지'와 관련된 내용은 지수걸의 논의를 바탕으로 하였음을 밝혀 둔다.

산)'과 '社會活動能力(특히 학력)', '當局信用'과 '社會人望' 등을 들 수 있다.[241] 또한 이들이 이러한 '유지기반'을 바탕으로 행한 사회적 활동을 '유지정치'라는 의미로 사용하였음을 밝혀 둔다.

1) '有志基盤' 形成過程

일제시기 조선인 지주들은 일제의 정책 변화에 적극적으로 대처하지 못한 경우가 많았다. 조선인 지주들 가운데는 일제 권력과 적당한 거리를 두고 있던 사람도 많았던 것이다. 나아가 식민지 권력과 일정정도 거리를 두면서 사회운동에 적극적으로 참여한 지주도 많았다.[242] 본 연구에서 살펴보는 나주 박씨가는 일제 권력과 일정정도 거리를 두면서 사회운동에 깊이 참여했던 지주가였던 것이다.

박씨가는 토지매입을 통해 대지주로 성장한다. 박씨가가 토지소유권을 확보하는 방법은 시기에 따라 달랐다. 구한말까지는 토지 방매자로부터 土地賣買文券을 받음으로써 소유권을 확보했다.

박씨가는 개인이 소유하고 있는 전답을 적극적으로 매입하는 것에 더하여 城壁基地, 河川敷地, 森林 등과 같은 국유지를 불하받거나 점유함으로써 그들의 토지를 넓혀 갔다. 1910년 후반이 되면 지대로 수취한 벼의 양이 2000석을 넘었다.

---

241) 지방제도개혁과정에서 통감부는 '德望·勢力·資産'·'有財産·有風力者'들을 郡守나 面長, 혹은 지방위원회나 郡主事로 포섭하고자 했는데, 『大韓每日申報』의 보도에 따르면 "各郡 吏胥中 富饒者"가 다수 선발되었다고 한다.(「雜報」(『大韓每日申報』 1908.12.1): 이상찬, 「1906~1910년 지방행정제도의 변화와 그 성격」, 서울대학교 국사학과 석사학위논문, 1985, 82면에서 재인용).

242) 김건태, 「한말 일제하 나주 박씨가의 농업경영」, 『국제질서의 재편과 근대로의 이해』, 대동문화연구원 중점과제 학술발표회, 2003, 28면. 이하 나주 박씨가의 '유지기반'형성과 관련하여 재산형성과 축소과정에 대해서는 전적으로 김건태의 논문을 참고로 하였음을 밝혀 둔다.

소작지경영은 박씨가 지주경영의 중심을 차지했다. 1901~1932년 사이에는 적을 때는 205명, 많을 때는 542명이 박씨가의 소작지를 경작했다. 박씨가는 가능한 한 많은 사람에게 소작지를 대여하려고 했던 것으로 여겨진다. 다시 말해 차지경쟁이 심한 시기에는 많은 사람을 소작인으로 거느림으로써 지주가의 위세를 더욱 떨칠 수 있었던 것이다.

박씨가의 농지 경영은 19세기 중엽 이후 꾸준히 증가하였는데, 특히 통감부시기에 급증하여 2천여 두락에 달하였고 1920년대 초반에는 3천 두락에 달하게 된다. 그리고 우도(牛賭)의 수입도 상당하였다고 한다. 그러나 박씨가의 지주경영은 1930년대 이기성의 일본 18은행으로부터의 대부를 박정업이 보증 섰다가 이기성의 米豆투기가 실패로 돌아가자 그 채무를 변제하기 위해 토지를 방매하면서 상당한 타격을 받았다.[243] 박정업과 13촌 사이에 있는 박공근의 조부 朴次殷도 상당한 圃田을 갖고 있었으며, 역시 우도의 수입이 상당하였다고 한다.

한편 나주 박씨가와 같은 나주의 대표적 지주[244] 중 박씨가와 관련 있는 인물로는 金炳斗, 崔升煥, 鄭性勉, 鄭安民 등을 들 수 있다. 이들 모두는 나주지역의 대표적 향리가들이다. 이들은 나주의 대표적 향리로서 오랜 인연을 이어 왔다. 이들 중 최승환은 최참봉이라 불렸던 인물로 『慶州崔氏文密公派世譜』에 의하면 본명은 在龍이고 字가 升煥이다. 1882년 임오생으로서 章陵 參奉 직첩을 받았다고 되어 있다. 특히 증언[245]에 의하면 박씨가와는 대단히 친밀한 관계를 유지했던 것으로 보인다. 김병두, 정성면, 정안민 등은 박씨가와는 채무보증관계로도 긴밀하게 얽혀 있는 사이였다.[246]

---

243) 박천우, 「일제시기 지주제 경영의 일 사례연구-나주 박씨가의 사례-」, 『한국근대사연구회회보』 제4호, 1988 참조.

244) 나주지방의 조선인 지주 중 50정보 이상 토지를 소유하고 있던 사람들에 대해서는 박찬승, 앞의 논문, 1993, 215면 참조.

245) 박경중 씨 증언, 2003년 2월 10일. 박정업이 경제적 어려움에 처했을 때, 최참봉과 상의하였다고 한다. 그리고 최참봉은 광주 최부자의 동생으로 광주 태봉산 일대의 박씨가 소유의 궁토를 처분하는 데 도움을 주었다고 한다.

246) 김건태, 앞의 논문, 2003, 58면 참조.

이외에 채무보증관계로 박씨가와 서로 연결되어 있는 인물로는 李基性, 南興七, 徐炯規 등이 있다. 이들은 모두가 1920년대 나주지역사회운동을 함께 했던 인물들이다. 운동을 함께 하면서 맺어진 끈끈한 인연 때문에 금전대출 혹은 보증을 부탁할 때 선뜻 거절하지 못했다고 여겨진다. 금전적인 채무·보증관계가 복잡하게 얽힌 상황에서 한 사람이 사업에 실패하면 다른 사람도 연쇄적으로 몰락할 수밖에 없었던 것이다.

여기서 채무보증관계로 박씨가와 연결된 인물들과의 관계를 좀더 살펴보자.

李基性은 나주읍내의 미곡상으로 1920년대 중반 米豆투기로 망한 인물이다. 박씨가의 몰락도 이기성의 미두투기 실패에 기인한다. 이기성은 나주청년회 활동 등을 통해 박씨가와는 긴밀한 연관관계를 갖고 있었다. 1929년 광주학생운동의 빌미가 된 여학생 李光春의 아버지이기도 하다.247)

金炳斗는 나주지역의 대표적 대지주였으며, 김해 김씨로 나주지역의 대표적 향리가였다. 김해 김씨가는 같은 향리가로서 또한 1894년 나주수성과 1896년 나주의병에 함께 참여한 집안이다. 이와 같은 인연이 일제하에서도 계속 이어지고 있었던 것이다.

鄭性勉은 異名은 鄭鳳浩로 1894년 동학농민봉기 시 나주수성군을 지휘하여 큰 공을 세운 鄭錫珍의 손자이다. 이도 또한 나주지역의 대표적 향리가의 후손으로, 나주수성과 의병에 함께 했던 인연이 있다. 또한 나주청년회 활동을 통해 박씨가와는 더욱 긴밀한 관계를 이어 갔던 것이다.248)

이들은 나주수성과 의병에 가담했던 향리가의 후손들이라는 것도 주목할 만한 사실이다. 나주지역의 같은 향리가로서 나주수성과 의병활동을 통해 굳건해진 그들 사이의 네트워크가 계속적으로 이어지고 있음을 확인할 수 있다.

이렇듯 박씨가는 근대적 농업경영을 통해 상당한 부를 축적하였고, 이를 통해 유지기반을 형성해 갔던 것이다. '유지기반'형성에 가장 중요한 요소가

247) 박찬승, 앞의 논문, 1993, 265면 참조.
248) 박찬승, 「해방 전후 나주지방의 정치사회적 동향」, 『지방사와 지방문화』 제1집, 1999 참조.

되는 것이 '財産'이다. 일차적으로 나주 박씨가는 지주경영에 의한 경제적 성공을 바탕으로 그들의 '유지기반'을 확보할 수 있었던 것이다. 그러나 박씨가가 형성하고 있던 사회적 네트워크가 결과적으로는 박씨가의 경제적 몰락을 가져오는 원인이 되고 있다는 것은 흥미로운 사실이다.

또 한 가지 주목할 만한 것은 중앙정계와의 연계사실이다. 나주 박씨가는 중앙에 진출한 적은 없지만 서울에 거주하고 있던 李判書宅의 나주지역 전답을 관리해 줌으로써 중앙의 실력자와 연을 맺고 있었다.[249] 또한 증언[250]에 의하면 단발령 사건 당시 박재규가 관아에 가서 관리를 살린 것을 계기로 중앙정계와 연관을 맺었다고 한다. 그 연줄로 삼남수세사를 제안받기도 했다고 한다. 뿐만 아니라 박씨가 문서 중에는 '英親王 宮監 朴議官'이란 기록이 있는 것으로 봐서 왕실 토지를 관리하면서 중앙과 연결되었을 가능성도 있어 보인다.

이와 같이 박씨가는 나주지역 내의 다른 지주, 특히 전통적 향리가 뿐만 아니라 중앙정계와도 하나의 네트워크를 형성하고 있었던 것으로 보인다. 이러한 폭넓은 정치·경제·사회적 네트워크가 나주 박씨가의 '유지기반' 형성에 크게 기여한 것으로 보인다.

2) 社會活動과 '有志政治'

나주 박씨가를 비롯한 나주의 향리가들은 자신들의 정치적 진출의 교두보를 확보하기 위해 적극적인 사회활동에 나섰다. 이미 신분보다는 정치·경제적 실력, 다시 말해 일종의 유지기반이 지방정치과정에서 더 중요한 변수로 작용하고 있었다.[251] 이 같은 상황에서 지주가로서 '유지기반'을 확보한

249) 김건태, 앞의 논문, 2003, 32면 참조.
250) 박경중 증언, 2003년 2월10일.
251) 지수걸, 앞의 논문, 1999, 521면.

나주의 향리가들은 자신들의 정치적 입지를 확보하기 위한 노력을 경주했던 것이다.

일제하 나주지역의 민족운동과 사회운동에 대해서는 기존의 연구에서 상당한 성과를 보여 주고 있으므로 여기에서는 나주지역 '有志'들의 '有志政治'를 그들의 사회적 네트워크를 중심으로 살펴보고자 한다.

우선 나주 박씨가로서 일제하에서 적극적 사회운동에 나섰던 인물들을 살펴보기로 하자.

朴尙郁은 金根煥과 함께 1907년에 설립된 羅州公立普通學校 父兄懇談會 會中 監督을 맡아 함께 활동하였다.[252] 이 둘은 나주수성 시에 함께 활약했던 인물들이며, 모두 『인리안』에 등장하는 향리들이다.

다음으로 朴正業이 있다. 박정업은 조선 말 구내 부주사와 장흥군수를 지낸 박재규의 아들이다. 그는 대지주(5천석군)로서 이기성의 재정보증을 섰다가 큰 손해를 보기도 했다. 1922년 나주청년회 부회장, 1923년 나주청년회 찬성부장 등으로 활동하였다.[253] 이 밖에 나주민립대학설립준비운동에도 참여하였다.[254]

일제하 박씨가의 사회활동에서 결코 빼놓을 수 없는 인물이 朴準三이다. 박준삼은 박정업의 아들로, 중앙학교 재학당시 3·1운동에 참여하여 퇴학당하기도 했다. 日本 立敎大 영문과 중퇴하였다. 1926년 나주청년회 회장, 1927년 나주청년동맹 집행위원장, 1927년 9월 신간회 나주지회 상무간사 등을 지냈다. 1928년 1월 '유림각사건'으로 구속되어 광주지법에서 징역 6월에 집행유예 5년을 선고받았으나, 1929년 5월 대구복심법원에서 무죄를

---

252) 『황성신문』1908.8.21 (목포대학교박물관·나주시청, 『羅州近代百年史－신문자료집성(1887~1960)』, 향지사, 1997에서 재인용). 신문자료는 기본적으로 『나주근대백년사』에서 인용하였음을 밝혀 둔다. 이하 재인용 표시는 생략한다.

253) 박찬승, 앞의 논문, 1993, 265면 참조.

254) 박정업의 사회활동에 대해서는 『동아일보』 1922년 5월 31일, 6월 27일, 9월 28일, 1923년 5월 11일, 11월 20일, 12월 13일, 1924년 1월 13일, 8월 10일, 1927년 5월 20일, 『매일신보』1924년 7월 7일, 『중외일보』 1929년 5월 3일자 참조.

선고받았다. 1929년 8월 신간회 나주지회 집행위원(조사부장), 1930년대 나주협동상회 2대 상무이사 등을 역임했다.[255] 증언에 의하면 조선일보에 근무하여, 지역사업부장을 하기도 했다고 한다.[256]

박준삼 못지않게 박씨가에서 활발한 사회활동을 한 인물이 朴恭根이다. 박공근은 나주 호장을 지내고, 나주수성에 참여했던 박차은의 손자이다. 나주보통학교에서 수학하고, 1925년 2월 효종단 참여, 5월 나주노농공영회 중앙집행위원, 7월 나주청년회 집행위원, 1926년 2월 나주노동연맹 위원, 1926년 11월 나주청년회 지육부 위원 등을 지냈다. 중외일보 기자, 동아일보 나주지국장을 지내기도 했다. 1929년 8월 나주청년동맹 검사위원장, 1929년 8월 신간회 나주지회 서기장을 하였다. 1929년 11월 박동희, 양영택, 류찬옥 등과 함께 나주에서 광주학생사건 동정 만세시위를 주동하여, 이 사건으로 광주지방법원에서 징역 1년을 언도받았다.[257]

이 밖에 박씨가로 사회활동에 참여했던 인물들로는 광주학생사건에 가담하여 옥고를 치룬 朴東熙[258], 지방유지로서 나주청년회관 낙성식에 참여했던 朴祺埰[259] 청년수양회 활동에 참여한 朴鳳儀, 朴鳳暎, 朴鳳柱 형제,

---

255) 박찬승, 앞의 논문, 1993, 268면 참조; 박준삼의 사회활동을 알 수 있는 신문자료로는 『매일신보』 1920년 1월 17일, 『동아일보』 1920년 6월 18일, 1926년 12월 26일, 1927년 5월 20일, 7월 30일, 9월 30일, 12월 9일, 12월 10일, 12월 14일, 1929년 8월 18일, 1938년 4월 5일, 『조선일보』 1927년 9월 29일, 12월 16일, 1928년 1월 19일, 3월 3일, 3월 4일, 1930년 2월 16일, 『중외일보』 1928년 5월 31일, 1929년 8월 18일, 8월 21일, 8월 23일, 1930년 2월 16일, 5월 25일자 참조.

256) 박경중 증언, 2003년 2월 10일.

257) 박찬승, 앞의 논문, 1993, 267면 참조; 박공근의 사회활동과 관련된 신문자료로는 『동아일보』 1925년 2월 11일, 5월 11일, 9월 5일, 9월 16일, 1927년 12월 10일, 12월 16일, 12월 22일, 1929년 8월 18일, 8월 29일, 1931년 5월 12일, 11월 30일, 『조선일보』 1926년 6월 21일, 1927년 9월 29일, 12월 16일, 1929년 1월 9일, 1930년 1월 4일, 2월 16일, 3월 6일, 『중외일보』 1929년 8월 30일, 1930년 1월 3일, 『시대일보』 1926년 5월 23일, 6월 5일, 『전남일보』, 1926년 12월 1일, 『매일신보』 1930년 4월 16일자 참조.

258) 박동희는 광주학생운동에 대한 공로로 1998년 8월 15일 대통령장이 추서되었다.

259) 박기채는 『人吏案下』에 이름이 나오는 조선 말 나주의 향리였다.

나주금융조합에 박정업과 함께 참여했던 朴完根, 신간회 임원으로 박준삼과 같이 활동했던 朴鳳德, 나주만세학생시위운동에 참여했던 朴春根 등이 있다.

이와 같은 박씨가의 사회활동에서 주목할 것은 그들의 언론활동이다. 1920년대부터 형성된 민족계 신문의 배포망은 사회의 주요정보를 수집하고 분배하는 주요 통로로서 때로는 주요한 운동조직으로 기능한 측면이 있다.260) 박준삼이나 박공근 모두 신문사 기자 등 언론활동을 하였다.261) 이는 언론을 통한 중앙과의 네트워크 형성에 기여했을 것이다. 또한 박준채의 선친 박정업은 아들을 일본에 유학 보내면서, 당시의 동아일보 사장 송진우를 찾아가게 했다고 한다. 송진우 같은 거물을 만날 수 있었던 이유는 박정업이 동아일보의 대지주였기 때문이었다. 박정업은 담양 출신의 송진우와도 친한 사이였을 것이다.262)

〈표 4〉 日帝下 社會活動에 參與했던 羅州 朴氏家 人物

朴尙郁	본명 殷林 字 次殷, 號 尙郁, 壬戌生(1862), 翼陵參奉 中樞院議官
朴正業	본명 正林 字 正業 號 雲石 甲申生(1884). 通德郎.
朴準三	본명 憲三 字 準三 號 晦星 戊戌生(1898), 일본 立敎大 英文科 중퇴. 동아일보 창립주주. 3·1운동참가 수감옥고
朴準埰	본명 憲埰 號 海村, 甲寅生(1914), 광주학생운동가담, 애국장 수상.
朴東熙	본명 琪林, 字 琪熏, 號 東熙, 丙午生(1906), 광주학생사건가담옥고, 대통령포상
朴恭根	본명 恭培, 字 恭根, 辛丑生(1901) 광주학생운동가담,동아일보 주재기자
朴祺埰	본명 皓林, 字 祺埰, 號 海山, 癸酉生(1873)

260) 정근식, 「한말·일제하 전남의 사회·경제-민족운동의 기반」, 『전남사학』제9집, 1995, 356면.

261) 증언에 의하면 나주지역사회운동의 주요 인물들이 신문사 기자를 한 것은 일제에 맞서기 위해서였다는 것이다. 언론활동을 통해서 정보를 장악하고, 일제 권력을 견제할 수 있었던 것이다. 또한 이를 통해 전국적인 네트워크를 형성할 수도 있었던 것이다.; 박천도, 최병우 옹 증언, 2003년 9월 27일.

262) 佐堀信三 저, 최병련 역, 『젊은 항일의 군상』, 미간행, 122면 참조. 이 책은 아직 국내에서 출판되지 못하였다. 하지만 이 책은 박천도 옹의 제공으로 볼 수 있었다. 이 지면을 통해 감사의 뜻을 전하며, 이 책이 하루빨리 출판되기를 기대한다.

朴鳳儀	본명 憲敎, 字 鳳儀, 號 春崗 癸巳生(1893), 皓林의 一子
朴鳳暎	본명 憲英 字 鳳英, 皓林의 三子
朴鳳柱	본명 憲柱, 字 鳳柱, 鳳湳, 皓林의 四子
朴鳳德	본명 憲德 字 鳳德, 皓林의 五子
朴完根	본명 完培 字 完根 癸巳生(1893)
朴春根	본명 春培 字 春根. 恭根의 6째 동생.나주만세학생시위운동. 농보교생.

출전: 『密陽朴氏淸齋公派家乘譜』
『羅州近代百年史－신문자료집성(1887～1960)』, 나주시청, 1997.

나주 박씨가의 사회활동과 관련된 나주지역의 주요 인물들을 살펴보면 다음과 같다.

우선 경주 최씨들을 살펴볼 수 있다. 이들 중 대표적 인물이 崔南九이다. 『경주최씨세보』에 의하면 號는 星波이고 1903년생이다. 처 외조부가 나주 수성에 공을 세운 鄭錫珍이다. 뿐만 아니라 최남구의 여동생은 朴恭根의 兄인 皓根의 처가 된다. 다시 말해 최씨가와 박씨가는 사돈관계에 있었다. 또한 나주의 대표적 향리가였던 鄭氏家와도 혈연관계에 있었다. 이렇듯 나주의 향리가들의 서로 긴밀한 혈연적 네트워크를 형성하고 있었던 것이다. 최남구는 읍내 錦明私立中學講習所 2년 수학하였다. 1925년 2월 사상단체 효종단 참여하고, 1925년 5월 나주노농공영회 중앙집행위원, 1925년 7월 나주청년회 집행위원, 1926년 2월 나주노동연맹 위원, 나주흥농주식회사 상무취체역, 나주협동상회 청산위원장 등을 지냈다. 1930년대 『조선중앙일보』 지국장을 지냈다.[263] 최남구의 큰 아들이 崔炳旴로 나주유치원 1회 졸업생이고, 해방 전후에는 건준활동도 하였다.[264] 또 한 사람 주목할 만한 인물로 崔昌熙가 있다. 최창희는 『경주최씨세보』에 의하면 1911년 辛亥生

263) 박찬승, 앞의 논문, 1993, 270면 참조; 최남구의 사회활동에 관련한 신문자료로는 『동아일보』 1923년 8월 21일, 12월 13일, 1924년 1월 13일, 1925년 2월 6일, 2월 11일, 3월 16일, 5월 11일, 1926년 2월 5일, 2월 27일, 1927년 5월 20일, 『조선일보』 1929년 1월 9일, 『중외일보』 1929년 8월 30일, 9월 7일자 참조.

264) 박천도, 최병우씨 증언, 2003년 9월 27일; 나주시문화원 편, 『나주이야기－근・현대편』, 2003, 170면 참조.

이며, 조선광복군에서 활동하였다. 조선민족청년단 활동도 하였고, 자유당 중앙위원, 초대 도의회 의원 등을 지냈다. 특히 최창희는 박씨가와는 사돈 관계에 있으면서 해방 후 박준삼이 좌익활동을 했음에도 살아남을 수 있게 도와 준 인물이다.[265] 최남구도 최창희에 의해 살아남게 되었다고 한다.[266]

다음으로 金海 金氏를 살펴볼 수 있다. 김해 김씨로 나주 박씨와 관련된 인물들로는 金根煥, 金炳斗, 金容圭, 金亨浩를 들 수 있다.

金根煥은 나주수성에 참여했던 향리로 박정업의 장인이 되는 인물이다. 앞에서 살펴본 바와 같이 朴尙郁과 함께 1907년에 설립된 羅州公立普通學校 父兄懇談會 會中 監督을 맡아 함께 활동하였다.

金炳斗는 나주의 대표적 지주(천석군)로 나주 박씨가와는 경제적·사회적으로 깊은 연관을 가지고 있었다. 1920년 나주청년수양회 찬성부장, 1922년 나주청년회 찬성부장 등을 지냈다.[267] 또한 나주금명학원 창립에도 기여하고, 나주민립대학준비위원회에도 참여했다. 나주 실업학교기성회에도 임원으로 참여한다.

金容圭는 김해 김씨의 대표적 인물로 初名은 金容均이다. 김해김씨 三賢派로서 1895년 을미개혁당시 나주광찰부주사에 임명되었으며, 1899년 해남군수에 임명되었다가 같은 해 울진군수로 임명되었다고 한다.[268] 청년수양회 활동도 하고, 소작인 상조회 활동도 하였으며, 나주 금명학원 설립에도 기여했고 실업학교기성회에도 참여했다. 나주 이로회장을 하기도 하였다.

---

265) 박경중 증언, 2003년 2월 10일.

266) 최병우 옹 증언, 2003년 9월 27일.

267) 박찬승, 앞의 논문, 1993, 265면 참조; 김병두와 관련된 신문자료로는 『동아일보』 1920년 6월 18일, 1922년 5월 31일, 6월 27일, 9월 28일, 1923년 11월 20일, 12월 13일, 1924년 1월 13일, 3월 26일 10월 2일, 1926년 2월 20일, 1927년 5월 20일, 『매일신보』 1924년 7월 7일, 『전남일보』 1926년 12월 22일, 『조선일보』 1927년 9월 29일, 『중외일보』 1929년 5월 3일자 참조.

268) 박찬승, 앞의 논문, 1993, 211면 참조; 김용규와 관련한 신문자료로는 『대한매일신보』 1908년 9월 20일, 『동아일보』 1920년 6월 18일, 1922년 4월 3일, 5월 31일, 1924년 10월 2일, 1926년 2월 20일, 『전남일보』 1926년 12월 22일, 『조선일보』 1926년 12월 24일자 참조.

한편으론 악덕지주로 신문에 이름이 오르기도 했다.

김해 김씨로 가장 주목할 만한 인물로 金亨浩가 있다. 김형호는 1904년 나주읍 출생으로 일본에 건너가 유학하려 하였으나 학자금 부족으로 도중에 귀국했다고 한다. 1926년 나주 청년회 경리부원, 1926년 나주농민연맹 위원장, 1927년 나주 청년동맹 나주지부 위원장 등을 지냈다. 1928년 1월 '유림각사건'으로 박준삼 등과 함께 구속되었고, 광주지방법원에서 징역 6월에 집행유예 5년을 선고받았다. 1929년 나주청년동맹 위원장을 지냈다.[269] 김형호는 박준삼·박공근 등과 함께 사회주의 세례를 받으면서 진보적인 청년운동가로 활동하였다.

다음으로는 鄭性勉이 박씨가와 연관이 깊다. 정성면은 異名이 鄭鳳浩로 1894년 나주수성군을 지휘하여 공을 세운 鄭錫珍의 손자이다. 1920년대에는 나주청년회 간부로 활동하였다.[270] 나주유치원 평의회에도 참여했고, 민립대학나주지방부 창립에도 관여했다. 박준삼, 박공근과 함께 신간회 활동에도 참여하였다.

이 밖에 주목할 인물로 金暎燮과 그의 형 金普燮을 들 수 있다. 김영섭은 조선 말 나주군수를 지낸 金冕秀의 아들로서, 1920년대에 나주군청 서기를 지냈으며, 1920년 나주청년수양회 회계, 1923년 나주청년회 총무 겸 경리부장을 지내는 등, 초창기 부르주아적 청년운동에 일시 참여한 적이 있는 인물이다.[271] 김영섭은 박준삼과 함께 중앙고보를 다녔고(1916년),

---

269) 박찬승, 앞의 논문, 1993, 267면 참조; 김형호와 관련된 신문자료로는 『동아일보』 1925년 11월 25일, 1926년 2월 5일, 1929년 8월 29일, 1931년 5월 12일, 1932년 11월 30일, 『조선일보』 1927년 9월 29일, 12월 16일, 1928년 1월 8일, 1월 19일, 1월 24일, 3월 3일, 3얼 4일, 1929년 1월 9일, 1930년 2월 16일, 1931년 5월 14일, 『중외일보』 1928년 5월 31일, 1929년 8월 18일, 8월 21일, 8월 30일, 1929년 9월 7일, 1930년 9월 1일자 참고.

270) 박찬승, 앞의 논문, 1999 참조; 정성면과 관련된 신문자료로는 『동아일보』 1932년 5월 21일, 12월 13일, 1924년 1월 13일, 1926년 12월 26일, 1927년 5월 20일, 1932년 5월 21일, 『중외일보』 1929년 8월 21일, 『전남일보』 1926년 12월 1일, 『조선일보』 1927년 12월 16일, 1929년 1월 9일자 참조.

271) 박찬승, 앞의 논문, 1999; 김영섭과 관련된 신문자료로는 『동아일보』 1920년 6

1919년 3·1운동도 함께 했으며, 日本 立敎大에도 같이 갔다고 한다.[272) 김영섭은 해방 후에는 우익활동을 하며 독촉 나주지부의 초대 회장을 맡기도 했다. 김보섭은 일제 말기 해남군수를 지냈으며, 광주학생독립운동에 참여하였다. 1939년에는 思想報國聯盟光州支部羅州分會 幹事를 맡기도 했다.

이와 같은 박씨가를 비롯한 나주지역 향리가들의 활동에서 주목할 만한 사실은 그들이 학교설립과 같은 교육활동에도 적극적이었다는 점이다. 이들은 나주 금명학원 창립, 민립대학준비, 나주실업학교기성회, 야학운동, 나주유치원 설립 등에 참여하였다. 그 이유는 이 시기의 근대학교 설립문제는 향후 교육의 방향과 지역사회의 주도권을 누가 쥘 것인가를 가름하는 문제였기 때문이다.[273) 이러한 사실을 잘 알고 있던 향리가들은 자신들의 '유지기반'을 공고히 하기 위해 교육활동에 적극적으로 참여하였던 것이다. 이 밖에도 이들은 금융조합, 상공회 등에도 참여하는 전형적인 '유지정치'를 행하였던 것이다.

또 하나 주목할 것은 1894년 나주 守城과 1896년 나주의병에 참여했던 향리가의 후손이 일제하에서 함께 사회운동에 참여하고 있다는 사실이다. 이것은 그들 사이에 견고한 사회적 네트워크가 존재하고 있었음을 보여 주는 것이라 할 수 있다.

5. 맺음말

본 연구에서는 조선 말 일제하 향리가의 사회적 동향을 파악하기 위하여 나주 박씨가를 한 사례연구로 살펴보았다.

월 18일, 1927년 5월 20일자 참조.

272) 박경중 증언, 2003년 2월 10일.

273) 홍성찬, 앞의 논문, 1999, 487면 참조.

이들은 나주지역의 전통적 향리가 중의 하나였다. 이들은 동학농민군의 공격에 나주를 수성한 수성군의 핵심적 역할을 하여 지역사회에서 자신의 존재적 기반을 군건히 하였고, 1896년 나주의병 때에도 수성군에 참여했던 나주지역의 대표적 향리가들과 함께 적극 동참하였다. 이들의 이러한 활동은 항일의병으로 지속적으로 이어진다.

이러한 그들의 경험과 행적은 다른 지역의 향리들과는 다르게 도덕적 권위를 갖게 한 것으로 보여진다. 일제에 대항하는 항일활동을 하였다는 도덕적 권위는 이들이 나주지역의 사회 주도층으로 존재하게 하는 원동력이 되었을 것이다.

그러면서도 나주지역의 향리가, 특히 나주 박씨가는 제도개편에 따른 능동적 자기변환에 성공하는 모습을 보여 준다. 지방제도 및 재정제도의 근대적 개혁에 대한 향리층의 집단적 저항이라고 할 수 있는 나주수성과 의병을 주도했던 향리가가 한편으로 개항 이후 축적해 온 경제력을 유지·성장시키는 한편, 자식들에게는 일찍부터 근대적 교육을 시키며 지역사회에서의 입지를 강화해 갔던 것이다. 이들은 갑오개혁 이후 진행된 일련의 근대적 제도개혁으로 가장 심각한 피해를 입었지만, 누구보다 먼저 변화하는 정세에 발 빠르게 대처해 나갔음을 알 수 있다. 그러면서도 향리가, 특히 나주 박씨가는 일제 지배하에서 나주 지역 사회운동을 주도해 갔다. 일견 모순되게 보이는 이러한 동향이 나타나게 된 배경은 무엇일까?

그 이유는 그들이 전통적 향리가로서 지방행정의 실무 담당능력 등에서 뛰어난 자질을 가지고 있었고, 전통적 신분사회에서 신분상승에 대한 욕구가 대단히 강한 계층이었다는 사실에서 그 첫 번째 원인을 찾을 수 있다. 조선 말 일제시기 정치·경제·사회적 격동기에 지방 사정을 꿰뚫고 있던 향리집단은 정세 변동에 신속하게 대응하면서 토착 권력을 배경으로 치부할 수 있는 유리한 위치에 있었던 것이다.[274] 그들은 그들 자신의 기득권을

274) 이애숙, 앞의 논문, 1995, 410면.

지키기 위해 수성과 의병에 나서게 되지만 동시에 신분제가 해체되고 문명개화사상이 확산되면서 신분상승의 기회가 오자 적극적으로 대처하여 빠르게 성장하게 되었던 것이다. 그러면서도 이들이 일제의 식민지 지배체제에 적극 수용되지 않고, 다시 말해 친일의 길로 들어서지 않고 적극적 사회운동으로 나가게 되는 것은 수성과 의병을 통해 획득한 지역사회에서의 도덕적 권위를 지키기 위한 것이었다고 보여진다. 이것이 나주지역의 향리가, 특히 나주 박씨가가 일제시기 지방유지로서의 지위를 유지하면서도 친일적 행태를 보이지 않은 이유인 것이다.

전통은 결국 인맥을 통해 계승되는 것인 만큼 전통적 향리가로서 형성되어 있던 향리가 사이의 네트워크, 그리고 수성과 의병활동을 통해 굳건해진 사회적 네트워크는 일제하 사회운동으로도 그대로 전승되고 있었던 것이다. 다시 말하면 농민전쟁기에 수성군이었던 향리가의 네트워크는 의병활동으로 이어지고, 이들의 네트워크는 일제시기 사회활동으로 이어지고 있는 것이다. 그들이 처했던 상황과 대처방법은 달랐지만 그들이 여전히 나주지역의 주도계층으로 존재하게 한 주요인은 그들 사이에 견고하게 이어져 있는 사회적 네트워크였던 것이다. 이것은 해방 전후 이념 대결의 시기에서도 큰 인명적 피해를 입지 않고 살아남을 수 있는 중요한 이유가 되고 있다. 이는 지역의 현대사는 이데올로기로 설명이 되지 않는다는 것을 보여 주는 좋은 사례라고 할 수 있다.

박씨가가 대지주가로서는 몰락하지만 사회 주도층으로서의 명망은 계속적으로 維持[275]되었다. 이 같은 일이 가능했던 가장 큰 이유는 그들이 단순히 향리가였기 때문만이 아니라 그들이 형성하고 있었던 '사회적 네트워크'와 지역사회에서 획득하고 있던 '社會人望', 그리고 '사회활동 능력' 때문이

275) 한 예로 『전남일보』 1958년 8월 10일자를 보면, 文烈公 金千鎰선생의 366주년 제전을 거행하는 데 유지대표로 朴準三씨가 등장하고 있다. 한국전쟁을 거쳐 이데올로기적 대립이 극심한 시기에 건준과 인민위원회 활동 등 사회주의적 경향을 가지고 있었던 인물이 有志로써 그 위상을 維持하고 있다는 것은 우리에게 많은 시사를 던져 준다.

었던 것이다. 또한 그들의 사회적 네트워크는 통혼관계와 근대적 교육, 그리고 사회활동을 통해 형성된 것이었다. 그리고 언론활동을 통한 지역을 넘어선 네트워크 형성도 그들의 영향력에 크게 기여했을 것이다. 이러한 사회적 네트워크는 현재까지도 이어지고 있는 것으로 보인다.

結 論

본 연구는 하나의 사례연구로서 조선시대 전라도 나주지방 향리층에 대해 살펴보았다. 나주지방은 예로부터 호남의 정치·경제·산업·문화의 중심지로 오랜 지위를 지녀 온 곳이었다. 또한 나주(羅州)는 전라도의 거읍(巨邑)일 뿐만 아니라 전국적으로도 鄕吏의 수와 세력이 대단히 큰 대표적 지역이었다. 우선 이러한 나주지방 吏胥의 조직구성과 담당가계를 살펴봄으로써 조선시대 지방 이서 계층의 객관적 실상에 접근해 보고자 했다. 또한 연구사적으로 조선시대 향리에 관련된 논란들에 대해서도 그 해결의 실마리를 찾기 위해 노력하고자 했다.

일부 전통적인 향리가문이 일반 향리직뿐만 아니라 호장직을 독점하는 현상이 과연 일반적인 것인가? 과연 향리층 중 어느 특정 가문, 그중에서도 향리직을 계속 수행하는 특정가계가 있는가? 이와 같은 문제들을 풀 수 있는 실마리를 찾을 수 있도록 노력하였다.

이 연구와 같은 지방사적인 연구는 다른 어떠한 역사적 연구보다도 다양한 1차 사료의 확보가 절실한 선결 과제가 된다고 하겠다. 그러므로 현재 나주지방 이서와 관련된 1차 사료를 가능한 한 수집하여 이를 토대로 지방 이서

계층의 실상에 접근하고자 노력하였다.

연구에 사용한 나주 향리 관련자료로는 조선 전기 자료로서 『금성일기』, 17세기 자료로서 『나주목중기』1·2, 1530~1817년의 『호남연방선생안』, 그리고 19세기 이후의 자료들로 『각방장선생안』·『작청선생안』·『선생사상부의록』·『인리공생안하』·『인리공생안』 등이 있다. 이들 나주 지방 이서 관련자료 중에서 나주 지방 이서의 조직구성을 파악할 수 있는 자료로는 『나주목중기』1·2, 『인리공생안하』, 『인리공생안』, 『각방장선생안』, 『선생사상부의록』을 들 수 있다.

『인리공생안하』와 『인리공생안』을 통해 보면 나주의 지방 이서는 수호장, 호장, 교문기관, 부호장, 부교문기관, 기관 교문통인, 수율생, 율생, 도서원, 서원, 수공생, 공생으로 구성되어 있었다. 이를 통해 보면 나주 지방 이서집단을 구성하는 기본 범주도 조선 후기 지방 이서 집단을 구성하는 기본 범주에서 크게 벗어나지는 않은 듯하다.

『나주목중기』1·2, 『각방장선생안』, 『선생사상부의록』을 통해 본 육방조직은 조정의 육조의 서열과 같이 나주의 육방의 서열도 이·호·예·병·형·공의 순으로 되어 있다는 것이다. 이는 『연방등록』에 기재된 동복현의 경우를 보면 그 서열이 이・호・형・예・병・공의 순으로 형방을 중요시한 것과 차이를 보인다.

기다 색리에는 다양한 부류가 존재했지만, 각 읍에 구체적으로 어떤 종류의 기타 색리가 존재했는가는 그 읍의 사정에 따라 달랐다. 나주는 다른 지역과 다른 여러 종류의 기타 색리가 존재하였던 것을 확인할 수 있다. 뿐만 아니라 그 종류와 수도 상당히 많았음을 알 수 있다. 이는 조선 후기 이서 수의 증가와 관련 있는 것으로 보인다.

나주지역에서 호장을 담당해 왔던 성씨는 주로 조선 전기에는 정(鄭)・나(羅)・김(金)・박(朴)・조(曹)・진(陳)씨였고, 중기 이후에는 손(孫)・양(梁)・나(羅)・오(吳)・이(李)・정(鄭)・박(朴)씨 등이었다. 이들 조선 초기의 호장담당층이었던 나씨, 조씨, 정씨는 계속해서 호장담당 성씨로 존속해 왔음을 알 수 있다. 그러나 17세기 이후 양씨가 주요 호장담당층으로 등장하고, 19세기 이후에는 손씨의 등장이 두드러짐을 알 수 있다. 이를 통해 나주지역의 호장은 특정 몇몇 성씨가 독점해 왔음을 알 수 있었다.

이와 함께 호장 못지않은 주요 이임인 이방은 어떤 성씨들이 맡아 왔는가를 살펴보았다. 이를 통해 호장, 이방, 부호장, 부이방과 같은 주요 이임은 호장담당 성씨인 나, 손, 양, 오, 정, 조의 여섯 성씨가 독점하고 있음을 알 수 있었다. 이는 소수의 특정가계 출신만이 호장이나 이방을 독점・배출한다는 사실이 나주지역에도 그대로 적용되고 있음을 확인할 수 있었다. 이는 지방의 이서집단, 즉 향리가문과 가리가문 모두를 포함한 집단을 이끌어 간 호장이나 이방 등은 이족(吏族) 내 주도 가계 출신 가운데 선임되어, 이들이 바로 이러한 자신들의 가세를 바탕으로 역할을 수행했다는 것을 증명하고 있는 것이다.

또한 지방이서 가운데 가장 중시된 것은 호장과 이방의 두 직임인데, 이들이 신분적으로 다른 범주를 구성한 것이 아니라는 것을 알 수 있다. 결국 이방을 맡을 수 있는 가문이 호장도 맡았다는 것을 보여 준다고 하겠다. 또한 나주에서 호장과 이방을 독점했던 주요 이족이 영리도 도맡고 있음을 확인할 수 있었다.

한편 나주 이족의 주요 가계들은 거의 모든 이임을 돌아가면서 맡았던 것으로 보인다. 이와 함께 여러 성씨가 육방임에 참여하고 있음도 알 수 있었다. 이것은 지방이서계층이 호장층·육방층·색리층으로 확연히 구분되는 것은 아니며 이들이 신분적으로 다른 범주를 구성한 것도 아니라는 것을 보여 준다. 다만 지방이서계층 중 몇몇 특정의 주도 가문만이 이들 중에서도 가장 중요한 이임인 이방과 호장직을 맡을 수 있었다는 것을 알 수 있었다.

조선시대의 鄕職運營體系는 戶長·吏房·將校 중심의 三班體系에서 戶長과 吏房의 二元的 兩首吏體系로, 다시 吏房 중심의 一元的 體系로 변화하였다. 이 과정에서 戶長의 역할과 지위는 낮아진 것으로 이해되고 있다. 그러나 나주의 경우는 전통적으로 戶長層을 형성했던 주요 鄕吏家가 吏房과 같은 주요 이임을 寡占하고 있었다. 그 주요 姓氏는 孫, 羅, 曹, 梁, 吳, 鄭이다. 그러나 이 가운데서도 密陽 孫氏의 지위와 위세가 가장 확고했던 것으로 보인다. 이는 나주의 호장층이 향직체계의 변화 속에서도 자신들의 지위를 유지하고 있었음을 보여 준다.

자료를 통해 보면 『금성일기』가 쓰일 조선 초기의 호장담당층이었던 羅, 曹, 鄭씨는 18·19세기까지 계속해서 호장층으로 존속해 왔음을 알 수 있다. 또한 『나주목중기』가 쓰이는 17세기 이후 梁씨가 주요 호장층으로 등장하고, 18세기 이후에는 孫씨가 가장 중요한 호장층으로 대두하고 있음을 확인할 수 있다. 이를 통해 나주지역에서도 특정가계가 戶長과 같은 주요 吏任을 독점하고 안배하는 寡頭的 운영체제가 확립되어 있음을 확인할 수 있다.

현재 남아 있는 나주의 호장 관련자료로서 호장을 담당했던 인물의 역임 연도와 연령을 확인할 수 있는 자료는 『각방장선생안』과 『선생사상부의록』이 있다. 이를 통해 보면 나주에서 호장을 담당하는 평균 연령은 39.9세이다. 빠르게는 28세에 호장을 담당하며, 늦게는 57세에 호장을 맡기도 했다. 이는 조선 후기에 오면 호장도 노장층이 아닌 장년층에서 맡았던 것을 알 수 있다. 또한 나주의 경우도 대체로 호장을 거친 뒤에 이방을 맡게 되는 것을 확인할 수 있다. 이는 호장의 지위가 이방에 비해 낮아졌음을 보여주는 것이라 하겠다. 兩首吏體系에서 일정한 영향력을 유지해 오던 戶長은 공형으로서 명목상의 지위는 유지되지만, 점차 여타의 방임과 같은 존재로 인식되기도 하였다는 것을 알 수 있다. 뿐만 아니라 戶長과 六房 그리고 기타 色任 사이에는 職掌의 차이가 있을 뿐 上下관계가 분명하지 않았다. 조선 후기의 戶長은 吏房·刑房 또는 詔文記官·戶房 등과 함께 三公兄을 구성하고 6房의 행정실무를 다른 房任들과 함께 分掌하는 데 불과했던 것이다. 戶長의 職任은 기본적으로 吏房을 역임할 수 있는 인물이 맡게 마련이며, 이러한 사실은 羅州 지역에서도 마찬가지였다.

나주지역에서 戶長을 담당해 왔던 성씨로는 羅氏, 曹氏, 鄭氏로 이들은 조선 초기의 호장담당층으로서 조선 말에도 계속해서 호장담당 성씨로 존속해 왔었다. 그러나 17세기 이후 梁氏가 주요 호장담당층으로 등장하고, 19세기 이후에는 孫氏의 등장이 두드러졌다. 호장 못지않은 주요 향역인 吏房과 副戶長, 副吏房과 같은 職任은 戶長 담당 성씨인 羅, 孫, 梁, 吳, 鄭, 曹의 여섯 성씨가 차지하고 있음을 알 수 있었다. 나주에서는 특정가계 출신만이 호장이나 이방을 독점·배출하고 있었던 것이다. 또한 특정가계가 戶長 등 주요 향역을 세습하고 있었다. 또한 전라도 감영에 입번하였던 營吏도 이들 성씨가 도맡고 있었던 것이다. 나주 관련자료를 통해 살펴본 바에 의하면 호장과 이방을 독점했던 여섯 성씨는 육방과 기타 색리도 모두 담당하였다. 이들은 현재 羅州 지역 향리 관련자료로 확인되는 거의 全時代를 거쳐 호장과 이방과 같은 주요 향역을 거의 독점 세습하는 전통적 향리가였다. 또한 이들은 조선 말 이후까지도 여전히 그 위세를 지속하고 있음도 확인할 수 있었다.

戶長들의 위세는 점차 약화되었다. 그럼에도 호장층은 여전히 지방민을 대표한다는 상징적 역할과 전통을 이어 왔다. 제도적·사회적 비중은 약화되지만 종래 수행한 지방사회에서의 상징적 역할은 계속 이어 간다. 향리사회 내부의 변화에도 불구하고 호장층의 건재는 향리집단의 신분적 안정성과 더불어 장기적 지속성을 보여 주며, 이것은 전통 한국 지방사회의 한 특징을 반영한다는 것을 다시 한번 확인할 수 있었다.

이와 함께 여러 성씨들이 육방임과 색리에 참여하고 있었다. 이들 중에서 호장과 이방과 같은 공형직에는 진출하지 못하지만 이들에 못지않은 유력 향리가가 존재하였다. 이들은 본 논문에서는 신흥향리가라 칭하였다. 김해 김씨, 경주 최씨, 밀양 박씨가가 대표적이다. 이들은 세습하지 않는 임시직 향리라는 일반적 의미의 가리와는 구별되는 존재들이었다. 이들은 향역을 세습하면서 공형 못지않은 실질적 힘을 가진 주요한 향직을 도맡고 있었던 것이다.

이러한 나주의 향리층은 조선 말의 사회변동 속에서 새로운 변화를 맞게 된다. 조선 후기에서 조선 말 일제하에 걸치는 이른바 근대이행기는 전통적 향촌사회에 커다란 변화를 초래했던 것이다. 1894년 갑오농민전쟁이 일어나 농민군은 전라도 전역을 거의 점령하다시피 하였지만 나주는 점령하지 못하였다. 이러한 나주수성의 중심이 바로 향리층이었다. 이들은 수성을 통해 지역사회에서 자신들의 위상을 더욱 강화할 수 있었다. 그러나 이후 추진된 지방행정제도 및 재정제도의 개혁은 향리층에게는 새로운 위기를 가져오게 되었다. 이러한 사회변화에 대응하는 과정 속에서 나주지역의 향리층은 변화를 겪게 된다. 이 과정에서 적극적 경제활동과 군수직 진출과 같은 근대적 관료체제에 대한 적극적 대응, 그리고 守成과 의병활동을 통해 사회적 네트워크를 형성했던 신흥향리가는 전통적 향리가와 함께 더 나아가 이들을 앞서 나주 지역사회의 주도세력으로 성장하였다.

마지막으로 조선 말 일제하 향리가의 사회적 동향을 보다 구체적으로 파악하기 위하여 나주 박씨가를 한 사례연구로 살펴보았다. 이들은 나주지역의 신흥향리가 중의 하나였다. 이들은 동학농민군의 공격에 나주를 수성한 수성군의 핵심적 역할을 하여 지역사회에서 자신의 존재기반을 굳건히 하였고, 1896년 나주의병 때에도 수성군에 참여했던 나주지역의 대표적 향리가들과 함께 적극 동참하였다. 이들의 이러한 활동은 항일의병으로 지속적으로 이어진다.

이러한 그들의 경험과 행적은 다른 지역의 향리들과는 다르게 도덕적 권위를 갖게 한 것으로 보여진다. 일제에 대항하는 항일활동을 하였다는 도덕적 권위는 이들이 나주지역의 사회 주도층으로 존재하게 하는 원동력이 되었을 것이다. 그러면서도 나주지역의 향리가, 특히 나주 박씨가는 제도개편에 따른 능동적 자기변환에 성공하는 모습을 보여 준다. 지방제도 및 재정제도의 근대적 개혁에 대한 향리층의 집단적 저항이라고 할 수 있는 나주수성과 의병을 주도했던 향리가가 한편으로 개항 이후 축적해 온 경제력을 유지·성장시키는 한편, 자식들에게는 일찍부터 근대적 교육을 시키며 지역사회에서의 입지를 강화해 갔던 것이다. 이들은 갑오개혁 이후 진행된 일련의 근대적 제도개혁으로 가장 심각한 피해를 입었지만, 누구보다 먼저 변화하는 정세에 발 빠르게 대처해 나갔음을 알 수 있다. 그러면서도 향리가, 특히 나주 박씨가는 일제 지배하에서 나주 지역 사회운동을 주도해 갔다. 일견 모순되게 보이는 이러한 동향이 나타나게 된 배경은 무엇일까? 그 이유는 그들이 향리가로서 지방행정의 실무 담당능력 등에서 뛰어난 자질을 가지고 있었고, 전통적 신분사회에서 신분상승에 대한 욕구가 대단히 강한 계층이었다는 사실에서 그 첫 번째 원인을 찾을 수 있다. 조선 말 일제시기 정치·경제·사회적 격동기에 지방 사정을 꿰뚫고 있던 향리집단은 정세 변동에 신속하게 대응하면서 토착 권력을 배경으로 치부할 수 있는 유리한 위치에 있었던 것이다. 그들은 그들 자신의 기득권을 지키기 위해 수성과 의병에 나서게 되지만 동시에 신분제가 해체되고 문명개화사상이 확산되면서 신분상승의 기회가 오자 적극적으로 대처하여 빠르게 성장하게 되었던 것이다. 그러면서도 이들이 일제의 식민지 지배체제에 적극 수용되지 않고, 다시 말해 친일의 길로 들어서지 않고 적극적 사회운동으로 나가게 되는 것은 수성과 의병을 통해 획득한 지역사회에서의 도덕적 권위를 지키기 위한 것이었다고 보여진다. 이것이 나주지역의 향리가, 특히 나주 박씨가가 일제시기 지방유지로서의 지위를 유지하면서도 친일적 행태를 보이지 않은 이유인 것이다. 전통은 결국 인맥을 통해 계승되는 것인 만큼 전통적 향리가로서 형성되어 있던 향리가 사이의 네트워크, 그리고 수성과 의병활동을 통해 굳건해진 사회적 네트워크는 일제하 사회운동으로도 그대로 전승되고 있었던 것이다. 다시 말하면 농민전쟁기에 수성군이었던 향리가의 네트워크는 의병활동으로 이어지고, 이들의 네트워크는 일제시기 사회활동으로 이어지고 있는 것이다. 그들이 처했던 상황과 대처방법은 달랐지만 그들이 여전히 나주지역의 주도계층으로 존재하게 한 주요인은 그들 사이에 견고하게 이어져 있는 사회적 네트워크였던 것이다. 이것은 해방 전후 이념 대결의 시기에서도 큰 인명적 피해를 입지 않고 살아남을 수 있는 중요한 이유가 되고 있다. 이는 지역의 현대사는 이데올로기로 설명이 되지 않는다는 것을 보여주는 좋은 사례라고 할 수 있다.

박씨가가 대지주가로서는 몰락하지만 사회 주도층으로서의 명망은 계속적으로 維持되었다. 이 같은 일이 가능했던 가장 큰 이유는 그들이 단순히 향리가였기 때문만이 아니라 그들이 형성하고 있었던 '사회적 네트워크'와 지역사회에서 획득하고 있던 '社會人望', 그리고 '사회활동 능력' 때문이었던 것이다. 또한 그들의 사회적 네트워크는 통혼관계와 근대적 교육, 그리고 사회활동을 통해 형성된 것이었다. 그리고 언론활동을 통한 지역을 넘어선 네트워크 형성도 그들의 영향력에 크게 기여했을 것이다. 이러한 사회적 네트워크는 현재까지도 이어지고 있는 것으로 보인다.

이와 같은 연구결과에도 불구하고 본 연구는 많은 한계점을 가지고 있다. 그 가장 중요한 점은 자료의 부족이다. 가능한 한 많은 나주지방이서 관련 자료를 수집하고자 했으나 충분하지 못하였다. 이는 연구결과의 완결성에도 많은 영향을 미쳤을 것으로 생각한다.

또한 지방이서계층을 검토함에 있어서는 경제적 기반이나 신분적 성격 및 계급 행동 등의 문제가 매우 중요한 것인데, 본 연구에서는 그 본격적인 연구에까지 나아갈 수가 없었다. 이는 앞으로의 연구과제로 남겨 두고자 한다. 다만 자료의 한계와 이론적 논의의 여건이 충분하지 않은 상태에서 사회사적 사실의 발견이 우선되어야 한다고 생각하고 이에 주력하였음을 밝혀 둔다.

[참고문헌]

I 장

- 『錦城日記』
- 『羅州牧重記』1・2
- 『錦城邑誌』
- 『人吏貢生案』
- 『光緒十五年八月 日人吏貢生案下』
- 『密陽朴氏家乘』
- 『密陽朴氏世系』
- 『密陽朴氏淸齋公派家乘譜』
- 『湖南掾房先生案』
- 『營屬人吏貢生官案』
- 『道內官案』
- 『作廳先生案』
- 『各房掌先生案』
- 『先生四喪賻儀錄』
- 전라남도, 『전남의 향교』, 전라남도, 1987.
- 나주시문화원・나주시, 『국역 금성읍지(錦城邑誌)』, 나주시문화원, 1989.
- 이성무, 「조선 초기의 향리」, 『한국사연구』5, 1970.
- 安秉珆, 「中間階級の存在形態」, 『朝鮮近代經濟史硏究』, 日本評論社, 1975.
- 김필동, 「조선 후기 지방이서집단의 조직구조」(상)・(하), 『한국학보』28・29, 1982.
- 이훈상, 「고려중기 鄕吏制度의 변화에 대한 일고찰」, 『동아연구』 제6집, 1985.
- 정승모, 「사원・사우 및 향교 조직과 지역사회체계(하)」, 『태동고전연구』 제5집, 1989.

- 이해준, 「조선 전기 나주지방의 사족기반과 그 성격」, 『나주목의 재조명』, 나주시·목포대학 박물관, 1990.
- 김준형, 「조선시대 향리층 연구의 동향과 문제점」, 『한국의 전통사회와 신분구조』, 문학과 지성사, 1991.
- 이훈상, 「조선 후기 상급 지방행정체제에 있어서 신분집단에 기초한 운영구조와 행정실무집단의 출신지역의 편재화」, 『호남문화연구』, 제26집, 1998.
- 이훈상, 『조선 후기의 향리』, 일조각, 1998
- 김필동, 『차별과 연대-조선사회의 신분과 조직』, 문학과 지성사, 1999.
- 이훈상, 「향리 생활」, 『조선시대 생활사』, 역사비평사, 2001.
- 박진철, 「한말 일제하 나주지역 향리가문의 동향」, 『대동문화연구』 제44집, 2003.
- 박진철, 「조선시대 향직운영체계의 변화와 나주의 호장층」, 『이화사학연구』 제31집, 2004

Ⅱ장

- 『作廳先生案』
- 『各房掌先生案』
- 『先生四喪賻儀錄』
- 『班首契案』
- 『刑房契案』
- 『作隊掌官先生案』
- 강은경, 「고려 호장층의 형성과 본관제」, 『한국중세사연구』12호, 2002.
- 강은경, 「고려 후기 호장층의 변동과 '양반향리호적'의 정리-국보호적을 중심으로-」, 『동방학지』 97, 1997.
- 김갑동, 「고려시대의 호장」, 『한국사학보』, 1998.
- 김필동, 「조선 후기 지방이서집단의 조직구조-사회사적 접근」(상·하), 『한국학보』28,29, 1982.
- 김필동, 『차별과 연대-조선사회의 신분과 조직』, 문학과 지성사, 1999.
- 나선하, 「조선 후기 나주 읍치사회의 연망에 대한 일고찰-향리집단의 契 組織

을 중심으로-」, 『역사문화학회 2003년도 전국학술대회: 광주·전남의 도시 발달과 그 문화적 맥락』, 2003.

- 박진철, 「조선시대 나주 지방 이서의 조직과 담당가계」, 『담론201』 7권 2호, 2005.
- 박진철, 「한말 나주읍 향리사회의 지속성과 변화」, 『대동문화연구』제51집, 2005.
- 박진철, 「한말 일제하 나주지역 향리가문의 동향」, 『대동문화연구』제44집, 2003.
- 배기헌, 「조선 후기 作廳의 운영과 그 성격」, 『계명사학』 제6집, 1995.
- 윤경진, 「고려전기 향리제의 구조와 호장의 직제」, 『한국문화』 20, 1997.
- 이수건, 「조선조 향리의 일연구-호장에 대하여」, 『문리과대학보』 2권 2호, 영남대 문리과대학, 1974.
- 이수건, 『조선시대 지방행정사』, 민음사, 1989.
- 이훈상, 「고려중기 향리제도의 변화에 대한 일고찰」, 『동아연구』제6집, 1985.
- 이훈상, 「조선시대의 邑司와 作廳」, 『아시아문화』 제6호, 1990.
- 이훈상, 「조선 후기 慶州의 향리와 안일방」, 『역사학보』107, 1985.
- 이훈상, 「조선 후기 상급 지방 행정 체제에 있어서 신분집단에 기초한 운영구조와 행정 실무 집단의 출신지역의 편재화」, 『호남문화연구』 제26집, 1998.
- 이훈상, 「조선 후기 상주의 호장 이방 명단과 肅荷의 도상」, 『부산사학』 11, 1986.
- 이훈상, 『조선 후기의 향리』, 일조각, 1990.
- 정승모, 「사원·사우 및 향교 조직과 지역사회체계(하)」, 『태동고전연구』제5집, 1989.

Ⅲ장

- 『作廳先生案』
- 『各房掌先生案』
- 『先生四喪賻儀錄』
- 『班首契案』
- 『刑房契案』
- 『作隊掌官先生案』

- 『掾曹龜鑑』
- 『經世遺表』
- 『牧民心書』
- 『與猶堂全書』
- 『羅州郡誌』
- 고석규, 『19세기 조선의 향촌사회연구』, 서울대학교출판부, 1998.
- 김필동, 「차별과 연대-조선사회의 신분과 조직」, 문학과 지성사, 1999.
- 김현영, 「17세기 안동지방의 惡籍, 「人吏官屬記過」에 대하여」, 『고문서연구』1, 1991.
- 박진철, 「조선시대 향직운영체계의 변화와 나주의 호장층」, 『이화사학연구』 제31집, 2004.
- 박진철, 「한말 나주읍 향리사회의 지속성과 변화」, 『대동문화연구』 제51집, 2005.
- 배기헌, 「조선 후기 作廳의 운영과 그 성격」, 『계명사학』제6집, 1995.
- 이성무, 「조선 초기의 향리」, 『한국사연구』5, 1970.
- 이희권, 『조선 후기 지방통치행정 연구』, 집문당, 1999.

Ⅳ장

- 『錦城日記』
- 『錦城邑誌』
- 『人吏貢生案』
- 『光緖十五年八月 日人吏貢生案下』
- 『密陽朴氏家乘』·『密陽朴氏世系』·『密陽朴氏淸齋公派家乘譜』
- 『慶州崔氏文密公派世譜』全
- 『湖南掾房先生案』
- 『營屬人吏貢生官案』
- 『道內官案』
- 『作廳先生案』
- 『各房掌先生案』

- 『先生四喪賻儀錄』
- 『班首契案』
- 『刑房契案』
- 『作隊掌官先生案』
- 『羅州頤老會案』
- 권기중, 「17세기 假吏層의 형성배경과 존재양태-단성현을 중심으로-」, 『역사와 현실』28, 1998.
- 권기중, 「18세기 단성현 가리층의 계층구조」, 『사림』제20호, 2003.
- 고석규, 『19세기 조선의 향촌사회연구』, 서울대학교출판부, 1998.
- 김건태, 「韓末 日帝下 羅州 朴氏家의 農業經營」, 『大東文化研究』 제44집, 2003.
- 김준형, 「조선시대 향리층 연구의 동향과 문제점」, 『한국의 전통사회와 신분구조』, 문학과 지성사, 1991.
- 김준형, 「조선시대 울산지역 향리층의 변동」, 『한국사연구』56, 1987.
- 나선하, 「조선 후기 나주 읍치사회의 연망에 관한 일고찰」, 역사문화학회 2003년도 전국학술대회 발표자료집, 2003.
- 나선하, 「19세기 초 나주 향리층의 계 조직과 읍권의 동향」, 한국사연구회 제244차 연구발표회 발표자료집, 2005.
- 박진철, 「한말 일제하 나주지역 향리가문의 동향」, 『대동문화연구』 제44집, 2003.
- 박진철, 「조선시대 향직운영체계의 변화와 나주의 호장층」, 『이화사학연구』 제31집, 2004.
- 박진철, 「조선시대 나주 지방 이서의 조직과 담당가계」, 『담론201』 7권 2호, 2005.
- 박찬승, 「일제하 나주지역의 민족운동과 사회운동」, 『한국근현대지역운동사』, 1993.
- 박천우, 「일제하의 대지주 연구」, 『장안논총』제14집, 1994.
- 유정현, 「1894~1904년 지방재정제도의 개혁과 이서층 동향」, 『진단학보』 73, 1992.
- 윤정애, 「한말 지방제도개혁의 연구」, 『역사학보』 제105집, 1985.
- 이윤상, 「갑오개혁기 근대적 조세제도 수립 시도와 지방사회의 대응」, 『한국문화』29, 2002.
- 하원호, 「한말 영산강 유역의 시장권 변동」, 『한국 농촌사회의 근대적 변용과 '전통적' 요소의 영향-전남 나주지역의 사례』, 성균관대 대동문화연구원 동양학 학술회의, 2004.

- 한상권, 「한국사학계 1984~1986 회고와 전망-조선 후기」, 『역사학보』 116집, 1987.

Ⅴ장

- 『羅州牧重記』 1, 2
- 『人吏貢生案』
- 『光緖十五年八月 日人吏貢生案下』
- 『密陽朴氏家乘』
- 『密陽朴氏世系』
- 『密陽朴氏淸齋公派家乘譜』
- 李炳壽, 『謙山遺稿』 (『(국역) 錦城正義錄』, 나주목향토문화연구회, 1991)
- 『나주근대백년사-신문자료집성』, 나주시청, 1997.
- 고석규, 「나주의 근대도시발달과 공간의 이중성」, 『광주학생독립운동과 나주』, 경인문하사, 2001.
- 나선하, 「영광·능주지방 吏胥層의 자료에 대하여」, 『지방사와 지방문화』2, 1999.
- 박찬승, 「일제하 나주지역의 민족운동과 사회운동」, 『한국근현대지역운동사』2, 여강출판사, 1993.
- 박찬승, 「해방 전후 나주지방의 정치사회적 동향」, 『지방사와 지방문화』 제1집, 1999.
- 박천우, 「일제시기 지주제 경영의 일 사례연구-나주 박씨가의 사례-」, 『한국근대사연구회회보』 제4호, 1988.
- 이애숙, 「1920년대 광주지방의 민중운동」, 『전남사학』제9집, 1995.
- 이훈상, 『조선 후기의 향리』, 일조각, 1990.
- 전근완, 「日帝下 羅州面의 都市景觀變化」, 한국교원대 석사학위논문, 1996.
- 정근식, 「한말·일제하 전남의 사회·경제-민족운동의 기반」, 『전남사학』제9집, 1995.
- 지수걸, 「구한말~일제 초 유지집단의 형성과 향리」, 『한국근대이행기 중인연구』, 연세대 국학연구원, 1999.

- 홍성찬, 「한말·일제하 사회변동과 향리층-전남 곡성의 사례를 중심으로-」, 『한국근대이행기 중인연구』, 연세대 국학연구소, 1999.
- 홍순권, 『한말 호남지역 의병운동사연구』, 서울대학교출판부, 1994.
- 홍영기, 「1896년 나주의병의 결성과 활동」, 『이기백선생고희기념 한국사논총(하)』, 일조각, 1994.

〔자 료〕

*『羅州牧重記 Ⅰ』에 나타나는 色吏任과 擔當 人物

地色戶房 羅景武 / 色吏 高重業 李(礼)處 / 稤戶房色 羅 /色吏 金海中 / 色吏 金信邦 / 色吏 孫繼祖 / 禮房 盧世邦 / 油物匠 孫太碩 / 禮房 吳(達?)憲 / 禮房 成以傑 / 砲保色 金孝達 / 陸軍兵房色 崔( )( ) / 色吏 李枚( ) / 馬島兵房 吳珣 / 漕軍色 金( ) / 前色吏 金振守 / 前色吏 羅已悅(?) / 前色吏 金振守 / 榮倉色吏 朴承昌 / 色吏 金振守 / 竹兵房 羅繼得 / 刑房 徐英元 / 色吏 青尙信 / 工房 成以( ) / 器皿色 梁達河 / 前色吏 全弘懿 / 客舍工房 李( )( ) / 同色 高定(之?)筆

*『羅州牧重記 Ⅱ』에 나타나는 色吏任과 擔當 人物

1. (이하 숫자는 기재된 면수)
司倉 米色 / 金承衍 / 租色 李大馨 / 官廳掌務 梁萬益 / 監考 鄭輔世 / 器皿色 姜就武 / 山城色 羅萬重 / 榮倉色 金海翊 / 鹽鐵色 朴忠益
2. 副吏房 孫興祖 / 地色戶房 羅萬敵 /衙典吏 孫尙訥 / 戶長 梁萬紀 / 鑄錢色 孫益祖 / 貢物戶房 孫益祖 / 稤戶房 孫益祖 /禮房 羅達業
3. 陸軍兵房 孫尙讚 / 馬島兵房 羅繼得 / 漕軍兵房 金斗逸 / 竹兵房 吳世憲 /刑房 吳成龍 / 工房 金重鎰 / 客舍工房 金承周
4. 醫生有司 曹孟三 / 戶籍色 鄭道信 / 醫局色 安仁邦 / 紙所色 曹明碩 / 傳關色 金重三 / 紙筒通引 高有邦 / 燔( )色 梁萬紀
5. 司倉米色 金承衍 / 租色 李大馨
53. 官廳監考 鄭輔世
59. 器皿色 姜就武

75. 山城色 羅萬重
77. 棨倉色 金海翊/前色吏 朴承昌
83. 司倉色吏 李萬開, 金聲振 等
84. 色吏 崔舜悌(?)/色吏 盧時翊/色吏 金重翊
87. 鹽鐵色 朴忠益
89. 前色吏 金孝達
91. 前色吏 崔舜悌(?)
96. 前色吏 金孝達
107. 大同色 吳成龍/色吏 梁萬(?)益 孫厚盛 等
116. 色吏 李萬開/色吏 金海寬
119. 色吏 朴承昌
121. 首( )撫 吳元達
131. 軍器弓(?)色 金海翊
141. 箭色 羅英傑
146. 前色吏 羅英俊
149. 一戰船色 崔萬奎(?)
167. 一戰船軍器色(?) 李春盛
179. 二戰船色 羅繼得
193. 二戰船軍器色 李宗根
205. 副吏房 孫興(?)祖
206. 衙典吏 孫尙訥
207. 戶長 梁萬紀
209. 鑄鐵色 孫益祖
212. 貢物 孫益祖/使 羅遠星 李得成 朴德鵬 等
213. 稤戶房 孫益祖色
215. (受尺)色吏 全信邦
217. 禮房色 羅達業
230. 砲保色 金孝達
233. 陸軍兵房 孫尙讚
239. 馬島兵房 羅繼得(?)
243. 漕軍兵房 金斗日

244. 桊倉色 朴承昌/色吏 金振守(?)
247. 刑房 吳成龍
249. 工房 金重鎰
251. 前色吏 全弘懿
251. 桊倉色 朴啓昌
261. 客舍工房 金承周
295. 客舍監考色 羅英傑
297. 都訓導 朴承昌
301. 程練( ) 孫尙訥
303. 倉都色 羅繼得
307. 都書員色 李萬芳 / 色吏 吳承世
308. 出完(?)色 李萬芳(?)
309. 色吏 宋繼命 / 色吏 金漢翼 李承坤 / 色吏 崔永吉 / 色吏 李友桂 / 牙兵色 李萬( )
311. 奴婢色 金承傑 / 奴婢貢色 崔惟泰
314. 色吏 洪雲起 / 色吏 金三振
315. 色吏 金世重 / 色吏 金振敬 / 色吏 金載扱(?)
316. 色吏 李枝秀/色吏 梁萬益
317. 色吏 盧時( )
319. 醫生有司 曹孟三
321. 戶籍色 鄭道信
322. 前色吏 鄭昉
325. 醫局色 安仁邦
327. 紙所色 曹明碩
331. 傳關色 金重三
335. 紙筒通引 高有漢/租色

*『班首稧案』- 座目 및 吏任 履歷

孫永百 子勳 辛亥 (吏房*, 부호장*, 부이방, 지호방, 예방*, 병방, 각창색, 대동색*, 산성색*, 관청미색*, 승발, 향교도색겸양재색, 배패색*, 수군색*, 개안색, 제민창색*, 대동도색, 전세도색*)

梁致賢 士賢 己未

崔啓祐 子佑 壬戌 (*병방, *전문서사)

羅弘默 伯倫 乙丑

李震海 允執 乙丑

羅宗憲 華瑞 丁卯 (이방, 부호장*, 내공방*, 각창색*, 산성색, 관청미색, 육색, 고마색*, 전관색*, 수군병방, 군기색*, 정병색*, 경포색*, 전문서사*, 제민창색, 대동도색*, 전세도색*, 포재색)

梁建翼 雲汝 丁卯

孫喆俊 子俊 辛未 (戶長,副戶長, 副吏房, 예방*, 형방*, 내공방, 각창색, 영창색, 진휼색, 관청미색, 고마색*, 수군병방*, 창도색*, 소리*, 수군색, 경포색, 세초색*, 개안색*)

孫永枯 壽卿 壬申 (戶長, 부이방, 내공방, 각창색*, 산성색, 고마색*, 진상예방, 창도색, 군기색, 배패색, 제민창색*, 전세도색)

曹運澤 雲路 甲戌 (戶長, 부호장, 예방, 병방, 승발, 소리, 대동도색#(運宅), 전세도색#(運宅))

李震馨 仁瑞 甲戌

孫濟福 章羽 丙子 (戶長, 吏房, 副吏房, 수호방, 지호방, 형방, 각창색, 진상예방, 향교도색겸양재색, 군기색)

鄭健夏 翊之 丁丑 (수호방, 지호방, 예방, 형방, 내공방, 도서원, 대동색, 영창색, 보역색, 공색, 향교도색겸양재색, 수군색, 정병색, 통기색, 지소색, 상년호적색, 빙정색)

金文傑 曹卿 戊寅

崔華宅 秀五 壬午 (*형방, 내공방, 도서원, 각창색, 보역색, 관청미색, *관장무, 공색, 향교도색겸양재색, 개안색, 대동동색)

孫膺福 士鴻 壬午 (부이방, 예방, 창도색)

崔麟老 仲璉 甲申 (대동도색)

李夢翼 貞汝 乙酉
曹琡振 義復 丙戌 (호장, 부호장, 부이방, 지호방, 형방, 각창색, 영창색, 향교도색겸양재색, 소리, 제민창색)
高應奎 瑞文 丙戌 (수호방, 예방, 형방, 내공방, 도서원, 각창색, 도훈도, 산성색, 보역색, 육색, 전관색, 승발, 소리, 전문서사, 전세도색, 포새색)
鄭迋夏 公敍 戊子
李南翼 鵬擧 己丑 (각창색)
崔仁默 敏行 丁酉 (수호방, 형방, 도서원, 각창색, 보역색, 고마색, 공색, 전문서사, 식년호적색, 대동도색, 보흥사지소색)
崔啓安 仁叟 丙戌 (도서원, 보역색, 육색, 고마색, 공색, 향교도색겸양재색, 대동도색, 포재색)
梁致烈 榮汝 甲子 (수선색, 배패색)
孫熙彩 潤夫 戊戌
孫得悅 希伯 戊子 (戶長, 副戶長, 副吏房, 형방, 각창색, 도훈도, 진상예방, 세초색, 개안색)
曹枯宅 瑞弘 癸未 (도서원)
羅宗臣 天擧 辛未 (각창색, 산성색, 관청미색, 고마색, 진상예방, 제민창색, 대동도색*, 보흥사지소색, 수율생, 통기색*, 상년호적색, 의생*)
曹衡采 公直 丁丑 (창도색, 수율생)
曹孝采 公瑾 癸未 (형방, 대동색, 영창색, 공색, 군기색, 경포색, 개안색, 수율생, 의생)
金宗翊 大深 乙酉
金　彦 聖天 甲申
吳穎祿 汝楫 甲申 (수율생, 지소색, 의생)
追入
曹景益 奎仲 壬午 (이방, 부호장, 형방, 산성색, 제민창색)
孫膺一 相汝 己丑 (호장, 부호장, 내공방, 각창색, 대동색, 영창색, 진휼색, 관청미색, 육색, 진상예방, 군기색, 수군색, 전세도색, 포재색)
吳相熙 文擧 甲申 (吏房, 병방, 각창색, 관청미색, 전관색, 승발, 수군색, 정병색, 전문서사)

* 『作隊掌官先生案』- 座目

前把總 徐聖源 戊午 君孝 辛卯3月日差三次重來

前千總 朴泰貴 庚申 聖純 壬辰7月日差三次重來

前代將 羅命悅 丁卯 喜之 己亥七月日差 甲子九月日重

前千總 李震淵 庚申 子殷 壬子七月日差

前把總 尹師逸 庚辰 士良 癸丑5月日差

前千總 崔華宅 壬午 秀五 丁巳八月日差 甲子十月日重

閑 良 崔致極 癸亥 而叔 戊午月日差

前千總 徐命郁 丁巳 汝恊 辛酉十月日差

前代將 盧永權 庚午 重慶 辛酉十月日差

閑 良 羅宗曄 丙寅 七甫 癸亥正月日差

前千總 李震海 乙丑 允執 乙丑七月日重 甲子六月日差

閑 良 朴明禧 丁亥 仲顯 丙寅二月日差

閑 良 孫復元 戊寅 乃直 丁卯二月日差

前把總 徐聖祐 丙子 有司 戊辰五月日差

閑 良 崔鶴老 壬午 壽翁 辛未四月日差

作廳先生案

(姓名과 出生年度)

1.
曹時憲 乙酉 1705
孫仁宅 乙未 1715
金生麗 庚辰 1700
羅時禾 壬午 1702
黃應濂 癸未 1705
李遇松 乙酉 1706
吳思德 丙戌 1706
曹後臣 庚寅 1710
2.
金就九 戊子 1708
李宜春 戊子 1708
李逢春 戊子 1708
金德呂 己丑 1709
梁宅殷 辛卯 1711
安宇洪 庚寅 1710
吳思義 辛卯 1711
李恒春 辛卯 1711
孫慶來 壬辰 1712
3.
孫培昌 癸巳 1713
金致權 癸巳 1713
梁宅厚 甲午 1714
曹命德 甲午 1714
徐漢直 甲午 1714
崔致章 甲午 1714
盧敏彦 甲午 1714
崔致勣 丁酉 1717
吳致源 丁酉 1717
4.
金尙璉 丁酉 1717
曹建德 己亥 1719
羅福禾 己亥 1719
李德松 辛丑 1721
崔宗裕 壬寅 1722
孫啓運 癸卯 1723
羅就福 癸卯 1723
曹昌儀 癸卯 1723
鄭時復 癸卯 1723
5.
鄭胤成 甲辰 1724
曹啓禾 甲辰 1724
金成甲 甲辰 1724
安鎭宅 甲辰 1724
鄭楚新 乙巳 1725
梁德孝 丙午 1726
高萬崙 丙午 1726
羅處祥 丁未 1727
曹相祿 丁未 1727
6.
李常培 戊申 1728
金宅熙 戊申 1728
鄭楚明 戊申 1728
曹胤弼 己酉 1729
朴文宇 己酉 1729
孫永百 辛亥 1731
林象宅 庚戌 1730
李東禾 庚戌 1730
崔成禾 庚戌 1730
7.
曹命允 庚戌 1730
金光鎰 辛亥 1731
崔啓祥 壬子 1732
崔尙彦 癸丑 1733
李建春 癸丑 1733
孫思旭 甲寅 1734
李彦喆 甲寅 1734
曹景觀 甲寅 1734
金致泓 乙卯 1735
8.
孫後殷 乙卯 1735
曹景殷 乙卯 1735
金仁厚 丙辰 1736
孫處仁 戊午 1738
吳泰源 戊午 1738
金得麗 戊午 1738
鄭楚彦 戊午 1738
梁建煥 己未 1739
崔鎭恒 己未 1739
9.
吳景源 己未 1739

羅宗柱 庚申 1740
崔啓佑 己未 1739
崔啓弘 庚申 1740
李陽采 庚申 1740
李東宇 庚申 1740
方宇采 庚申 1740
曹潤采 辛酉 1741
崔啓良 辛酉 1741
10.
尹得衡 壬戌 1742
朴九喆 辛亥 1731
高快三 癸亥 1743
羅致確 癸亥 1743
河德良 甲子 1744
朴伯源 甲子 1744
李益馨 乙丑 1745
曹景達 丙寅 1746
昇楚星 辛酉 1741
11.
盧永采 丁巳 1737
孫命佑 辛酉 1741
李彦采 乙丑 1745
羅弘奎 乙丑 1745
崔啓祐 壬戌 1742
盧貴福 癸亥 1743
孫命祐 乙丑 1745
李命源 丁卯 1747
梁建國 甲子 1744
12.
吳石巖 丁卯 1747
金得鍊 丁卯 1747
南八億 丙寅 1746
吳少巖 乙丑 1745
曹日秀 乙丑 1745
朴衎源 丙寅 1746
鄭蘊三 戊辰 1748
金昌悌
13.
李雲翼 戊午 1738
曹運復 丙寅 1746
羅宗憲 丁卯 1747
曹建順 癸亥 1743
曹景高 壬申 1752
高達三 丙寅 1746
崔揆宅 己巳 1749
李彦祥 辛未 1751
安聖權 庚午 1750
14.
盧東獜
羅弘織 戊午 1738
梁聖翼 丁卯 1747
羅宗燁 丙寅 1746
孫喆俊 辛未 1751
盧殷采 辛酉 1741
趙德祿 癸亥 1743
崔崙齊 戊辰 1748
盧命植 戊辰 1748
15.
昇桂淸
張啓純
羅達臣
孫處敏 壬申 1752
孫思默 丁卯 1747
昇春宅
高孟三
羅宗臣
孫永祐 壬申 1752
16.
李東根 丁卯 1747
李東培 壬申 1752
孫翼彪 庚午 1750
崔鎭星 辛酉 1741
羅命恪 戊午 1738
崔致極 癸亥 1743
孫後榮 癸酉 1753
孫宗喆 甲戌 1754
崔鎭岳 丙寅 1746
17.
吳處祿 丙子 1756
奇有宗 壬子 1732
崔鎭華 辛未 1751
盧遇慶 乙亥 1755
趙益采 辛未 1751
羅弘祿 乙丑 1745
羅命忱 甲子 1744
河有黃 庚午 1750
徐聖弘 戊辰 1748
18.
曹運宅 甲戌 1754
李景燁
金宅裕 壬申 1752
曹孟燁 丙子 1756
羅宗榮 壬申 1752

孫濟福 丙子 1756
孫福崙 己卯 1759
鄭健夏 丁丑 1757
金宅潤 甲戌 1754
19.
金彦得 己未 1739
金履良 戊寅 1758
李完實 丙子 1756
鄭世宅
金光默 丁丑 1757
李永培 己卯 1759
羅聖勳 乙亥 1755
李光震 己卯 1759
崔華宅 壬午 1762
20.
孫三喜
曹景烈
羅敬履 壬午 1765
孫永和 癸酉 1753
金得儀
李弘燁 辛巳 1761
鄭達溟
金銀祿
21.
羅虎臣
曹孟直
曹祐榮 丁丑 1757
鄭甲夏 庚辰 1760
林萬夏 壬午 1762
孫啓喆 戊寅 1758
鄭武夏 庚辰 1760
曹景學
曹景益 壬午 1762
22.
曹琡振 丙戌 1766
羅漢樞 庚辰 1760
高應台 癸未 1763
孫福巖 壬午 1762
李思安 乙酉 1765
徐聖佑
金千直 甲申 1764
吳相熙 甲申 1764
梁弼行 甲申 1764
梁啓行 丙戌 1766
金宅中
孫得謨 甲申 1764
奇有民 辛巳 1761
高應奎 丙戌 1766
崔相宅 戊子 1768
金佑臣 庚辰 1760
金命儉 丁亥 1767
金光訥 丙戌 1766
24.
金宗灝 己丑 1769
吳益東
吳重權 己巳 1749
陳五錫 壬午 1762
河德獜 丙子 1756
羅燦倫 癸未 1763
曹孝直 癸未 1763
曹瑞宅 癸未 1763
昇擎旻 乙酉 1765
25.
李思定 己丑 1769
曹興一 丁亥 1767
河有玄
崔啓遠 甲申 1764
崔器宅 甲申 1764
崔夏甲 丙戌 1766
朴致祐 丁亥 1767
河羽鵾 辛卯 1771
26.
吳漢孝
孫得宗 癸未 1763
金準鎰 丁亥 1767
孫膺禎 己丑 1769
孫哲玉 甲戌 1754
李景麗 丙戌 1766
張壽聃 庚寅 1770
朴道采 庚寅 1770
曹享振 丙戌 1766
27.
吳啓祿
吳泰運 甲戌 1754
孫得悅 戊子 1768
鄭匡夏 戊子 1768
朴道純 辛巳 1761
金達祿
金宗祿
金宗希 改名 鍾翊 甲申 1764
吳錫星

28.
吳民星
金浩彦 乙酉 1765
朴思協
金義祚 己丑 1769
孫思訥
安德模
盧永權 庚午 1750
金千旭
金斗鎰 辛卯 1771

29.
曹翼振
金光麟 己卯 1759
金佑宅 丙子 1756
金宗鎰 甲申 1764
金景祚 乙未 1775
陳濟文 丁亥 1767
許执宗 癸巳 1773
奇致寬 乙酉 1765
鄭鍾夏 丙申 1776

30.
崔仁默 丁酉 1777
李震豊 戊子 1768
崔啓沃 丁亥 1767
曹河振 癸未 1763
李尙殷 乙酉 1765
鄭殷星 戊寅 1758
安北圭 丙申 1776
高應翼 戊戌 1778
鄭碩夏 庚子 1780

31.
曹龜振 丁酉 1777
孫膺崙 丙申 1776
高應老 丙申 1776
鄭保安 己亥 1779
李將享
吳將俊
梁達淵
羅聖凞
羅纘紋

32.
李大甲 丁酉 1777
羅吉麟
梁達漢
羅璣樞 癸巳 1773
孫宅華
孫膺裕 戊戌 1778
梁履行
梁興瑞 丙申 1776
孫膺烈 戊戌 1778

33.
吳快龍
奇有章 乙未 1775
崔之泰
金履九 丁酉 1777
金履權 庚子 1780
李斗定
安大圭
金百錬 乙未 1775
張天心 庚子 1780

34.
金基豊 丁酉 1777
李景立 甲午 1774
吳將達
鄭祿享 丁酉 1777
孫得純 己亥 1779
崔鎬宅 癸卯 1783
崔龍宅 辛丑 1781
金履漢 戊戌 1778
梁達濂 丁酉 1777

35.
孫馨冑 庚子 1780
孫福麟 庚子 1780
曹景麟 甲午 1774
梁膺龜 戊子 1768
羅元樞 戊戌 1778
羅寅樞 辛丑 1781
曹弘麟 乙未 1775
吳镒華
金天默

36.
羅良臣
尹福享 辛丑 1781
昇大爀
河富一 己亥 1779
金器一
河大鵾 庚子 1780
朴良僖 己亥 1779
崔鳳老
崔鵬老

37.
吳相敏
孫基業
曹秉武 庚子 1780
梁達泳
孫凞彪
羅燦厦
吳一弘
張祐聃
朴道一
38.
金仁墝
金賢枰 丙午 1786
吳憲祖
吳光烈 壬寅 1782
吳天玉 丙午 1786
高尙孝 甲辰 1784
高啓孝 丁未 1787
孫膺五 辛丑 1781
吳民宅 甲辰 1784
39.
昇寅煥 丙午 1786
鄭啓範 己酉 1789
曹敬武 乙巳 1785
曹澤宗 癸卯 1783
吳民基 丙申 1776
奇在一 辛亥 1791
孫光益 己亥 1779
孫光宅 乙巳 1785
羅斗衡 戊申 1788

40.
孫晏彪 壬寅 1782
安仁圭 己酉 1789
金致錠
朴東潤
曹喜春
金時宅 丙午 1786
吳永宅 壬子 1792
崔完宅 庚戌 1790
文載璜
41.
鄭啓憲 辛亥 1791
昇龜煥 庚戌 1790
孫一祿
曹川振 庚子 1780
孫鳳甲 乙巳 1785
曹鳳振
孫凞麟 甲辰 1784
孫有獜 丙午 1786
孫倫彪 庚戌 1790
42.
孫翰彪 辛亥 1791
孫應彪 甲寅 1794
李行範 己酉 1789
曹華振 乙卯 1795
羅建任 乙巳 1785
金文國
金賢基 壬子 1792
鄭啓基
崔仁斗

43.
崔志礭
羅日樞 戊申 1788
金致機
徐壽容 戊午 1798
張志運 己未 1799
張萬枰 丁巳 1797
孫膺赫 丙辰 1796
曹宅淡 丁巳 1797
安福憲
44.
金器夏
崔斗景
金志完
陳學謨
梁周行
曹應琮
金吉浩
鄭啓郁 庚申 1800
羅斗文
45.
崔龍圭
孫器福 丁巳 1797
崔斗光 乙巳 1785
金鍊星 戊午 1798
李態允 庚申 1800
鄭啓俊 庚申 1800
崔永宅 庚申 1800
羅吉杓 庚申 1800
曹錫寬 庚申 1800

46.
朴處默
吳在郁
徐震煥
金文祚
李孝國 乙巳 1785
奇俊炯
朴志默 壬子 1792(家乘)
昇斗煥
金寶九
47.
朴思翼
吳在基
曹錫圭
孫爀彪 乙巳 1785
崔享宅
金光旭 癸亥 1803
高弼華
高逸華
鄭啓璘 丙寅 1806
48.
河聖旭
金漢旭
梁錫魯 丙寅 1806
李采圭
李尚敦
孫基純
孫秉純
孫佶榮 甲子 1804
吳泰燮 戊辰 1808
49.
梁俊松 辛未 1811
李潤植 戊辰 1808
羅致坤 辛巳 1821
梁翰永 庚寅 1830
孫基烈 己巳 1809
孫基權 壬申 1812
羅碩坤 丁亥 1827
孫采孝 甲午 1834
孫翊謨 乙未 1835
50.
朴吉杓 丁卯 1807

• 저자 •

박진철 저자 박진철은 경희대학교 사학과를 졸업하고 같은 학교 교육대학원에서 교육학석사학위를 원광대학교 대학원에서 박사학위를 받았다.

조선대, 원광대, 광주대 등에서 강의하였으며 성균관대학교 동ASIA학술원 대동문화연구원 연구교수를 거쳐 현재 조선대학교 인문과학대학 사학과 초빙색원 교수로 있다.

논문으로는 <조선후기 향교의 청금유생과 재지사족의 동향>, <한말 나주읍 향리사회의 지속성과 변화>, <조선시대 나주 지방 이서의 조직과 담당 가계>, <조선시대 향직운영체계의 변화와 나주의 호장층>, <고종년간 민씨세력의 정치적 동향과 과거등용>, <한말 일제하 나주지역 향리가문의 동향> 등이 있다.

『朝鮮時代 鄕吏層의 持續性과 變化』

• 초판 인쇄 2007년 1월 2일
• 초판 발행 2007년 1월 2일

• 지 은 이 박진철
• 펴 낸 이 채종준
• 펴 낸 곳 한국학술정보㈜
경기도 파주시 교하읍 문발리 526-2
파주출판문화정보산업단지
전화 031) 908-3181(대표) · 팩스 031) 908-3189
홈페이지 http://www.kstudy.com
e-mail(출판사업팀사업부) publish@kstudy.com
• 등 록 제일산-115호(2000. 6. 19)
• 가 격 25,000원

ISBN 978-89-534-6216-8 93910 (Paper Book)
978-89-534-6217-5 98910 (e-Book)